本著作出版得到

江苏省高校哲学社会科学重点项目"江苏民间金融风险形成、传染和治理机制研究"（项目号：2013ZDIXM013）
国家社会科学基金项目"'影子银行'交叉传染风险度量及控制机制研究"（项目号：14BGL031）
中国特色社会主义经济协同创新中心
资　助

=南京大学经济学院文库=

民间金融风险形成、传染和治理机制研究
—— 基于江苏民间金融发展的实践

方先明 杨 波 史兹国 著

南京大学出版社

图书在版编目(CIP)数据

民间金融风险形成、传染和治理机制研究：基于江苏民间金融发展的实践 / 方先明，杨波，史炫国著. ——南京：南京大学出版社，2017.1
（南京大学经济学院文库）
ISBN 978-7-305-18018-7

Ⅰ. ①民… Ⅱ. ①方… ②杨… ③史… Ⅲ. ①民间经济团体－金融风险－研究－中国 Ⅳ. ①F832.479

中国版本图书馆 CIP 数据核字(2016)第 318868 号

出版发行	南京大学出版社
社　　址	南京市汉口路 22 号　　邮　编　210093
出 版 人	金鑫荣
丛 书 名	南京大学经济学院文库
书　　名	**民间金融风险形成、传染和治理机制研究**
	——基于江苏民间金融发展的实践
著　　者	方先明　杨　波　史炫国
责任编辑	府剑萍　　　　　　编辑热线 025-83592193
照　　排	南京南琳图文制作有限公司
印　　刷	南京玉河印刷厂
开　　本	718×1000　1/16　印张 13　字数 200 千
版　　次	2017 年 1 月第 1 版　2017 年 1 月第 1 次印刷
ISBN	978-7-305-18018-7
定　　价	57.00 元

网址：http://www.njupco.com
官方微博：http://weibo.com/njupco
官方微信号：njupress
销售咨询热线：(025) 83594756

＊版权所有，侵权必究
＊凡购买南大版图书，如有印装质量问题，请与所购
　图书销售部门联系调换

目 录

第一章 绪 论 ………………………………………………………… 1
  第一节 研究背景与意义 ……………………………………………… 1
  第二节 国内外相关研究述评 ………………………………………… 5
  第三节 研究目的与主要内容 ………………………………………… 10
  第四节 研究思路与方法 ……………………………………………… 16

第二章 理论分析基础 ………………………………………………… 18
  第一节 金融发展与金融深化 ………………………………………… 18
  第二节 金融风险的形成与集聚 ……………………………………… 21
  第三节 金融风险的传染与演化 ……………………………………… 23
  第四节 金融风险的预防与控制 ……………………………………… 28

第三章 民间金融及其风险 …………………………………………… 32
  第一节 民间金融的内涵与外延 ……………………………………… 32
  第二节 民间金融的现状与困境 ……………………………………… 41
  第三节 民间金融风险及其来源 ……………………………………… 52

第四章 江苏民间金融及其风险 ……………………………………… 58
  第一节 江苏民间金融催生因素及其规模与结构 …………………… 58
  第二节 江苏民间金融发展的溢出效应 ……………………………… 75
  第三节 江苏民间金融风险的种类与特征 …………………………… 83

第五章 民间金融风险评价与演化 …………………………………… 87
  第一节 民间金融风险的形成机制 …………………………………… 87
  第二节 民间金融风险传染渠道与演化路径 ………………………… 92

第三节　民间金融风险评价 …………………………………… 101
第六章　经验借鉴与民间金融风险防范 ……………………………… 129
　　第一节　国际民间金融风险管理经验 …………………………… 129
　　第二节　我国民间金融风险管理实践 …………………………… 133
　　第三节　民间金融风险防范策略 ………………………………… 137
结束语 …………………………………………………………………… 148
主要参考文献 …………………………………………………………… 150
附　录 …………………………………………………………………… 162
　　附录一　江苏省泗洪县"宝马乡"区域性金融风险案例 ………… 162
　　附录二　江苏常熟顾春芳跑路事件风险案例 …………………… 167
　　附录三　江苏省P2P网贷平台"汇宝信贷"风险管理案例 ……… 170
　　附录四　民间金融风险治理机制的例证探讨 …………………… 177
　　附录五　调查问卷 ………………………………………………… 183
后　记 …………………………………………………………………… 197

内容提要

金融是经济的核心,经济发展催生金融并促进金融创新,而金融发展又支撑经济增长。[①] 金融活动的主旨在于,通过金融市场进行资源的跨期最优配置,不断提高市场配置资源的效率,促进实体经济产出效率的提升。随着金融迅速发展和逐步深化,经济金融化的倾向日趋明显。然而,金融活动所关注的对象是金融资产,为一系列合约或合约的组合。一方面,金融资产漂浮于实际资产之上;另一方面,金融资产又对实际资产具有要求权。金融资产与实际资产之间的关系如果演化成若即若离,则必然会催生金融风险,而金融创新又为金融风险的集聚和放大提供了平台,这种金融风险的形成和传染机制在民间金融领域尤其突出。

民间金融是指经济活动中自发产生的、游离于国家金融监管体系之外的金融行为和金融组织,是对金融抑制的一种理性回应,其产生的根源在于金融抑制和市场分割[②]。随着我国经济体制改革的深入,作为国民经济重要组成的中小微企业得到了飞速发展。然而,中小微企业发展过程中,融资约束是制约其发展的瓶颈。由于民间金融可以在一定程度上规避信息不对称问题,同时具有小、快、灵的特点,能够部分满足中小微企业的融资需求,因此近年来民间金融发展迅速。相较于正规金融体系中的金融活动,民间金融活动既缺少必要的监管,又难以进行有效的防范,其风险因而不断积累和演化。所谓民间金融风险,就是指民间金融体系运行过程中所产生的金融风险。

江苏经济发展水平在全国处于前列,中小微企业众多,民间金融发达,

[①②] 方先明,孙利,吴越洋. 江苏民间金融风险及其形成机理. 河海大学学报(哲学社会科学版),2014,(3):55-62.

民间金融风险复杂。通过理论研究与实地调研发现,江苏民间金融风险形成的外部因素在于金融抑制、游资冲击等,而其内部形成机制则在于制度不健全、市场不规范、信息不对称等;利率差异渠道、金融要素交叉流动渠道和信息交叉传播渠道是江苏民间金融风险传染的主要途径。如果不加防控,民间金融风险会逐渐从内部风险的聚集传导至正规金融体系和实体经济,降低金融支持经济增长的效率。

综上所述,在对民间金融风险现状充分了解的基础上,分析民间金融风险的特征、传染渠道和演化路径,由此建立民间金融风险预警机制,从赋予民间金融合法地位、建立产权明晰制度、完善监管体系、建立风险预警管理系统、健全风险救助机制等方面,防范民间金融风险的形成以及化解民间金融风险的集聚,对提高民间金融支持经济增长的效率具有十分重要的现实意义。

第一章　绪　论

第一节　研究背景与意义

一、研究背景

　　金融是经济的核心,经济发展催生金融并促进金融创新,而金融发展又支撑经济增长。[①] 人类社会经济发展的实践表明,以劳动工具逐步改善为代表的生产力水平的不断提高,推动了社会经济的持续发展,并使社会生产呈现出更加精细化、专门化的特征,为了进一步扩大再生产,实体经济领域对生产要素流动提出了更高的要求。为满足这种现实的需求,金融活动应运而生。金融活动的主旨是,通过金融市场进行资源的跨期最优配置,不断提高市场配置资源的效率,促进实体经济产出效率的提升。随着金融发展和金融深化,现在经济金融化的倾向日趋明显。然而,金融活动所关注的对象是金融资产,为一系列合约或合约的组合。一方面,金融资产漂浮于实际资产之上;另一方面,金融资产又对实际资产具有要求权。金融资产与实际资产之间的关系如果若即若离,则必定会催生金融风险,而金融创新又为金融风险的集聚和放大提供了路径。当金融风险累积到一定程度时,会由量的积累引发质的变化,爆发金融危机,从而给社会经济的发展带来灾难性的影响,降低金融支持经济增长的效率。

　　随着我国经济体制改革的深入,作为国民经济重要组成的中小微企业特别是科技型小微企业得到了飞速发展。然而,中小微企业发展的实践表明,融资约束已成为制约其发展的瓶颈。[②] 产生这一问题的根本原因在于,

---

[①][②]　方先明,孙利,吴越洋. 江苏民间金融风险及其形成机理. 河海大学学报(哲学社会科学版),2014,(3):55-62.

一方面中小微企业贷款具有需求迫切、金额不大、还款方式多样等明显的特征;另一方面中小微企业自身信用基础不强,缺少抵押物,加之客观上存在信息不对称的问题,于是难以从正规金融体系获取足够的金融服务。在此背景下,受资金限制的中小微企业常常会转向民间金融来解决企业成长过程中的融资约束问题。因为民间金融能在一定程度上规避信息不对称问题,同时具有小、快、灵的特点,可以部分满足中小微企业融资需求。特别是,近年来随着我国社会经济发展水平的提高,居民可支配收入有了显著的上升,这为民间金融的发展提供了现实的基础;而我国金融体制改革的深化,又为民间金融的生存与发展提供了空间。然而,民间金融区别于正规金融的一个典型特征是其建立在参与者自身信用基础之上,缺乏必要的监管,这必然会使民间金融活动过程中所产生的风险无法得到有效控制与化解,并逐步累积,甚至借助影子银行体系向正规金融渗透,从而可能对整个经济金融领域产生巨大冲击,影响实体经济的健康与平稳发展。①

江苏经济发展水平在全国处于前列。改革开放以来,江苏地区生产总值年均增长率为12.3%;2015年地区生产总值总量为70 116.4亿元,占全国的10.2%。理论与实务界普遍认为,支撑江苏经济持续高速增长的动力在于"苏南模式"。"苏南模式"的核心是改革开放初期快速成长起来的乡镇企业,它们多为中小微企业。在"苏南模式"形成与演化过程中,部分成熟的中小微企业积累了雄厚的财力,形成资金沉淀,并流向民间金融体系,与此同时居民个人金融资产也显著增加②;而部分处于初创与成长阶段的企业又急需资金支持,在正规金融不能满足其需求的情形下,只能借助民间融资。可以认为,在"苏南模式"形成与完善进程中,民间金融至关重要。近年来在扶持民间资本发展的政策作用下,江苏民间资本的投资触角不断延伸,其在全部投资中所占比重由2002年的48.3%提高到2015年的69.7%。国家出台了一系列如"新36条"实施细则的鼓励和支持民间金融发展的政策之后,民间资本的投资信心得到进一步增强,江苏民间资本成为了全省最具活力的投资主体。然而,在国际金融市场剧烈动荡的背景下,没有严密组织体系、缺乏有效监管的江苏民间金融市场蕴藏着巨大的风险。数据表明,

---

①② 方先明,孙利,吴越洋.江苏民间金融风险及其形成机理.河海大学学报(哲学社会科学版),2014,(3):55-62.

近年来江苏民间借贷诉讼案件数量和个案标的额都激增,与此同时山东、福建、浙江等地纷纷出现民间金融机构"跑路潮"。

综上所述,一方面江苏相对发达的民间金融市场促进地区经济迅速增长;另一方面错综复杂的江苏民间金融市场,在外界条件触发下,存在风险瞬间集聚并放大的可能,已危及江苏实体经济的健康发展。当前,江苏正致力于实现"两个率先",江苏民间金融市场的健康发展是实现这一目标进程中的关键一环。为此,需要对江苏民间金融市场的发展现状进行深入调研,剖析江苏民间金融风险形成原因,梳理其传染渠道与机制,并提出积极且有效的防范对策与措施,以保障江苏社会经济的健康持续发展。[①] 同时,民间金融在全国范围内也存在较大的风险。以民间借贷为例,民间借贷纠纷事件频发,2015 年各级法院审结民间借贷案件 142 万件,标的额 8 207.5 亿元;民间借贷形式不规范,在与非法集资的界限区分上还不明确,2015 年审结非法集资、金融诈骗等犯罪案件 5.8 万件,判处罪犯 7.2 万人[②];民间融资在社会融资规模中占较大的比例,民间融资风险会传导至整个金融市场,冲击实体经济。为此需要借助对江苏民间金融风险形成、演化与控制的研究,为全国范围内民间金融风险防范与化解提供政策建议。

二、研究意义

(一) 研究的理论意义

民间金融作为正规金融的补充,在世界各个国家和地区市场中普遍存在。在发展中国家和地区中,由于金融发展起步较晚,正规金融体系不健全,大量非正规金融作为正规金融的补充在经济发展中起到非常重要的作用。基于特殊的历史背景、制度因素以及社会文化,我国的民间金融发展与其他发展中国家和地区的非正规金融有相似之处,但又体现出了自身独特的性质。

在我国,一方面民间金融活动对正规金融的补充作用提升了金融资源的优化配置效率,在完善市场机制和促进金融改革方面发挥着积极作用;另

---

① 方先明,孙利,吴越洋.江苏民间金融风险及其形成机理.河海大学学报(哲学社会科学版),2014,(3):55-62.

② 数据来源:最高法院网(http://www.chinacourt.org/2016-06-15)。

一方面,由于社会经济制度的不完善以及民间金融发展过程中存在的固有缺陷,民间金融运行中蕴藏着巨大的金融风险,对社会经济发展存在潜在的冲击。2012年,面对快速发展的民间金融,国务院曾明确指出"应该引导,允许民间资本进入金融领域,使其规范化、公开化,既鼓励发展,又加强监管"。这就从国家政府的层面确定了民间金融对完善我国金融服务体系的积极作用,同时也明确了现阶段规范民间金融发展的基本政策走向。

当前,国内理论界和实务界对于民间金融内涵的界定还没有统一的定论,民间借贷、地下金融等与民间金融的概念相互交叉,使得对民间金融的研究缺乏系统性。随着我国民间金融市场的不断发展,其对正规金融的补充作用和对经济发展的促进作用越来越重要,国内学者纷纷就这一课题展开研究。但由于我国特殊的经济体制背景,民间金融风险的形成机理与传染路径有其独特性,而民间金融风险的不断累积对我国经济金融的威胁不断加深,对此进行研究显得极为重要。因此,研究的理论意义在于三个方面:① 明确民间金融风险的内涵。② 探寻民间金融风险的形成机理。③ 明晰民间金融风险传染路径。

(二) 研究的实践价值

江苏位于中国的东部沿海,经济基础雄厚,增长速度较快,经济总量位于全国前列。回顾江苏经济的发展历程,金融支持至关重要。特别是,在早期为适应江苏乡镇企业快速发展而逐渐形成的民间金融,在当前江苏产业结构转型升级和农业现代化建设进程中发挥着越来越重要的作用。以小额贷款公司为例,据不完全统计,截至2015年江苏小贷公司数量已达636家,全年放贷余额1 060.75亿元。这些小贷公司的存在和发展,在拓宽民间资金收益渠道的同时,也为众多的中小微企业提供了贷款。[①] 因此,江苏民间金融在弥补正规金融不足、推动江苏民营经济发展、扩大社会融资渠道等方面都发挥了巨大的作用。时至今日,民间金融已经成为江苏调整产业结构、优化资源配置、繁荣城乡市场、改善民生质量不可或缺的力量。对江苏民间金融市场的分析,为研究全国民间金融市场提供借鉴意义。

但是作为一种自发形成的民间信用,民间金融的风险在其快速发展的

[①②] 方先明,孙利,吴越洋. 江苏民间金融风险及其形成机理. 河海大学学报(哲学社会科学版),2014,(3):55-62.

过程中逐渐积累,如果缺乏有效的控制,民间金融风险的积累可能对江苏社会经济发展产生巨大的冲击。近年来,江苏小贷公司坏账率逐渐提高,2013年部分地市小贷公司平均坏账率高达9%。与此同时,江苏民间借贷诉讼案件数量激增,个案标的额也呈上升趋势。① 2015年1月至7月全省新收到民间借贷案件80 320件,共审结民间借贷案件66 348件,涉案标的达3 188 351万元,比2014年同期相比上升12.81%;2013年江苏各级法院新收借款合同纠纷177 071件,同比增长32.70%。②

民间金融的活跃程度与地区的经济发展水平有关,江苏作为经济较为发达的大省,其民间金融得到了较快发展,发展形式也较为多样,可以作为我国民间金融市场的典型。研究江苏的民间金融市场,对于研究全国的民间金融也具有重要意义。

研究的实践价值在于:① 明确民间金融发展规模及民间金融风险来源。② 把握民间金融风险的演化趋势。③ 提出防范与化解民间金融风险对策与措施。

第二节 国内外相关研究述评

一、民间金融概念的界定

鉴于民间金融的内生性,以及缺少必要的监管,国内外学者对民间金融及其风险进行了深入的研究。事实上,国外学者对正规金融以外的金融形式有相对统一的表达术语,即非正规金融(Informal Finance),这一概念包含了国内学者所使用的"民间金融"、"地下金融"、"黑色金融"等金融形式(Ghate,1992;Adams 和 Fitchett, 1994)。国外研究的主流观点认为,民间金融是经济活动中自发产生的金融行为和金融组织,脱离国家金融监管机制而存在。民间金融的产生是对金融抑制的理性回应,其产生的根源在于金融抑制和市场分割(麦金农,1973;Isaksson, 2002)。在发展中国家,金融

---

① 方先明,孙利,吴越洋.江苏民间金融风险及其形成机理.河海大学学报(哲学社会科学版),2014,(3):55-62.

② 数据来源:江苏法院网(http://www.jsfy.gov.cn/2014-2-18).

抑制的存在制约了储蓄的积累和经济的发展，政府信贷配给金融机构制度的存在，导致中小微企业对民间金融市场有更加强烈的制度需求，并由此产生了民间金融。民间金融与正规金融相对，两者在一个经济体系中并存但相互割裂，正规金融受到国家和政府及法律的控制，而民间金融则处于这些控制之外，它们的区别主要表现在利率、借贷条件、目标客户等方面（Kropp，1989）。除此之外，民间金融与正规金融的主要区别还有交易执行所依靠的对象不同，正规金融的交易依赖一国的法律体系；而民间金融依赖法律体系之外的其他社会体系（Krahnen 和 Schmidt，1994）。总体上，国外学者对民间金融的界定是从是否遵循制度和金融监管的角度给出的：民间金融指那些游离于正规金融体系之外，处于央行和政府金融监管之外的金融活动（Isaksson，2002；Wai，1992）。虽然作为一种内生性的制度安排，民间金融的存在具有其经济合理性，但其发展的不规范性，加上缺乏监管造成的风险累积，将严重阻碍民间金融市场功能的发挥，导致区域金融秩序的混乱（Timberg and Aiyar，1980）。基于金融抑制理论，发展中国家只有通过金融深化，即政府放弃过度的金融抑制，培育竞争性更强的金融体系，才能解决当前存在的民间金融风险问题（Stiglitz 和 Weiss，1981）。①

国内学者对于民间金融概念的界定分歧较多，主要包括："非正规金融"、"体制外金融"、"民间金融"、"民间借贷"、"灰黑色金融"、"地下金融"以及"非观测金融"等。"民间金融"指为满足生产和正当交易的需要而产生的金融活动，其目的是弥补正规金融体系的不足，"民间金融"包含"非正规金融"和部分"体制外金融"；"非正规金融"是正规金融机构无法触碰也不愿涉及的存在，而"体制外金融"则主要发生在转轨经济国家或落后国家，指偏离政府规定、不为制度所接纳的一种融资现象；"灰黑色金融"和"地下金融"中有相当一部分具有经济不合理性，且不被现行制度所认可的，甚至存在金融欺诈等违法活动（王莗，2002）。改革开放前，我国政府控制着绝大部分的经济资源，市场上几乎不存在制度创新的空间；而改革开放后，政府逐渐放松了对经济活动的管制，多样化权利主体的产生以及市场化的环境为制度创新提供了很大空间，促使市场构建新的制度来迎合新的需要，民间金融就是

---

① 方先明，孙利，吴越洋. 江苏民间金融风险及其形成机理. 河海大学学报（哲学社会科学版），2014，(3)：55-62.

其诱生的一项制度创新(杜朝运,2001)。关于推动民间金融在中国现阶段快速发展的原因,归结起来主要有两种观点:一种观点认为,在市场经济初期,政府对金融业实行过分干预和管制的政策,导致金融市场的运行缺乏效率,经济中最活跃的主体——中小微企业的融资问题无法得到妥善解决,由此促使民间金融迅速发展(周黎明等,2012);另一种观点则认为,相对于正规金融体系,民间金融在收集中小微企业的"软信息"方面存在优势,民间金融得以发展的根本性原因就在于这种信息优势(林毅夫、孙希芳,2005)。鉴于我国民间金融市场存在自身脆弱性和市场失灵的问题,单纯依靠其自身所拥有的信息"软约束"优势和市场自我调节作用不仅无法实现民间金融发展的规范化,而且对我国民间金融市场的进一步深化和我国金融领域的安全稳定产生很多不利影响(张希慧,2009)。由于没有合理的法律规范对民间金融主体行为进行约束,民间金融长期游离于金融监管体系之外,造成区域性经济风险,对社会秩序和金融安全产生了一定冲击,为此,需要构建完善的民间金融法律制度(郑振龙、林海,2005;张凯、曹露聪,2012)[①]。

二、民间金融风险

金融风险是指在金融资源与金融要素流转过程中,由各种因素波动引发的不确定导致损失的可能性。民间金融风险则专指产生于民间金融活动过程中的金融风险。民间资本正是希望通过承担这种风险获取可能的高收益。然而,内生于金融体系,却又游离于监管边界的民间金融市场,在内部管理不规范、不健全,甚至缺失的条件下,金融活动中的常见风险,如信用风险、流动性风险、市场风险、操作风险等,在其中难以得到有效化解,于是交叉传染,不断累积,并向正规金融市场渗透。关于民间金融风险产生的原因,国内的研究成果较为丰富。首先,从社会制度层面出发,合约执行机制人格化和资金使用者的活动完全处于有效监管范围之外等问题是民间借贷危机的根源(史晋川,2011;方先明等,2014);其次,从融资成本角度出发,融资政策偏紧和中小微企业成本压力持续上升是民间借贷危机爆发的主要原因(范建军,2012);此外,还有学者指出民间金融风险与国家宏观政策调控

---

① 方先明,孙利,吴越洋.江苏民间金融风险及其形成机理.河海大学学报(哲学社会科学版),2014,(3):55-62.

和民间资本对投资的跟风性有关(赵新军,2012)。①

通常来说,民间金融风险在形成的初级阶段,对经济、金融体系的影响并不大,总是经过一系列的传染,不断积累、演化而最终爆发,从而对经济、金融、社会造成巨大冲击(吴炳辉和何建敏,2014)。风险传染是指社会经济主体之间财务困境的传递,企业破产导致的多米诺骨牌现象是最为典型的例子(Allen和Gale,2000),而风险传染的效果则主要根据传染范围和实际破坏程度来评判。社会资本、融资风险网络结构和风险传染密切相关,具体表现为高社会资本会提高融资风险网络的平均中心度,降低网络的破碎程度,提升网络凝聚程度,进而加剧风险传染(吴宝等,2011)。因为一般来说,网络连通性会随着网络平均中心度的提高而改善,网络内的派系数量与孤立点减少,从而网络破碎程度有所下降(Wasserman 和 Faust,1994),而派系化破碎结构不仅是社会网络的普遍特征,而且也是融资风险网络表现出的重要结构特征(Holland 和 Leinhardt,1971;Watts 和 Strogatz,1998)。相对正规金融体系而言,我国民间金融市场是一个高凝聚度的"金融派系",这个派系中的参与主体有很强的抱团倾向,彼此之间交织着复杂的风险链条,通常来说,这样的派系不仅使得风险传染渠道的分布更为广泛、密集,而且有许多风险传染回路潜藏在其中。进一步地,一个风险点很容易被这些风险传染回路放大,从而引发风险加速和风险增殖(Gatti等,2006)。当民间金融市场的凝聚度过高时,风险传染的速度和频率将显著增加(Battistonet,2007),通过民间金融借贷关系网络系统中各相关利益者或各个运行环节的相互作用,民间金融风险在其相关链条中快速传导开来,最终演化成系统性风险,类似的民间金融风险传导的多米诺骨牌效应案例不胜枚举(卢斌等,2013)。

在民间金融风险的形成、传染与演化的研究基础之上,国内外学者就如何化解民间金融风险展开了深入的研究。首先从外部环境入手,针对没有合理的法律制度对民间金融市场的交易行为进行约束和规范,提出应构建完善的民间金融法律制度对风险进行控制并逐步将民间借贷纳入体制内管理(项俊波,2005;郑振龙和林海,2005;张凯和曹露聪,2012;范建军,2012)。但是,由于民间金融的内生性,外部改革措施终究不能治本,改革的根本在

---

① 方先明,孙利.民间金融风险:形成、传染与演化.中央财经大学学报.2015,(7):28-34.

于创建民间借贷健康发展的实体经济基础(刘新华和李丽丹,2013),比如通过货币政策适当微调以及减税降费等策略缓解中小微企业成本上升的压力(范建军,2012)。①

民间金融的产生由来已久,但在21世纪前理论与实务界并未对其风险展开专门的研究,究其原因在于两个方面:一是民间金融的规模较小,民间金融运行中所产生的风险还不足以危及实体经济的运行;二是民间金融运行体系与正规金融运行体系相对隔绝,民间金融风险难以向正规金融渗透。然而,进入21世纪以来,民间金融规模迅速膨胀,且借助于影子银行与正规金融之间的联系日益加强,引起了理论与实务界的高度关注。纵观国内外的现有相关文献可以发现,对于民间金融产生的背景与原因国内外已有深入研究,对不同区域民间金融发展现状也进行了一定程度的描述,如何从制度层面规范民间金融的发展也有所涉及,但对于民间金融的内涵与外延至今尚未达成共识,特别是针对江苏民间金融风险形成原因和各类的专门研究还较为缺乏。江苏地区的民间金融具有形式多样化和比例不均衡化的特点,融资形式主要有低利率式的互助式借款、中小微企业间的信用借贷、企业内部集资或内部人员参股、类似于地下钱庄的不规范中介信贷机构等,是中国民间金融市场的典型;同时,江苏地区民间金融市场资金跨区域流动现象频频出现,且金额较大,具有很强的负的外部性,风险可能瞬间累积,波及实体经济的发展,为此需对江苏民间金融及其风险进行深入研究。通过对江苏民间金融风险的剖析,为全国民间金融风险管理提供思路。此外,国内外学者已经针对民间金融风险进行了广泛的研究,并形成了丰富的文献,这些成果为深入研究民间金融风险的成因、传染与演化提供了有益的借鉴。从现有研究成果来看,目前的相关研究多集中于民间金融风险的成因和应对策略,对民间金融市场中存在的潜在传染路径和风险传染回路虽已有警觉,但却鲜有研究能够深刻揭示民间金融风险的传染渠道和演化机理,也就无法准确地提出针对传染渠道和演化路径的风险控制策略。基于此,本研究以江苏民间金融的发展实践为典型,进而研究全国的民间金融市场,在分析民间金融风险形成原因的基础上,深入剖析民间金融风险的传染渠道和

---

① 方先明,孙利.民间金融风险:形成、传染与演化.中央财经大学学报,2015,(7):28-34.

演化路径,并从中探寻化解我国民间金融风险的策略。①

第三节 研究目的与主要内容

一、研究目的

研究的目的在于以下几个方面:

(一) 界定民间金融概念的基础上理清民间金融现状

民间金融是相对于正规金融的一种提法,但其内涵与外延还未得到清晰的界定。研究过程中,通过文献资料查阅,同时进行深入研讨,首先界定民间金融的内涵与外延。在此基础上,通过深入江苏地区进而至全国进行广泛调研,全面把握民间金融的产生背景、存在形式与发展现状,这是课题研究的首要目的。

(二) 明确民间金融风险形成原因

按自然区位划分,江苏分为苏南、苏中和苏北。由于地理位置和自然资源的不同,在长期的演化过程中,三个区域形成了富有自身特点的产业结构和社会经济发展模式。在此背景下,苏南、苏中和苏北推动民间金融发展的动力与机制并不相同,民间金融的规模及其运行的主要形式也有差异。因此,江苏民间金融风险的形成具有复杂的历史与现实背景,必须加以明确,这是进行预警与预控的基础。对特色鲜明的江苏民间金融市场的研究,为研究全国民间金融风险的形成、传染和治理提供了思路和借鉴。

(三) 明晰民间金融风险传染途径及其危害

存在复杂的非线性机制,是金融市场的固有特征。在相对缺乏监管的民间金融市场中,非线性机制导致的金融风险演化路径更是难以控制。与苏南、苏中和苏北三个区域社会经济发展模式相适应的江苏民间金融体系,其在运行过程中必然会产生金融风险。以江苏为例初探民间金融市场,对研究全国的民间金融市场有重要的借鉴意义。民间金融风险的传染渠道有哪些?民间金融风险累积与演化对于社会经济发展的影响如何?对于这些

---

① 方先明,孙利,吴越洋.江苏民间金融风险及其形成机理.河海大学学报(哲学社会科学版).2014,(3):55-62.

问题必须加以系统梳理,这是防范与化解民间金融风险的关键之所在。

(四)预防与控制民间金融风险

民间金融风险的累积与扩散必然会对社会经济发展产生负面影响,必须加以防范与化解。具体应从预防与控制等方面来管理民间金融风险。首先,应建立预警机制,识别与评价民间金融风险;在此基础上,选择预防与控制策略,防范民间金融风险的累积,阻断其在社会经济领域内传染的路径,化解其对社会经济发展的负面影响。

二、研究的主要内容

民间金融是为了解决一定区域内经济主体对生产和生活的资金需求而自发形成的一种"内生金融"。民间金融的形成与发展对于社会经济发展中正规金融所未触及区域和领域给予了有力补充,特别是为解决中小微企业融资难问题,以及推进农业现代化进程做出了积极贡献。然而,随着民间金融规模的增加,以江苏为代表的各省市出现了不同程度的融资借贷不规范、高利贷猖獗、非法集资案件频发等现象,民间金融风险逐渐暴露,且可能通过多种渠道传播。在当前产业结构转型升级和推进农业现代化进程中,已存在的民间金融风险有可能与社会风险叠加,对社会经济发展产生冲击,因此对于民间金融风险应给予足够的重视。为此,本课题研究的主要内容如下:

(一)民间金融的发展现状及其风险形成

风险来源于不确定性。研究中,首先通过实地调研、资料查阅、专家咨询等方法理清江苏民间金融的规模、结构及现行运行规则等,为研究的顺利开展奠定基础。然后,从微观市场主体、宏观经济与政策和制度设计等角度出发,研究民间金融风险来源。以江苏省为重点对象,研究催生江苏民间金融发展的内外部因素,并通过测算、分析整理得到江苏民间金融的规模和结构以及它对经济增长的作用。同时,从宏观经济金融政策、正规金融机构市场行为、民间金融主体的有限理性等角度挖掘江苏民间金融风险的影响因素,对其内在机制进行深入的探究,从而系统、全面地刻画江苏民间金融风险的形成机制。对江苏典型的民间金融市场的研究,为研究全国民间金融市场提供了重要的指导借鉴。

(二)民间金融风险评价

对民间金融风险进行客观评价,是对其进行有效管理的前提。以江苏民间金融市场为例进行风险评价，全国民间金融风险评价在此基础上同样调整后适用。本部分的研究内容主要包括：① 建立民间金融风险评价指标体系。全面、科学、有效的指标体系是进行民间金融风险客观评价的保证。研究过程中，通过实地调研、资料查阅、专家咨询等方法，在对民间金融风险来源及其演化机制进行深入分析的基础上，形成科学的民间金融风险评价指标体系。② 民间金融风险衡量分析。以民间自由借贷、小额贷款公司、民间合会、融资性担保行业、典当行业、互联网借贷平台这六种民间金融组织形式为例进行统计分析，从不同风险来源角度利用建立起的民间金融风险评价指标体系进行风险水平的测度和演化趋势的分析，从而把握江苏民间金融风险总体变化特征，进而把握全国民间金融市场风险的特征及其变化。

（三）民间金融风险的传染机制

鉴于金融市场存在着高度的非线性机制，在金融活跃度不断提高，金融要素流转日益频繁的条件下，民间金融风险的传染性是必然存在的，而民间金融风险在地区间、行业间扩散，以及向正规金融体系的渗透，对江苏社会经济发展可能产生严重的负面影响。本部分将基于利率传导理论、信息不对称理论、行为金融学理论以及非线性经济学相关理论，研究民间金融风险在民间金融市场之间的扩散和民间金融风险向正规金融市场和实体经济领域的传染与扩散机制。进一步理清民间金融风险从产生到危机爆发经过的三个演化过程，有利于在风险演化尚未严重阶段及时加以控制。

（四）民间金融风险的治理

对于民间金融体系中产生的风险，如果不进行有效的防范与化解，民间金融风险的逐步累积可能会产生质的变化，导致民间金融体系的崩溃，并影响正规金融体系与实体经济发展。在参考国际民间金融风险管理经验的基础上，以江苏为先导，为分析全国民间金融风险提供借鉴。本部分从三个方面提出治理民间金融风险的建议：① 民间金融发展制度建设。随着金融市场的发展，我国的正规金融的运行规则与监管制度逐步健全，但民间金融的发展有不同于正规金融的特征。江苏产业经济发展与产业结构变迁有自身的独特性，为进一步发挥江苏民间金融支持江苏经济增长的效率，需要有与江苏民间金融发展相适应的完备制度，包括民间金融合法化、产权明晰制度和监管制度，因此以江苏为例进而研究全国范围内民间金融发展制度建设具有很好的典型性。② 构建民间金融风险预警机制。金融风险的集中爆发并不是在瞬间发生的,理论与实践均已证明积极的预警机制可以有效防范与化解金融风险。课题研究过程中,将根据民间金融风险形成、传染机制等研究结果,从风险识别、评价、反馈、预控等环节构建民间金融风险预警系统。③ 建立民间金融风险救助机制。随着经济金融化的趋势越来越明显,金融发展对于经济增长的支持作用越来越重要,金融风险集中爆发对于社会经济发展的冲击效应也越来越大,因此建立民间金融风险救助机制十分重要。课题开展过程中,将从救助资金来源、求助对象确定、救助平台搭建、救助渠道选择等方面研究民间金融风险求助机制。①

三、研究的创新之处

本研究的创新之处在于以下几个方面:

(1) 从产业结构变迁以及资本逐利本性的角度研究民间金融风险的形成、传染与治理。现代金融的核心问题是研究如何在不确定条件下进行资源的跨期最优配置问题,因此民间金融的问题本质上属于经济学范畴。民间金融风险的产生、演化与控制,不能离开江苏产业结构的变迁。另一方面,资本的本性是逐利的,为了获取超额的收益,资本会承担额外的风险,在信息不对称、缺少完备监管体系的民间金融市场中更是如此。在环环相扣的民间金融体系运行中,一旦市场弥漫恐慌情绪,民间金融风险将集聚并放大。因此,课题研究将以产业结构变迁和资本逐利的本质特征为视角。

(2) 在研究方法上,基于非线性经济学与行为金融学的基本理论,将民间金融风险的形成、传染、评价与控制纳入统一分析框架。金融市场的参与主体是具有高度复杂性思维的人,因此金融风险的产生与演化具有复杂的非线性特征。参与民间金融市场运作的主体相对于正规金融市场更为复杂,诉求更趋于多元化,这也使得民间金融风险的形成与传染充满了非线性机制。金融风险的识别、传染、评价与控制是一个有机的整体,因此研究过程中基于非线性经济学与行为金融学的基本理论,将民间金融风险管理问题研究所涉及的诸多环节纳入统一的分析框架,以使研究所得结论更具针对性与实用性。

---

① 方先明,孙利,吴越洋.江苏民间金融风险及其形成机理.河海大学学报(哲学社会科学版),2014,(3):55-62.

（3）从制度建设、预警系统构建、救助机制建立等方面提出防范与化解江苏民间金融风险的有效对策。相对于正规金融而言，民间金融的产生与发展具有内生性与自发性，突出地表现在监管体系不健全，预防控制策略不受重视，而一旦风险集中爆发后，缺少有效的救助机制与平台，难以短时期内化解民间金融风险所带来的负面影响，极易向其他领域扩散。因此，要有效管理民间金融风险，首先必须将民间金融纳入制度建设的框架内，金融领域内自由式的发展必然会引发金融风险集聚。同时，积极有效的民间金融风险预警监控系统急需构建。通过预警系统对民间金融风险的识别、评价，以及信息的反馈与预控策略的选择，未雨绸缪，可以防范与化解民间金融风险。最后，高效的救助机制需要建立。当民间金融风险集中爆发时，通过对选定对象的救助，可以在较短的时期内，将民间金融风险爆发所产生的负面影响控制在较小的范围内，不至于向其他领域蔓延。

四、结构安排

根据研究目标和研究内容，研究结构框架见图1-1。

根据图1-1，研究在文献梳理、数据搜集与处理和理论分析的基础上，主要从全国和江苏两个角度，分别分析了民间金融的内涵与外延、现状与困境、民间金融的风险及来源，以江苏为典型分析了江苏民间金融市场的催生因素、规模结构、溢出效应以及民间金融风险的种类和特征；接着分析了民间金融风险的形成机制、民间金融风险的传染机制和演化路径，并在此基础上进行风险评价；通过借鉴国际、台湾地区的风险管理经验和大陆民间金融风险的管理实践，提出了民间金融风险的治理策略，对民间金融进行风险防范。

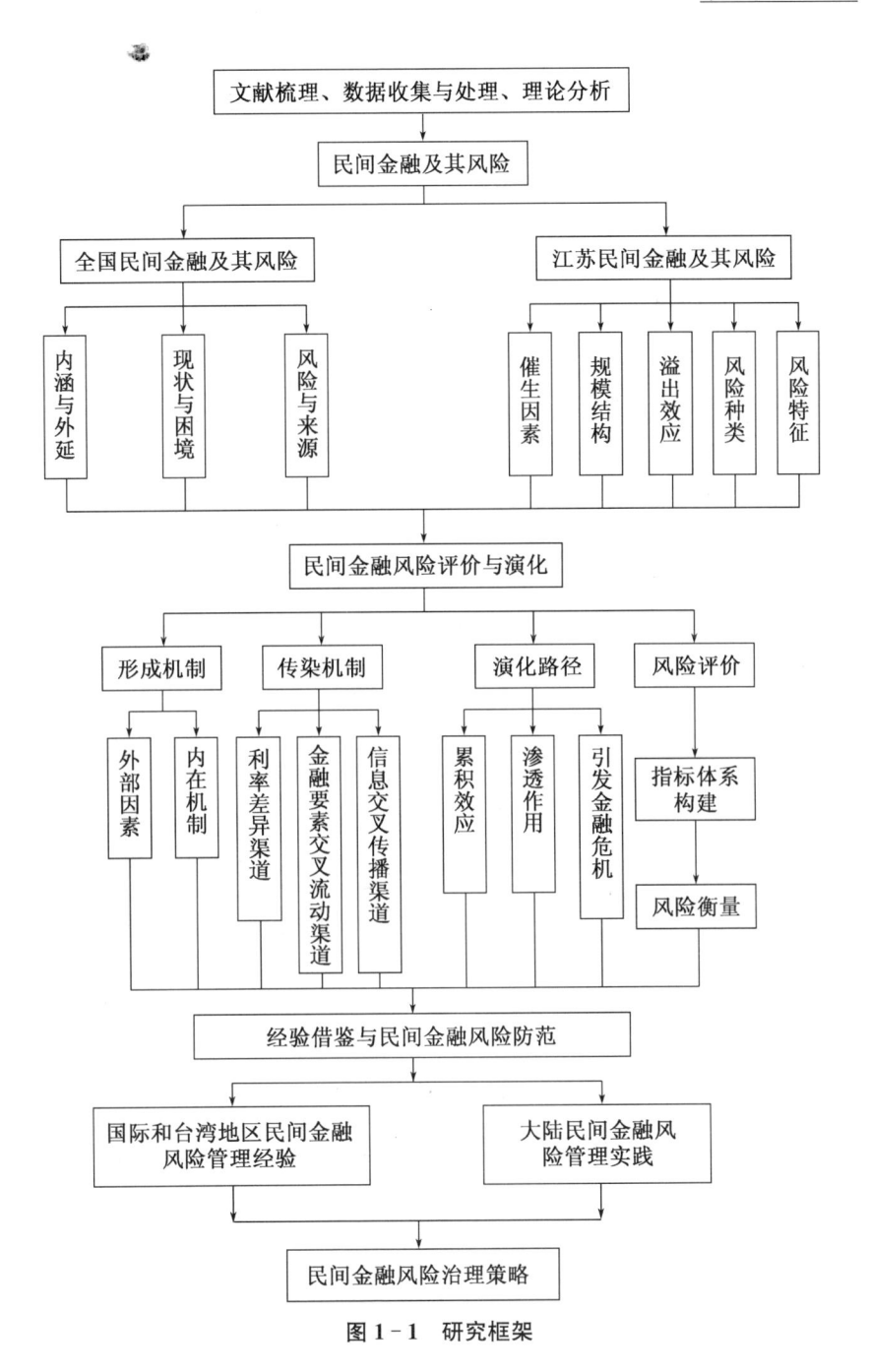

```
                    文献梳理、数据收集与处理、理论分析
                                    │
                            民间金融及其风险
                    ┌───────────────┴───────────────┐
            全国民间金融及其风险                 江苏民间金融及其风险
         ┌──────┬──────┐              ┌──────┬──────┬──────┬──────┐
       内涵    现状    风险           催生   规模   溢出   风险   风险
       与      与      与             因素   结构   效应   种类   特征
       外延    困境    来源
                                    │
                        民间金融风险评价与演化
         ┌──────────┬──────────┬──────────┐
       形成机制   传染机制    演化路径   风险评价
       ┌──┬──┐  ┌──┬──┬──┐  ┌──┬──┬──┐    │
       外  内   利  金  信   累  渗  引    指标体系
       部  在   率  融  息   积  透  发    构建
       因  机   差  要  交   效  作  金       │
       素  制   异  素  叉   应  用  融    风险衡量
               渠  交  传           危
               道  叉  播           机
                   流  渠
                   动  道
                   渠
                   道
                                    │
                        经验借鉴与民间金融风险防范
                    ┌───────────────┴───────────────┐
            国际和台湾地区民间金融             大陆民间金融风
            风险管理经验                      险管理实践
                                    │
                            民间金融风险治理策略
```

图 1-1 研究框架

第四节　研究思路与方法

一、研究的基本思路

在梳理国内外现有关于民间金融风险形成、演化及治理文献的基础上，界定民间金融的内涵，分析民间金融风险的形成机理，借助金融风险演化机制剖析民间金融风险的理论扩散路径。在此基础上，以江苏为例为研究全国民间金融市场提供借鉴，深入江苏市、县、镇（乡）、村、组，采用随机调查与典型调查相结合的方法，进行实地走访调研，掌握江苏民间金融的发展状态。通过实地走访、专家咨询，以及小型研讨会的方式，明确江苏民间金融风险的来源与种类；结合典型案例剖析，从利率渠道、信息传导、产业结构变迁、民间金融要素流动与集聚等方面理清江苏民间金融风险的演化路径与传染机制。对江苏民间金融风险的形成、演化及治理的研究，为全国民间金融风险的研究提供借鉴。进而深入研究全国民间金融市场的发展状态、风险的来源与种类、风险的演化路径与传染机制。根据调研所得数据，采用构建风险指标体系的方法，动态评价历年民间金融风险状态及各民间金融组织风险相对状况。在此基础上，从制度完善、预警系统构建、救助机制建立等方面提出防范与化解民间金融风险的对策与建议。

二、研究方法

本研究采用的具体方法如下：

（一）文献占有与实地调研

充分利用学校图书馆丰富的数据库，以及功能强大的搜索平台，收集相关文献与资料；对省及各市县统计局、金融主管机关、银行及非银行类金融机构在江苏的分支机构、农村企业等进行实地走访调研，对农户采用随机调查与典型调查相结合的方法，掌握最新、最可靠、最全面的基础数据。通过对国内外现存文献深入研剖，为课题的研究提供思路借鉴与方法支持；通过数据库查询与实地调研，得到系统、真实、全面数据，为实证检验做好准备。

（二）定性分析

定性分析的重点在于，梳理相关文献，界定民间金融的内涵；通过对江苏民间金融发展现状的分析,探寻江苏民间金融风险的来源、种类,明确其演化与传染路径;建立科学、合理、系统、全面的评价指标体系,为江苏民间金融风险的评价奠定基础。定性分析的重点还在于,如何根据实地调研的结果,提出有针对性的对策与建议,预防与控制江苏民间金融风险的集聚,并提出积极有效措施逐步化解民间金融风险。

(三) 定量研究

课题定量研究的重点在于以下几个方面:① 基于江苏不同地区主要组织形式的民间金融发展数据,深入研究全国民间金融市场的发展,统计分析民间金融发展现状,包括总量规模和结构。② 基于所构建的评价指标体系,结合层次分析法,从不同角度利用统计分析、风险指标计算测度各民间金融组织风险水平。

第二章 理论分析基础

第一节 金融发展与金融深化

一、金融与经济

作为现代经济的核心,金融是商品经济发展到一定阶段的产物。在原始社会后期,商品的生产和交换催生了货币,作为一般等价物,货币具有流通手段、价值尺度等重要职能。货币的出现使得人类社会的商品交易在更大的范围内开展起来,推动了生产力水平的提高和人类文明的进步。到了中世纪,随着社会生产更加精细化、专门化,西方出现了资本主义萌芽,实体经济领域对生产要素流动提出了更高的要求,扩大再生产也更为迫切。然而,通过现销现付进行交易和依靠自有资金进行大规模生产已经远远无法满足扩大再生产的需求,因此信用活动逐渐繁荣,越来越多的信用工具被创造出来,信用工具本身又成为可供交易的商品,金融活动应运而生。

金融活动的主旨是,通过金融市场进行资源的跨期最优配置,不断提高市场配置资源的效率,促进实体经济产出效率的提升。在现代社会,金融进一步发展和深化导致经济金融化的倾向日趋明显。经济金融化一方面表现为金融活动几乎已渗透到经济活动的每一个方面,社会经济关系主要表现为债权关系、股权关系等金融关系,大量资金流入金融产品市场,某些商品,如大豆、原油等,也因为资金的参与而成为金融工具的一部分;另一方面,金融资产在社会财富中的比例逐渐增大,绝大部分国家的金融资产总和已经超过了本国一年的国内生产总值。就我国而言,最近几十年金融市场飞速发展,不仅创造诸多岗位,缓解就业压力,而且为企业的发展提供多种融资方式,促进了广大中小企业的成长,在金融市场自身不断建设当中,也带动了实体经济的发展。可以说,经济发展催生了金融并促进金融创新,而金融发展又支撑经济增长,两者密不可分,相互依存①。

二、金融发展理论

金融发展理论的思想起源于20世纪60年代末期金融结构理论,其主要阐述了金融体系的发展如何作用于实体经济的发展的问题。20世纪五六十年代,凯恩斯主义盛行,凯恩斯学派认为金融对实体经济的主要贡献在于满足其融资需求,但是金融活动不仅不具有直接提高社会生产力水平的功能,相反,金融的发展甚至会对实体经济的增长产生负面效应。因此,世界各国尤其是发展中国家普遍存在着明显的金融抑制现象。金融抑制政策造成了金融活动被严重扭曲和金融市场的发展滞后,这使得发展中国家在经济转型时期不约而同地受到市场资金短缺的制约,金融抑制成为阻碍本国经济发展的桎梏。诸多问题的出现激励着经济学家开始反思如何同时处理好金融发展与经济增长。

戈德史密斯(Goldsmith,1969)提出的金融结构理论是金融发展理论的基石。戈德史密斯认为,研究一国的金融发展就是研究其金融结构的变化,其中,金融结构包括一国的金融工具和金融机构。他为此建立了包括金融相关比率等8个指标在内的指标体系对世界上35个国家近百年的相关资料进行了统计和研究,总结出了金融发展的内在规律:首先,主要的金融发展路径只有一条,不同的国家虽然起点和发展速度存在很大差异,但各国基本都围绕这一路径,偏差很小;其次,一个国家的金融体系越发达,市场上资金的使用效率就越高,从而金融对经济的渗透力就越强,经济增长速度就越快。金融结构理论着重强调了金融工具的有效供给和金融机制的正常运行是金融发展和经济发展的关键所在,这一论点在后来的金融发展理论中得到了继承与进一步的发展。

三、金融深化理论

随着金融发展理论的进一步发展与深化,爱德华·肖(Edward S. Shaw,1973)和罗纳德·麦金农(Ronald I. Mckinnon,1973)将发展中

---

① 方先明,孙利,吴越洋.江苏民间金融风险及其形成机理.河海大学学报(哲学社会科学版),2014,(3):55-62.

国家作为主要研究对象,分别提出了金融深化理论与金融抑制理论。他们指出,长期存在的金融抑制是阻碍发展中国家经济增长的重要原因。发展中国家政府往往通过利率管制将利率控制在一个较低的水平,对于资金供给者而言,这便会导致居民储蓄率降低、投资减少或是进行收益相对较低的投资。对于资金需求者而言,低利率使得他们纷纷选择投资回报率不高、稳定而成熟的项目进行投资,从长远的角度看不利于一个国家的产业结构升级。从另一方面来说,较低的储蓄率显然无法满足超额的资金需求,政府面对这种情况往往会通过信贷配给政策,通过行政手段来分配有限的金融资源,这进一步降低了市场上投融资活动的效率,并阻碍了经济发展。基于以上问题,肖和麦金农分别提出了金融深化和金融抑制理论,为了使得利率能够真实地反映市场的供求,即实行"金融自由化",他们均主张发展中国家政府取消对利率的一切管制,从而使实体经济以合理的速度良性发展。

20世纪七八十年代,拉丁美洲国家掀起了金融自由化改革的浪潮,但收效并不尽如人意,最终甚至爆发了严重的金融危机。对此,麦金农-肖学派在20世纪90年代后期对金融发展和金融深化理论做出了系统的反思和修正。麦金农提出经济市场化和金融自由化的过程应该遵循先国内、后国外的次序,解除利率、汇率的管制必须以国内宏观经济的稳定为前提。赫尔曼、穆尔多克、斯蒂格利茨则提出了金融约束论,他们认为金融深化论所倡导的金融自由化政策需要苛刻的瓦尔拉斯市场均衡条件,而这个条件在实际中几乎不可能实现,因此适当的政府管制是必要的。金融约束是指一种选择性的干预政策,政府通过对利率加以适当控制和对资本市场上的竞争加以限制,从而为金融机构和社会生产部门制造获得经济租金的机会,实行金融约束政策也同样必须要建立在宏观经济稳定、通货膨胀率较低和正的实际利率等前提条件成立的情况下。二战之后日本曾采取了诸如利率限制、分割市场、分业管制等金融约束手段刺激经济增长,但却导致了银行业运营绩效恶化和经济发展结构失调,在一定程度上限制了经济增长。随后日本政府进行金融深化改革,健全金融监管体系,采取一系列措施促进银行业经营发展模式转变,有效保障了经济平稳运行。金融约束理论是发展中国家从金融抑制过渡到金融自由化的一种政策,它并没有否定金融深化理论,相反地,它是对传统的金融发展与金融深化理论的扩展与创新。

第二节 金融风险的形成与集聚

一、金融风险的界定

所谓风险,是指可以用客观尺度来度量的客观存在的不确定性。金融风险一般是指在金融活动中某些偶发性或不确定性因素引发的收入不确定性和资产遭受损失的可能性。根据金融风险的含义,我们可以从如下几个方面来界定金融风险:① 金融风险仅仅是指存在并作用于金融活动中的风险。② 作为风险的重要范畴之一,金融风险是一种客观存在的可能性或不确定性。③ 与经济损失不同,金融风险不仅包括遭受损失的不确定性,还包括获得超额收益的不确定性。

二、金融风险的形成与划分

在现代金融体系中,根据金融风险的影响范围,我们可以将金融风险划分为系统性金融风险和非系统性金融风险。系统性金融风险主要包括政策风险、利率风险、汇率风险、流动性风险、购买力风险等等,这种风险无法通过构造投资组合消除。非系统性金融风险主要包括违约风险、流动性风险、操作风险、财务风险等等,该种风险只发生于极个别公司或者行业,可以通过分散化投资消除。

根据金融风险的形成机理,我们可以将金融风险划分为如下几种类型:

(1) 泡沫型金融风险。作为一系列合约或合约的组合,金融资产一方面漂浮于实际资产之上,另一方面又对实际资产具有要求权。两者之间若即若离的关系必然会使金融资产在运行的过程中逐渐脱离实物资产的价值基础,从而产生金融泡沫,催生金融风险。泡沫型金融风险的大小主要取决于社会总资产中泡沫的成分以及资产价格脱离实物资产价值的程度。2008 年华尔街爆发次贷危机正是泡沫金融风险累积的结果。此前美国房地产市场较为繁荣,房价一路上涨,促进次级抵押债券市场的发展,但 2007 年由于美国房地产价格下跌,购房者难以通过出售房屋或抵押房屋进行融资,大量次级贷款的借款者无法按期偿还贷款,次级债券与房价产生的资产泡沫破灭,大规模次贷危机爆发。

(2) 银行坏账累积型金融风险。这种风险的大小主要取决于银行坏账的规模。即使在经济运行正常时,银行呆坏账的规模也会随着时间的推移逐步积累,具体则表现为银行不良贷款比率的持续上升会导致银行业越来越有可能陷入支付危机,尤其是在银行增量资金来源不足时,支付危机出现的可能性将会更大。

(3) 国际资本冲击型金融风险。随着金融全球化和经济一体化趋势的发展,在资本可以自由流动的条件下,大量投机资本在国际金融市场间无秩序地流动,主动地冲击各个国家在经济发展中出现的重大漏洞,给一国经济带来灾难性的影响。该风险的大小由一国本币币值被高估的程度、外贸依赖程度、外资(特别是短期外债)流入规模以及公众心理预期等因素决定。1997年亚洲金融风暴的爆发就是以索罗斯的量子基金为首的国际游资大幅冲击亚洲金融市场的结果。

(4) 国债风险。国债风险是指政府举债规模过大而导致当经济发展偏离预期轨道时,政府可能无力清偿到期债务所引发的风险。此类风险的大小主要取决于发行国债规模及其占该国 GDP 的比重大小。当政府陷入财政困境时,如果其通过发行高息国债来偿还旧的债务,则可能大幅抬高市场利率,利率的提高会将民间资本排挤出信贷市场,不利于经济发展。另外,如果允许政府向央行透支来偿还债务,则会对央行形成货币投放的压力,从而引发严重的通货膨胀。2009年爆发的欧洲主权债务危机就是因为希腊等国滥用财政政策,过度发债使政府赤字率飙升而导致的金融危机。

三、金融风险的集聚效应

金融风险产生后,会在金融机构内部不断集聚。当金融风险累积到一定程度时,便会由量变引发质变,造成单个金融机构的破产,乃至整个金融系统的瘫痪,从而爆发金融危机,并给社会经济的发展带来灾难性的影响。事实上,金融风险的集聚主要来源于金融系统的脆弱性。狭义的金融脆弱性是指高负债经营会导致金融行业集聚更大的风险。广义的金融脆弱性指整个金融市场倾向于高风险经营。费雪(Fisher,1933)最早对金融脆弱性理论进行了研究,他认为金融系统的脆弱性与宏观经济周期高度相关。经济繁荣时期市场上普遍的信贷扩张、盲目投资、过度消费会造成内在金融风险的集聚,经济一旦受到冲击进入下行时期,金融风险便会爆发。而现代金融脆弱性理论则认为,随着金融市场的膨胀,虚拟经济与实体经济的脱节,即使经济周期仍处于上行阶段,金融脆弱性也会在偶然事件的影响下爆发为金融危机。金融系统脆弱性的来源多种多样,主要有如下几个方面:

第一,金融市场具有内在脆弱性。在金融市场非完全有效的条件下,金融参与者集体的非理性行为导致的过度投机往往会引发资产价格的过度波动。这种波动使得资产价格完全脱离了其所代表的实体经济基础的价值,金融风险表现为金融泡沫而不断地累积与膨胀。以荷兰郁金香价格泡沫为例,个体的非理性导致了集体的非理性,投机行为的不理智导致了郁金香价格泡沫越吹越大,郁金香供求市场供求失衡,当公众预期发生逆转时,泡沫破灭,金融危机由此爆发。

第二,金融机构的经营模式具有先天脆弱性。金融机构作为一种天生的高负债经营机构,杠杆率极高,现金比率较低,资产负债结构错配的现象较为严重。这些因素导致金融风险可以在金融机构内部迅速集聚,风险一旦爆发便会给金融机构带来巨额的亏损。由于缺乏现金和期限匹配的资产,当挤兑风潮来临时,银行只能低价出售资产来偿债,造成资金链的断裂和金融危机的爆发。次贷危机中五大投行覆灭一方面是因为利用高杠杆率进行投资套利,另一方面是因为分业经营使得投行无法经营传统商业银行业务来吸收存款。分业经营导致投行无法获得充足的现金流,独立投行模式就此终结。

第三,金融创新激化了金融系统的脆弱性。金融工具的不断创新使得金融衍生品同原生产品以及实体经济基础之间的联系越来越微弱,金融创新所带来的资本市场繁荣的表象掩盖了事实上存在的金融风险,金融风险因而得到了迅速积累与放大,金融系统固有的脆弱性被进一步激化。金融风险一旦爆发,便会引发链条上所有衍生金融产品的违约,并层层传导至整个金融市场与实体经济体系中,引发系统性金融危机。

第三节 金融风险的传染与演化

一、信息不对称与金融风险传染

信息不对称是指在日常的经济与金融活动中,一些成员往往拥有另外一些成员无法拥有的信息,这种不对称在客观上造成了有信息优势的一方在市场中处于有利地位,而有信息劣势的一方则在市场中处于不利地位。信息经济学根据信息不对称发生的时间不同,将其分为事前的信息不对称(引发逆向选择问题)和事后的信息不对称(引发道德风险问题)。斯蒂格利茨和韦斯(Stiglits 和 Weiss,1981)在《不完全信息市场中的信贷配给》一书中对逆向选择能够作为一种长期均衡现象存在于信贷配给中做出了证明。本斯特和赫尔维格(Bester 和 Hellwing,1987)在其基础上又对事后信息不对称所引发的借款人的道德风险行为所造成的信贷配给现象做出了补充。他们指出,银行面对众多风险程度不同的借款人时,由于存在信息不对称,银行难以根据借款人过去的资产与违约状况确定该借款人的违约风险。而在贷款事后,银行往往无法控制与监测借款人的实际投资行为,这会诱使银行通过提高贷款利率来防范潜在的违约风险。高利率一方面会将违约风险较低的借款人排挤出市场,引发逆向选择;另一方面会使借款人将贷款投资于高风险高收益的项目,从而产生道德风险。一旦经济进入下行通道,便会造成信贷市场上普遍的违约,对银行等金融机构造成冲击。这种由信息不对称导致的不稳定因素在金融市场上不断累积,会使得风险由单一客户、单一机构传染至整个金融市场,最严重的情况下还会导致金融危机的爆发。

二、金融风险传染的原因

影响金融风险传染的主要原因包括以下三个方面:

(一) 外在原因

金融管制的放松是金融风险传染加速的主要外因。金融管制是指一国政府为维持金融体系的稳定运行和整体效率而对金融机构和金融市场活动的各个方面进行的管理和限制,具体包括市场准入、业务范围、市场价格、资产负债比例、存款保险等方面的管制。① 20 世纪 20 年代末期,西方世界的股市大幅下跌,爆发了严重的经济危机,继而严格的金融管制在这个大萧条时期诞生了,各国政府开始对各自的金融市场实施严厉的管制和干预措施,在一定程度上维护了市场的信心,促进了经济的复苏。但是进入 20 世纪 70 年代后,各国都开始关注自身的经济发展,使得国际化分工明显加速、贸

---

① 贺根庆.金融市场风险传染的原因及影响因素研究.征信,2014,(7):17-20.

易伙伴的双边贸易额迅速增大、国际金融市场之间的竞争更加激烈,可以说此时的全球经济金融形势产生了本质变化,同时凸显了金融管制的负面作用①。Mckinnon(1973)在《经济发展中的货币与资本》中具体分析了金融管制对经济金融的危害,"金融深化"理论逐渐发展,各国政府逐步放宽金融管制,形成了一股金融自由化的浪潮。金融管制的放松主要体现在:金融机构业务范围的扩大,金融价格管制的解除,金融机构业务交叉限制的放松,金融市场准入门槛的降低,国际间金融壁垒的逐步瓦解,资本的自由流动等等。在金融管制放松的大背景下,全球金融市场间的波动溢出效应迎来了良好的外部环境。首先,金融管制的放松促进了金融市场间的交流和联系,推动了全球金融市场一体化的进程。其次,金融管制的放松使得资本能够在国内以及国际市场上自由流动,从而为投资者跨市交易和信息流跨市溢出提供了制度保障。再次,金融管制的放松扩大了金融机构业务的范围,金融资产之间的替代效应增强,从而使得各市场交易主体的跨市场交易成为可能并为之提供制度保障。最后,金融管制的放松使得不断创新的金融工具与实物资产之间的联系逐渐疏远,金融工具的市场价值超越了其作为权益凭证所代表的实物资产价值的合理界限,推动了金融泡沫的形成。

(二) 内在原因

金融市场信息的传递是金融风险传染的主要内因。现代金融学理论认为,金融资产价格是对其价值的预期,是综合各种相关信息得出的结果,而风险就是指未来的不确定因素导致的预期价格偏差。资本市场微观结构理论认为,投资者接收各种可能影响资产价格的信息,比如经济周期、通货膨胀率、货币政策、财政政策、公司价值等,这些信息可能来自不同的传播渠道,并在市场中不断更新和变动,从而需要投资者结合自身的理解和判断做出投资决策。因为信息的传递在金融市场中是不均匀的、动态的,并且不同的交易者具有不同的效用函数,所以信息冲击会导致金融资产的价格发生波动。本质上来说,金融风险传染是金融市场信息的传递过程。Kirby、Fleming 和 Ostdiek(1998)的研究指出影响金融风险传染的因素包含两个方面:共同信息的传递和市场间私有信息传递。共同信息能够同时对各个金融市场产生影响,也就是能够产生系统性风险的信息。当共同信息影响

---

① 贺根庆.金融市场风险传染的原因及影响因素研究.征信,2014,(7):17-20.

到各个金融市场的投资预期时,每个市场都存在一定程度的系统风险,这说明金融市场的风险产生具有联动性。私有信息的传递是指某一金融市场特有的信息经投资者的跨市场交易传递到其他金融市场,从而引起金融市场的风险传染效应。①

(三) 直接原因

投资者的交易行为是金融风险传染的直接原因。根据金融资产价格波动理论,金融风险的产生是由金融资产价格的内在波动性导致的,而金融资产价格的任意变化,都是投资者交易行为的结果。正常情况下,投资者是理性的,所做出的交易决策是基于客观分析市场信息的结果。也就是当新的相关信息出现时,投资者会充分吸收和理解这些信息,通过交易行为使得金融资产的价格能够准确反映当前信息,从而使市场波动之间产生某种联系。然而,市场信息不对称的存在,同时不同投资者的知识素养、认知能力及心理因素方面存在差异,会引发投资者的行为发生偏差,这种行为偏差会加剧金融风险传染效应。例如当某一股票的价格发生变动,信息不对称的存在使得投资者无法准确分析产生价格波动的原因、波动的影响范围以及其他类似的股票会不会发生同样的波动等。这种情况下,投资者往往会猜测同行业的股票或者是类型相似的股票也会发生相似的波动,据此做出相应的投资决策,从而使得金融风险在同行业、整个市场甚至其他金融市场中传递。根据行为金融学的理论,金融市场中的交易者行为常常出现"跟风"现象,这种现象可以用羊群效应来解释。羊群效应又名从众效应,指的是在信息不充分的情况下,投资者的行为往往会受其他人的影响,根据他人的行为提取信息,从而抛弃或者转变自己原有的投资想法,最终采取与大多数人相一致的投资行为的现象。羊群效应的存在,容易使得金融市场中的投资者形成一致的市场交易行为,从而扩大了金融市场风险。②

三、金融风险的传染与演化机制

随着金融自由化步伐的加快,不同的金融机构之间、金融市场与实体经济之间的联系日趋紧密,金融风险可以迅速地从一家金融机构蔓延至整个金融市场,并对实体经济产生冲击。因而,有关金融风险传染与演化的研究

---

①② 贺根庆.金融市场风险传染的原因及影响因素研究.征信,2014,(7):17-20.

在当前显得尤为重要。一般来说,金融风险的传染与演化机制主要分为如下三种情况:

第一,金融风险在金融系统内部的传染与演化。以银行间市场为例,一方面,银行之间的资产负债表结构具有高度的相似性,由此银行间的风险暴露往往具有极强的相关性。当一家银行出于某种特定原因而陷入危机时,它通常会通过大量抛售资产来偿还到期债务。由于其他银行与该银行拥有的资产组合高度相似,当其他银行判断该银行的抛售会造成资产价格的大幅下降时,它们往往会被迫对拥有的资产组合进行减值登记。与此同时,出于满足监管要求和满足流动性需求的需要,各家银行往往也不得不抛售所持资产,由此产生恶性循环,使金融风险由单一的金融机构传染至整个金融市场。另一方面,各家银行往往通过银行间市场互相持有头寸,形成了错综复杂的债权债务关系。当一家机构出现债务违约时,金融风险也常常通过银行间的债权债务网络迅速蔓延至整个市场。

第二,金融风险向实体经济的传染与演化。金融作为经济的核心,其主旨在于通过金融市场进行资源的跨期最优配置。而一旦金融风险传染至整个金融市场,金融市场资源配置的功能便会失效,从而将风险传染到实体经济之中。具体而言,当金融市场出现大规模违约时,银行等金融机构一方面会提高贷款的审核标准,提高贷款利率,另一方面会加速回收贷款以减少更大程度的债务违约的可能性,缓解流动性紧张的局面。信贷紧缩使得实体经济中的企业特别是民间中小微企业获得资金的难度增大,面临着资金链断裂的风险,违约概率大幅增加。这又反过来进一步恶化了金融机构对经济前景的预期,迫使它们在更大程度上紧缩信贷规模,从而形成一种恶性循环,对该地区甚至整个国家的国民经济体系造成极其不利的影响。

第三,金融风险的跨区域传染与演化。随着经济一体化与金融全球化的不断推进,一国一旦爆发金融危机,便可通过对外贸易、汇率水平波动以及国际资本流动等渠道传染至其他国家。首先,如果进口国爆发金融危机,会导致该国的进口需求急剧减少,而该国主要贸易伙伴的出口需求将会大幅受挫,实体经济遭受严重的冲击。其次,若一国满足马歇尔勒纳条件,则当该国遭遇金融危机时,政府更倾向于通过本国货币贬值将危机转嫁到其他国家,这种以邻为壑的政策选择最终会导致其他国家的报复。一旦多个国家相继实行货币贬值,金融危机便会在国际间迅速传递。最后,当前的国际资本市场充斥着巨额投机性强、流动速度快的国际游资,它们在短期内频繁且无序地在国际间流动,在金融危机时将会给脆弱的国际金融体系带来严重的动荡。此外,金融危机还可以通过国际金融市场在空间上进行传播。现代金融体系包含货币收支、证券市场、借贷市场、外汇市场以及衍生金融市场等多个体系,它们之间联系密切,往往牵一发而动全身,倘若一个市场出现危机,将会在短时间内蔓延至其他市场;而全球金融市场一体化的不断发展,又促使了危机从一国扩展至多国,引发地区性的债务危机乃至全球金融危机。

第四节 金融风险的预防与控制

一、金融风险的社会特征

金融风险的重要特征之一在于其具有社会性。与其他行业不同,银行等金融机构的杠杆率相对较高,绝大多数经营资金都来源于社会存款以及向央行或其他金融机构借入的资金,因而社会公众与银行等金融机构之间存在着一种紧密的、依附性的债权债务关系。一旦金融机构经营不善甚至出现倒闭的风险,就会引发存款挤兑的狂潮,损害社会公众的利益,从而引起整个社会经济秩序的混乱。

首先,在微观层面上,金融风险可能会给包括所有社会公众在内的金融市场参与者造成极为严重的经济损失,同时将会进一步动摇市场信心,引发存款挤兑和大规模的资产抛售,造成证券市场价值的大量流失。

其次,在宏观层面上,由于市场资金面趋紧,社会总体投资水平下降,社会总产出降低,国民经济因而停滞不前甚至出现负增长。社会债务链条的断裂还会对社会信用体系产生破坏,从而动摇社会经济运行的基础。与此同时,一国经济环境的恶化还会使大量国际投机资本在短时间内流出该国,进而导致该国货币的大幅贬值,引起国内本币资产的抛售和更大规模的资本外逃,严重威胁一国的经济安全与社会稳定。

最后,在社会层面上,经济基础的不稳定可能会带来整个社会秩序的混乱。金融风险的爆发带来社会公众财富的大量缩水和失业率的急剧攀高,并进一步引起社会的骚乱与动荡不安,威胁国家的政治稳定与社会安全。

二、金融风险监管的必要性

"大萧条"之后,凯恩斯主义成为经济学领域内的主流观点,各国政府也据此不断加强对经济运行的干预与监管,关于金融风险监管必要性的讨论愈演愈烈。现今,监管需求理论是金融监管必要性理论的主流观点,这其中又主要分为公共利益说和金融脆弱说两大体系。

公共利益说认为,由于自然垄断、信息不对称以及外部性等现象的存在,金融市场依旧存在"失灵"现象,从而无法在金融资源的配置上实现"帕累托最优"。首先,金融机构的高度垄断会损害消费者的利益,降低金融行业的有效产出,造成社会福利的损失;其次,金融市场上普遍存在着负的外部效应,个别银行的破产极有可能导致整个银行业和金融体系的崩溃;最后,金融市场是一个信息不对称的市场,由于处于信息劣势,金融机构往往面临着更大的风险水平,从而降低了金融市场上资源配置的效率。因此政府应当通过金融监管来弥补市场失灵,提高资源配置效率,有效地提高社会福利水平。

金融脆弱说的代表理论则是明斯基(Minsky,1982)提出的"金融不稳定假说"。这一假说指出银行为了追求利润最大化,通常会增加系统内的风险性业务,从而导致金融系统内在的不稳定,政府进行金融监管的意义在于通过限制银行的经营活动来降低这种内在的不稳定性,维护金融市场的健康发展。戴蒙德与迪布维格(Diamond 和 Dybvig,1983)提出的"银行挤兑理论"也是金融脆弱说的另一典型代表理论。他们认为,银行在金融市场上所承担的角色是将缺乏流动性的资产转化为流动性资产,这为市场提供流动性的同时也使得银行容易遭受挤兑。政府如果主动建立存款保险制度,将会大大降低存款挤兑的概率,并避免金融危机的发生。

三、金融风险监管的可行性

金融监管作为一种政府行为,自身亦存在成本与收益。金融监管的成本主要包括直接成本和间接成本。直接成本可以分为执行成本与行政成本。执行成本是指被监管方为了达到监管要求所进行的活动而耗费的资源,比如向央行提交的存款准备金、向存款保险机构缴纳的存款保险金、自行提取的坏账准备金以及为了建立内部控制制度和保存各类材料所需消耗的费用。行政成本则是指监管当局在监管过程中所耗费的资源,例如在制定监管制度和进行监管活动中所耗费的人力、财力、物力等等。间接成本则是指监管行为造成了市场资源配置的扭曲,从而使得金融市场主体改变其行为方式所带来的效率损失。产生这种效率损失的途径主要包括:第一,监管制度中的危机救助措施往往会引发金融机构的道德风险,由于知道风险爆发后监管当局会对其进行救助,金融机构可能会倾向于经营风险更大的业务;第二,如果监管制度过于严厉,将可能会限制金融创新活动,客观上造成金融市场的低效率,不利于金融市场的长期发展;第三,利率管制等监管措施很有可能削弱金融机构之间的竞争,从而导致金融产品价格过高,损害消费者的利益,也不利于资源的最优化配置。

金融监管的收益则是指如果监管当局不实行金融监管而给社会福利带来的损失的期望值。当市场不存在监管时,由于金融风险的社会性特征,将极有可能带来前面所提到的社会经济秩序的混乱和经济危机的爆发。因而不仅金融市场的参与者可以受益于金融监管,全社会也都可以因此而受益。

因此,从收益-成本分析的角度来说,金融监管也应存在一种均衡状态。在这种状态上,金融监管资源能够得到最优的配置。如果收益大于成本,金融监管便是经济的、可行的;如果收益小于成本,金融监管则是不经济的、无意义的。监管当局需要以市场化的观点来审视监管制度和监管行为,通过考察分析金融监管的成本与收益,提高金融监管的效率,确保对金融风险的监管始终有效、可行。

四、建立有效的金融风险防御系统

金融风险防御系统包括预警系统、责任体系和风险防御方法三个方面。

完善的网络预警系统是建立有效的风险防御系统的第一步,它可以及时提醒金融机构存在的风险隐患。金融机构应该严格检查各项金融业务、确保资产的安全性、核对各项财务报表等。同时金融机构可以开通财务信息网站,搜集相关金融信息,密切关注资产动向,为预防金融风险提供平台基础。

建立有效风险防御系统的第二步是落实风险责任体系,加强内部管理,做到内部管理与风险责任制度的统一。明确每一位参与者的责任,同时加强市场参与者对金融风险的认知程度,包括金融风险的意义、危害以及预防的方法等。金融机构以及政府经济部门应该及时召开金融风险分析会议,预测可能面临的风险并提出相应的解决方案。

第三步,实行多种多样的风险防御方法,及时发现及时处理。面对金融机构,政府应做到给予权力与适当管理的统一,为金融风险防御创造良好的条件。金融机构应建立健全金融风险化解体系,比如建立信贷安全体制,严格管理资产,确保各项资产的安全与稳定;还可以建立有效奖励制度,根据员工的表现进行奖励,提高员工的工作效率;同时金融机构的各部门应加强相互监督,减少金融风险的存在。[①]

[①] 杨帆.探讨金融风险的预防措施.全国商情(理论研究),2013,(15):37-38.

第三章 民间金融及其风险

第一节 民间金融的内涵与外延

民间金融是经济活动中自发产生的,游离于国家金融监管体系之外的金融行为和金融组织,是为了解决一定地理区域内经济主体对生产和生活的资金需求而自发形成的一种"内生金融"。目前研究的主流观点认为,民间金融是对金融抑制的一种理性回应,其产生的根源在于金融抑制和市场分割。在发展中国家,金融抑制的存在制约了储蓄的积累和经济的发展;而资本市场被严重分割,在很大程度上受到干预和歧视。在金融抑制政策下,政府信贷配给金融机构制度歧视的存在,导致了中小微企业对民间金融市场更加强烈的制度需求,并由此产生了民间金融。

改革开放前,我国政府控制着绝大部分的经济资源,市场上几乎不存在制度创新的空间。而改革开放后,政府对经济活动的管制趋于宽松化,多样化权利主体的产生以及市场化的环境为制度创新提供了非常大的空间,促使市场上的个人与团体构建新制度来迎合新的市场需要,民间金融应运而生。但是缺乏法律规范和金融监管等弊端使得民间金融存在一定的区域性经济风险,从而对金融安全和社会稳定构成了潜在的威胁。[1]

一、概念的界定

根据对国内外学者研究成果的回顾,对于民间金融概念的界定国内外学者尚未达成一致。国外学者对正规金融以外的金融形式有相对统一的表达术语,即"非正规金融",而国内学者的表达术语则众多:"非正规(式)金

---

[1] 方先明,孙利,吴越洋. 江苏民间金融风险及其形成机理. 河海大学学报(哲学社会科学版),2014,(3):55-62.

融"、"体制外金融"、"民间金融"、"民间借贷"、"灰黑色金融"、"地下金融"以及"非观测金融"等。

尽管对民间金融的概念界定尚存在分歧,理论与实务部分对其所拥有的基本特征的描述则相对一致。归纳起来为:第一,民间金融游离于金融监管体系和现行制度之外。由于金融在经济运行中处于核心地位,各国政府对于金融体系的监管极为重视,但其严密的金融监管体系是针对正规金融的,对民间金融并不适用。第二,民间金融具有内生性。由于信息不对称的存在,加上缺乏抵押资产,在正规金融体系中中小微企业面临着融资瓶颈,转而通过民间金融体系进行融资。同时,民间金融资金融通规模小、借贷灵活的特点,也符合中小微企业的融资特点。因此,民间金融内生于民间信用体系,是在经济活动中自发形成的。第三,民间金融是对正规金融的有益补充。民间金融的内生性以及自身特点,决定了它能够弥补正规金融体系的不足,因此能够与正规金融长期共存于一个经济体中。由此可见,在一定程度上,民间金融是为逃避金融监管而出现的金融行为,是对正规金融的补充。而从民间金融产生的背景来看,其是为适应经济发展对资金融通的需求而出现的。经济发展,尤其是作为经济发展重要组成部分的民营企业,在其发展过程中对金融支持提出了多样化的需求,而民间金融常常通过工具创新适应这种不断变化的需求,客观上也提高了监管的难度。

因此,所谓民间金融是指与正规金融相对,内生于民间信用体系,游离于现行制度和监管体系之外的一种自发的金融活动和组织。其表现形式可以分为民间自由借贷、民间集资、地下钱庄、合会、高利贷、典当行、小额贷款公司、互联网平台等。[①]

二、民间金融产生的原因

民间金融活动的参与主体主要是个人及中小微企业等微观经济主体。这些微观经济主体进入民间金融市场的目的主要分为两类:一是基于合理的融资需求,通过民间借贷获得发展所需资金;二是通过在民间金融市场中进行资金操作,牟取暴利。不同的目的决定了不同的民间金融活动性质,合

---

① 方先明,孙利,吴越洋.江苏民间金融风险及其形成机理.河海大学学报(哲学社会科学版),2014,(3):55-62.

理合法的民间借贷可以促进经济发展,有助于缓解中小微企业的融资难问题;而以谋取高收益为目的的民间金融活动则容易诱发民间集资、高利贷、金融诈骗、洗钱等违法犯罪活动,扰乱金融秩序。因此,高收益导向的供给和巨大的融资需求是民间金融得以产生并不断发展壮大的主要诱因。[①]

首先,从需求角度来看,爱德华·肖(1973)和罗纳德·麦金农(1973)提出的"金融抑制和金融深化"理论解释了民间金融产生的主要原因。他们认为,发展中国家采用金融抑制的政策和手段对金融市场进行控制和干预,人为控制利率和汇率的变化导致金融体系的扭曲,严重制约了储蓄的积累和经济的发展。与此同时,金融抑制的政策环境下,政府信贷配给金融机构制度就存在对国有与民营、大型企业与中小微企业的差别对待,导致中小微企业对民间金融市场的需求更为强烈,由此产生了民间金融。个人或中小微企业等微观经济主体的经济活动及其融资需求是分散化的,具有规模小、监控难、风险大等特征,这就使得相当一部分融资需求无法融入正规的金融圈内。例如,对个人或家庭而言,由于突发状况而急需一笔资金救急,如果通过银行等金融机构贷款需要执行严格的担保和审批程序导致资金无法及时到位,而通过向熟人圈举债等民间金融形式便可在短期内筹集所需资金。对中小微企业而言,在其发展初期其资金需求往往是巨大的,而其信用状况却不能达到正规金融体系的要求,为满足其发展需求,只能转向民间金融市场,通过民间小贷公司或合会、私人钱庄等形式融资。尤其在农村,正规金融存在着诸多问题和困难,由于其制度性和功能性缺陷以及农村经济活动分散化、小规模的特征,正规金融的借贷性资金供给不能很好地贴近农村的生产生活需要。相对于此,民间金融通过直接借贷、合会、农村合作基金、钱庄、典当行等形式则更贴近农村的生产生活,更符合农村经济发展的需要。因此,农村经济更为天然地与民间借贷相结合。

其次,从供给角度来看,在民间金融市场中,一方面是对资金存在着巨大需求的个人和中小微企业,另一方面也存在着资金富余的民间资本持有者,在正规金融机构的存款利率较低且存在利息税损失的情况下,他们希望将富余的资金通过更为有利的渠道进行投资以赚取高额利润。但目前,在

---

① 方先明,孙利,吴越洋. 江苏民间金融风险及其形成机理. 河海大学学报(哲学社会科学版),2014,(3):55-62.

我国民间金融市场中,尤其是在农村,投资渠道匮乏,在利益的驱使下,民间资本持有者将其自有资金通过直接借贷或中介人集资的方式提供给资金需求者,以获得比银行高的利息收益。

三、民间金融的组织形式

目前,除了民间自由借贷,民间金融的发展更多地是借助各种民间机构和互联网平台等。近年来,小额贷款公司、融资性担保公司、民间合会、典当行、互联网借贷平台等民间机构蓬勃发展,已经成为中小微企业的主要借贷来源,而它们又处于监管的盲区,局部个体风险不断放大,最终会导致系统性风险的爆发。因此,对民间金融的组织形式、机构与平台进行细致研究有着非常重要的意义。

(一) 民间自由借贷

1. 民间自由借贷的涵义

民间自由借贷是非组织化的民间直接借贷,分为不计息、低息和高息借贷。在不同地区之间,甚至是同一地区,民间自由借贷的利率差异很大。通常民间自由借贷较为分散、隐蔽,而且利率、借贷形式、是否有担保、是否签订合约等都是借贷双方协商,仅有口头协议或根本没有协议,因此利率高低不一,借贷形式也多种多样不够规范,较难管理。

2. 民间自由借贷的发展现状

近年来,受央行信贷紧缩政策的影响,我国民间自由借贷供需两旺,借贷利率一路走高,借贷规模呈逐年攀升的态势。在规模方面,根据中国人民银行调查统计,2016年1月社会融资规模存量为141.57万亿元,增长速度为13.1%。其中,银行贷款所占比例持续降低,银行体系外资金融资所占比例上升。保守估计,其中民间借贷规模超过3.8万亿元,占有很大比重。在借贷利率方面,由于资金需求的扩大,民间借贷利率节节攀升,局部民间借贷利率远高于法律规定的4倍标准。据调查,民间自由借贷平均年利率超过20%,尤其是在经济发达的沿海省份,高利贷更为常见。而对于民间借贷的主要需求方——实体中小微企业来说,高昂的民间借贷利率已远高于其所能承受范围。在资金运用方面,虽然民间借贷在一定程度上缓解了社会融资需求压力,促进了民营经济的发展,但由于资本的天然逐利性,加上人性的贪婪,大部分民间借贷资金没有流向真正需要发展资金的实体经济部门,而是被用于虚拟经济的炒作。加上民间借贷处于监管体系之外,民间借贷资金的不合理运用更易滋生和累积风险,从而影响国民经济的健康发展。

(二) 小额贷款公司

1. 小额贷款公司的内涵

小额贷款公司,顾名思义,是指提供一种贷款数额较小的信贷服务的民间金融机构。小额贷款公司主要以微型、小型企业或是低收入群体为服务对象,为他们提供一种额度较小的持续信贷服务,目的是通过这种不同于一般意义上的商业银行融资形式让急需发展资金的融资者获得发展机会。

2. 小额贷款公司的发展历程及现状

20世纪90年代起,为了支持"三农"发展以及扶持中小微企业的发展,我国开始探索为农户和中小微企业提供融资的服务主体,小额贷款公司的雏形开始出现。总结起来,小额贷款公司的发展大致经历了以下几个主要阶段:

1994年,农村小额贷款试点。这一阶段,我国主要借鉴孟加拉乡村银行的运营模式,主要的业务目标是扶贫,即解决贫困户的温饱问题。

2000年,农村小额信贷活动全面实行并推广。在中国人民银行的推动下,以农村信用社为代表的正规农村金融机构开始介入小额信贷领域,此时小额信贷活动全面实行并推广。小额信贷的业务目标从"扶贫"扩展为"为一般农户及微小企业服务"。

2005年,民间小额贷款试点。这一年,央行正式批准在中西部民间金融活动频繁的地区开展民间小额贷款试点,包括陕西、山西、四川、贵州、内蒙古5个省份。"晋源泰"、"日升隆"两家小额贷款公司率先成立,并致力于聚集民间资金,为农户、个体工商户和微小型企业提供小额贷款。

2008年,小额贷款公司地位合法化。银监会和中国人民银行联合发布的《关于小额贷款公司试点的指导意见》使得小额贷款公司的合法地位得到认可。该文件从市场准入、资金来源、经营行为、监督管理以及退出机制等方面对小额贷款公司提出更为严格规范的要求,使其风险得到一定程度的控制。

2009年至今,小额贷款公司改革与发展。2009年6月,银监会发布《小额贷款公司改制设立村镇银行暂行规定》。这一规定表示符合条件的小额贷款公司可以改制为村镇银行,从而扩大了各个地区对小额贷款公司的改革。与此同时,小额贷款公司门槛较低、机制灵活、程序简便、放贷速度快等特点,吸引了大量的民间资本,促使其迅猛发展。

目前,作为我国多层次金融体系中重要组成部分之一的小额贷款公司,已经成为中小微企业、个体工商户、农户生产经营中最主要的金融支持。尤其在农村金融市场中,小额贷款公司在完善农村金融体系,促进经济社会发展等方面发挥了重要作用,已经成为农村金融体系的重要组成部分。2015年,全国共有小额贷款公司8 910家,从业人员117 344人,实收资本8 459.29亿元,贷款余额9 411.51亿元。其中,江苏省共有小额贷款公司636家,从业人员6 253人,实收资本896.23亿元,贷款余额1 060.75亿元,各项数据均居全国首位。[1]

(三) 民间合会

1. 民间合会的内涵

合会的英文名称是"Rotating Savings and Credit Association",即"轮转储蓄与信贷协会"。合会就是协会内部成员共同储蓄、轮番提供信贷的一种活动形式,从而在参与者之间形成的一种民间小规模的经济互助组织。它是以地缘、亲缘关系为纽带,借贷双方依靠道德约束保证其信用关系。其主要特征是:自愿参与,进入和退出自由,民主自治管理,高度自给自足,实行自律和自我监控,一人一票,一致同意等。在我国,合会主要分布在浙江、福建、广东、海南等沿海省份以及台湾、香港等地区。一般来说,合会的资金安全性和流动性较高,收益性则不稳定,但一般都会超过银行的利率。

2. 民间合会的发展历程及现状

作为一种非常重要的民间融资活动,合会在民间已具有很长历史。中国传统的小农经济与熟人社会,曾一度促使民间合会的发展,并渗透到生产生活的方方面面。新中国成立以后,由于高度集中的计划经济体制的实施,政府对金融市场实行严格的监管,使得合会销声匿迹。改革开放后,随着经济的不断发展,信贷需求不断扩大,正规金融体系已无法满足民间金融市场的融资需求,民间合会又重新出现和发展。在一定程度上,民间合会促进了

---

[1] 数据来源:小额贷款公司分地区情况统计表,中国人民银行网站(http://www.pbc.gov.cn/2016)。

我国经济的发展,缓解了正规金融供给不足的问题。然而,到了20世纪80年代,长久以来缺乏监管所造成的风险累积使得重大恶性倒会事件不断发生,如1986年浙江乐清倒会案、1987年福建平潭倒会案、2001年江苏标会倒会案、2004年福建福安倒会案等。一系列民间金融市场恶性风险事件的爆发,引起了社会的广泛关注,民间合会的发展也在一定程度上受到打击。

近年来,由于民间融资需求扩大,合会再次发展活跃。虽然合会对农村经济的发展起到了正规金融无法替代的作用,但其一直游走于灰色地带,没有得到法律的认可,这就决定了其规模发展受到限制。无论是在发展较为活跃的时期,还是发展受到阻碍时期,合会的定位都应是在正规金融无法发挥作用的条件下承担起一部分民间金融支持经济发展的责任。

(四)融资性担保公司

1. 融资性担保公司的内涵

按照业务类型来区分,担保公司主要包括融资性担保公司和非融资性担保公司两类。融资性担保公司是一种可经营融资性担保业务的准金融机构,与非融资性担保公司的主要区别就是可直接从事与货币资金有关的担保活动。根据我国《融资性担保公司管理暂行办法》的规定,融资性担保公司可经营如下部分或全部业务:贷款担保、票据承兑担保、贸易融资担保、项目融资担保、其他融资性担保业务;可以兼营如下部分或全部业务:诉讼保全担保、投标担保、预付款担保、工程履约担保、尾付款如约偿付担保等履约担保业务,以及与担保业务有关的融资咨询、财务顾问等中介服务,还包括利用自有资金进行投资业务,但不能从事吸收存款、发放贷款业务。

2. 融资性担保公司的发展历程及现状

1993年我国第一家融资性担保公司——中国经济技术投资担保公司宣告成立,但融资性担保行业的发展一直处于低迷状态。2001年我国加入WTO后,随着经济的又一轮腾飞,融资性担保公司得以高速发展。截至2015年我国融资担保行业平均资本从0.75亿元提高到1.17亿元,注册资本1亿元以上的担保机构占比从31.4%上升到58.8%,注册资本10亿元以上的机构数量从29家增加到75家,最大的机构注册资本已达到120多亿元。①

(五) 典当行

1. 典当行的内涵

典当行是专门发放质押贷款的非正规边缘性金融机构,它的主营业务是货币借贷,通常是个人或企业等以其自有资产作为抵押取得一笔资金,在其资金充足时再赎回其抵押的资产。若当户赎当,典当行通过收取高额利息和其他费用盈利;若当户死当,无力或不愿赎回其质押资产时,典当行则可以通过处分当物弥补损失并盈利。寄卖行、商行等机构与典当行类似。典当行的业务相当于发放质押贷款,由于监管难度较大,其经营范围很容易变为私人钱庄,或者以超过法律所许可的利率发放质押贷款。

2. 典当行的发展历程及现状

新中国成立后至改革开放前,由于经济体制等原因,我国典当行逐渐消失。新中国成立初期,国内经济形势不稳定,经过一系列的社会主义改造,至1956年我国的私人典当行基本实行了全行业公私合营。改革开放后,由于社会主义市场经济体制的逐步形成和完善,我国典当行业获得了新的发展机遇。20世纪80年代典当行业在各个地区呈迅猛复兴之势。据不完全统计,从1987年到1996年,全国范围内的典当行达到4 000余家,以平均每年超过400家的速度在增长。由于典当行业的迅猛发展,良莠不齐,风险开始逐渐暴露,1996年4月中国人民银行开始对其进行大规模的整顿。经过整顿,重新规范标准的典当行共1 154家,从业人员万余人,典当行的质量,得以保证,整个行业的经营秩序得以规范。21世纪以来,一系列促进典当行业规范发展、整顿改造等的法律法规逐步颁发,2003年典当行由新成立的商务部管理,这些都促使了我国典当行业进一步的发展。再加上其短期性、灵活性和手续简单便捷等特点,目前已发展成为银行贷款业务的一个有效补充。

目前,虽然我国典当行业的发展水平仍相对落后,但呈快速发展之势。2015年,全国典当企业数量8 050家,同比增长6.3%;典当余额1 025.2亿元,同比增长1.2%;全年主营业务收入7.9亿元,同比下降27.5%;累计发放

---

① 李伟,叶谢康,鄢秉松,等. 融资性担保公司发展与监管相关问题研究. 福建金融,2012,(4):37-42.

当金3 671.9亿元,同比下降0.5%。从业务结构上看,整体结构基本稳定,房地产抵押、动产抵押、财产权利质押三项主营业务的比重分别为53%、30.5%、16.5%。受政策、市场、行业等因素的影响,较同年5月,2015年房地产抵押业务份额有小幅下降,但仍然占领了半壁江山。① 数据显示,在整体经济增速放缓的形势下,典当行业依然保持着高速发展,说明目前典当行业尚未饱和,依然有较大的发展空间。

(六) 互联网借贷平台

1. 互联网借贷平台的内涵

互联网借贷是指在网上实现借贷,借入者和借出者均可利用互联网借贷平台实现借贷的"在线交易",一般为小额无抵押借贷。互联网借贷是民间金融借助互联网运营平台发展起来的一种新的金融模式,也是电子商务的一个重要分支。广义的互联网借贷包括B2B、B2C和P2P模式。B2B(Business to Business)是指借贷双方均为企业,他们通过网络平台完成借贷。目前,我国B2B网络借贷平台以阿里巴巴最为知名。B2C(Business to Customer)是指企业将闲置资金通过网络平台借给急需资金的个人,比如融道网、融360、全球网等。P2P(Peer to Peer)是指借贷双方均为个人,个人为获得一定收益通过第三方网络平台将闲置资金借给其他人,目前P2P模式发展最为迅速,P2P网络借贷平台数量也较多,如人人贷、拍拍贷、易贷网等。

2. 互联网借贷平台的发展现状

随着现代互联网技术的快速发展和普及,互联网借贷平台逐渐发展起来,使更多人通过互联网平台接触到小额信贷服务。在当今网络时代,网络借贷平台这种新型的理财模式已逐渐为大众所接受,尤其在英美等发达国家已形成相对完善的体系。小额、便捷、覆盖面广的特点使得网络借贷平台在我国也迅速成为民间金融发展的良好依托。目前,我国互联网借贷平台发展迅猛,自2007年拍拍贷成立以来,易贷网、365易贷、人人贷、畅贷网等诸多网络借贷平台迅速崛起,且不断创新,致力于服务个人和中小微企业,成为小额信贷的主要力量。然而,由于互联网金融的运作、监管、技术环境等尚不完善,尤其是互联网借贷平台面临着行业进入无门槛、监管空白等问

---

① 数据来源:商务部网站(http://www.mofcom.gov.cn/2016)。

题,互联网金融积聚着巨大的潜在风险。因此,互联网借贷平台仍需在客户验证、信用评级、还款保障制度、风险共担机制方面不断完善,控制风险。

2016年8月,银监会发布了《网络借贷信息中介机构业务活动管理暂行办法》,将网贷机构定性为信息中介,将网贷归属于民间借贷范畴,并对网贷机构经营管理及参与网贷的出借人和借款人的行为进行了规范,同时规定网贷机构应当选择符合条件的银行业金融机构作为第三方资金存管机构,不仅保护了消费者合法权益,而且对规范行业健康发展具有重要意义。

第二节 民间金融的现状与困境

一、民间金融的发展现状

我国民间金融经历了二十多年的探索,逐渐形成了现代二元金融结构体系,即现代化金融机构与传统金融机构并存的金融状态。虽然民间金融大多经营规模小,风险大,无法成为商品经济发展中的主流,但我国社会日益显著的中小微企业、"三农"融资难的问题又给民间金融创造了新的需求,重新注入了活力。再加上互联网风暴来袭,民间金融的发展现状逐渐成为民众和政府关注的焦点。下面从民间自由借贷、小额贷款公司、民间合会、融资性担保行业、典当行业、互联网借贷平台六方面阐述分析民间金融的发展现状。

(一) 民间自由借贷

在银行严格的信贷审批制度的背景下,大部分中小微企业难以从正规金融渠道获得资金,民间借贷凭借手续简便、时效性强等特点,可以有效解决中小微企业融资困难的问题。尤其在经济发达、市场化程度较高的省份,民间借贷具有很大的市场需求;另一方面,存在很多资金相对较富裕的个体户和中小微企业主,将自身的闲置资金投向高息贷款市场。同时民间借贷长期缺乏有效合理的监管,引发了许多社会性问题,导致了金融秩序紊乱,损害民间借贷双方的权益等。2013年我国民间金融市场规模为5.28万亿元,比2011年的4.47万亿元上升了18%,22.3%的中国家庭有民间负债。民间借贷中的有息借款占比显著上升,有息借入款占比由9.3%增至14.8%;约有166万户家庭对外高息放贷,户均借出款余额约为45万元,高息借贷的资金规模超过 7 500 亿元,年利率平均为 36.2%,大大超过银行同期的贷款利率。2014 年中国民间金融市场规模仍然超过 5 万亿元。截至 2015 年 10 月,根据全国农村固定观察点对 2 万多农户的调查,在农户借款中,银行信用社贷款占 32.7%,私人借款占 65.97%,其他占 1.24%。民间借贷仍是近年来及未来相当长时期内农户民间贷款资金的主要来源。近年来民间借贷问题频发,如温州民企老板跑路事件爆发,江苏泗洪"宝马乡"高利贷崩盘,河南频现非法融资纠纷事件等。不断积聚的借贷风险,可能引发更大范围的民间借贷危机。

(二) 小额贷款公司

2005 年小额贷款公司在我国部分省开始试点,经过 3 年发展的黄金期,于 2008 年基本实现了在全国范围内普及,在随后 7 年里,小额贷款公司始终保持高速增长。到 2015 年底,全国共成立小额贷款公司 8 910 家,从业人员 11.7 万人,实收资本 8 459.3 亿元,贷款余额 9 411.5 亿元,已经形成了不可小视的民间金融规模。2010—2015 年全国小额贷款公司的基本情况见表 3-1。[①]

表 3-1 全国小额贷款公司基本情况

年份	2010 年	2011 年	2012 年	2013 年	2014 年	2015 年
机构数量(家)	2 614	4 282	6 080	7 839	8 591	8 910
从业人员数(人)	27 884	47 088	70 343	95 136	104 656	117 344
实收资本(亿元)	1 780.93	3 318.66	5 146.97	7 133.39	8 070.60	8 459.29
贷款余额(亿元)	1 975.05	3 914.74	5 921.38	8 191.27	9 078.81	9 411.51

2008 年以后我国经济在四万亿投入刺激的惯性作用下,许多行业的需求异常旺盛,小额贷款公司在此环境下,贷款需求供不应求,不良贷款尚未暴露,经济收益十分丰厚。2011 年贷款余额相比 2010 年几乎翻了 1 倍,实收资本同比提高了 86.3%,从业人员和机构数量也同比增加了 68.9% 和 63.8%。随着国家实施宏观调控,经济持续下行,小额贷款公司也陷入了严重的困境。至 2015 年,虽然无论是机构人员还是实收资本、贷款余额,小额贷款公司都一直保持着稳定增长,但是增长的速度逐年放缓。截至 2015 年

---

① 数据来源:中国人民银行网站(http://www.pbc.gov.cn/2016-5-20)。

12月底,贷款余额实现了9 411.51亿元,同比上升了3.9%,是2010年的4倍多。

相比于融资担保、典当、P2P等类金融行业,小额贷款公司能够更直接有效地为难以从现有银行体系获得贷款的中小微企业提供信贷支持,从而促进中小微企业的成长和发展。因此,国家十分重视小额贷款公司的发展前景,并且积极颁布法律政策支持引导其走出困境。2015年发布了《中国人民银行办公厅关于全面推广小额贷款公司和融资性担保公司信用评级工作的通知》文件,意在将小额贷款公司和融资性担保公司规范化,享受与金融机构相当的政策待遇。随后各省分行支行纷纷响应,踊跃组织专业信用评级机构对两类企业的信用状况进行综合评价,加强信用风险管理,促进两类企业的健康发展。

(三) 民间合会

我国的民间合会萌生于传统的小农经济与熟人社会,基于血缘、地缘,以轮转为特征,以互助合作为目的,主要分为呈会、标会、抬会几类。随着改革开放以来农村经济、民营经济的发展以及信贷需求的迅速增加,民间合会参与人数增加、资金规模扩大,民间合会的范围已超出血缘、地缘的界限,成员参与民间合会的目的不再是仅仅为了互助,还出现了利用合会套现、谋利的现象,增加了爆发区域金融动荡的风险。

合会是一种集储蓄和信贷于一体的古老的民间融资形式,通常由一名发起人(会首)召集若干成员(会脚)组成,支付方式主要有"标起"和"标落"两种。前者是指,每期未中标的会脚缴纳开会之初约定的会钱金额,而中标的会脚缴纳的是约定的会钱金额加上其之前中标的金额。后者是指,未中标的会脚缴纳会钱减当期中标金额,中标会脚缴纳开会之初约定金额的会钱。两种方式的区别主要在于中标者获得实际金额不同。

合会在东南沿海存在的历史可以追溯到唐宋之际,在很多地区居民经济生活中扮演着重要的角色。改革开放后,闽南地区合会遍地开花,几乎每家每户的主要收入创造者(主要集中在30至50岁)都曾经参加过合会,20世纪90年代发生了大规模倒会事件后,合会数量有所减少,但仍然十分普遍。

按照合会会脚目的、金额大小,以及支付方法的不同,合会大抵可以分成两类:一类是金融互助会,此类金融互助会金额较小,每份从300元至

2 000 元不等,最为常见的为 500 元与 1 000 元的类型。而在人数方面,通常不超过 50 人。合会的参与者皆为亲戚朋友和同村熟人,并且大多为工薪阶层。会首通常为其中较为有能力者,由众会脚推选出来,也就是说,会脚们对会首的情况都比较了解。近 20 年来,这种小型互助会的标底都较为固定,一般为份钱的 5% 和 10% 两种。利息核算方式大多按照标落方式运作,少数采用标起方式。此类小型互助会是典型的礼俗社会产物。在合会中,每个人之间都相互熟识,对于各自的经济状况、人品、信用程度都较为了解。而合会主要并不靠着特定的规章或者奖惩制度来维持(事实上也不被法律所承认),更多的是靠着成员之间的互相信任而运作。因而可以说此类合会是一个非机械的有机组成形式,以成员之间牢靠的"关系"为基础,植根于乡土的礼俗社会产物。

一类是集资助款会,此类合会突出特点即是金额数目较大,每份一般在 5 000 元以上到几万元不等,在福建泉州下属的一些民营经济较为活跃的区域,甚至有 10 万元一份的助款会。人数方面并没有固定的规律,有的与小型互助会相同,在 20—50 人左右,有的上百人。标落并不固定,有的与互助会无异,有的则达到 1 000 元。而利息能够达到正负 20% 到正负 50% 之间,年份间波动较大。参会者多为企业主或者投机者,会首一般已经职业化或者半职业化。起或者存在的目的,是为各参与者提供一个资金帮助与储蓄为一体的金融机制,并且主要是提供大笔资金急用,而并非为了投机盈利。

合会的产生,或者说存在意义,体现在迎合小范围小规模的金融需求上。合会产生于一个封闭的传统社会环境中,各个社会因素是处于稳定的状态,但是现在传统礼俗社会被经济发展所冲击,特别在巨大的经济利益下,社会关系的约束链条则有可能发生断裂,比如合会成为某些人敛取钱财的工具、倒会现象的频发。

(四)融资性担保公司

我国目前担保公司主要分为三类:一类是纳入监管体系的融资性担保公司;一类是以担保公司名义开展担保和非担保业务的中小型金融机构;一类是非融资性担保公司。担保行业较为混乱,担保业务具有高风险、高资本要求的特点,因此需要更严格的监管。我国担保行业具有如下特点:① 集中度较高,在所有涉足债券担保的 56 家担保企业中,中投保、中债增和重庆三峡三家公司担保债余额分别占担保公司担保债余额的 40.6%、16.8%、16%,合计占比高达 70% 以上,担保债券数量也占据半数以上。② 经营结构差异大,收入持续性存疑。担保收入、投资收益、利息净收入占比在各个公司间差异较大。投资收益可持续性存疑,信托投资的高收益受制于监管趋严和地产低迷,并随着监管的规范落实,投资范围将更加趋于缩小。利息收入同样不可持续,担保业务的本质为放贷,属于监管的灰色地带,未来何去何从还值得考虑。③ 代偿上升。根据《2016—2021 年中国担保行业市场前瞻与投资战略规划分析报告》显示,2011 年以来,随融资性担保行业规模扩大,在保余额上升的同时,行业整体代偿率亦呈不断上升趋势,2013 年年底行业整体代偿率为 1.6%,较上年上升 0.3 个百分点。① 在我国信用担保行业的业务结构中,银行贷款担保额占整体担保总额的 90% 左右,贷款担保尤其是流动资金贷款担保是我国担保机构业务开展量最大的担保品种。②

未来将有三大类型的担保公司突起:① 专而精的中小型担保机构。除了国有政策性担保等资本实力较强的大公司外,专注某区域或细分行业的中小型担保机构抗风险能力也较强,并且"专而精"也应成为担保行业重要的发展方向。② 多元化发展的担保机构。由于融资性担保业务对于银行授信过度倚赖,所以银担合作的收缩导致不少担保机构受到重创。因此,近年来不少融资性担保机构开始调整业务结构,逐步降低贷款担保业务的占比,推进业务的多元化发展。③ "国家队"。尽管担保行业的发展持续低迷,但从银监会公布的数据来看,近几年国内担保行业的整体在保余额和新增担保规模仍在稳步上升。其中,主要的增长都是来自国有政策性担保机构。近年来,我国融资担保业尽管发展迅速,但融资担保业基础仍然薄弱,长期以来缺乏有效监管,存在机构规模小、资本不实、抵御风险能力不强等问题。因此市场方面需要加强监管,提高行业整体水平。③

近年来融资性担保行业整体发展迅速,经营状况良好,切实发挥了支持中小微企业融资的作用,融资性担保机构仍然以中小微企业为主要服务对象。截至 2013 年末,中小微企业融资性担保贷款余额 1.28 万亿元,同比增

---

① 数据来源:中国融资担保业协会网(http://www.chinafga.org;2016-6-10).
② 李宁.透视担保行业信用状况.金融市场研究,2014,(9):29-35.
③ 洪偌馨,夏心愉.谁能在融资担保业大洗牌中剩下.第一财经日报,2014-11-06.

长 13.9%;中小微企业融资性担保贷款占融资性担保贷款余额的 75.8%,同比减少 1.8 个百分点;融资性担保机构为 23 万户中小微企业提供贷款担保服务,占融资性担保贷款企业数的 93.6%,同比增加 1.1 个百分点。担保机构与银行业金融机构合作范围和规模逐步扩大,行业扶持政策逐渐完善。截至 2013 年末,与融资性担保机构开展业务合作的银行业金融机构(包含分支机构)总计 15 807 家,较上年末增长 4.7%。融资性担保贷款余额 1.69 万亿元①,较上年末增长 16.6%。2010 年到 2015 年全国融资性担保业的基本情况如表 3-2 所示。

表 3-2 全国融资性担保行业基本情况

年份	2010 年	2011 年	2012 年	2013 年	2014 年	2015 年
机构数量(家)	6 030	8 402	8 590	8 185	7 898	8 186
在保余额(亿元)	11 503	19 120	21 704	25 700	27 400	/
实收资本(亿元)	4 506	7 378	8 282	8 793	9 255	/
担保代偿率(%)	0.7	0.5	1.3	1.6	1.9	2.17
不良贷款率(%)	0.04	0.8	1.29	2.24	/	/

总体看来,资本实力逐步增强。截至 2013 年末,行业法人机构总计 8 185 家;行业实收资本 8 793 亿元,较上年末增长 6.2%;新增融资性担保 2.05 万亿元,同比增长 13.6%;融资性担保在保余额 2.22 万亿元,较上年末增加 4 024 亿元,增长 22.2%;行业资产 1.12 万亿元,较上年末增长 7.6%;资产负债率 15.6%,较上年末增加 0.7 个百分点。2013 年度担保业务收入 474 亿元,同比增长 20.9%;实现净利润 154 亿元,同比增长 35.6%。业务规模增长较快,担保放大倍数也明显提升,行业融资性担保放大倍数为 2.3 倍②,较前 3 年一直维持的 2.1 倍水平显著上升,但是仍然存在融资担保机构核心资本金低下问题。截至 2014 年底,债保全行业的机构总数近 8 千家,核心资本金 8 千亿元人民币左右,担保机构平均核心资本金不到 1 亿元人民币,在保余额为 27 400 亿元人民币。截至 2015 年,行业法人机构数量为 8 186 家。

---

① 含银行业金融机构融资性担保贷款,但不含小额贷款公司融资性担保贷款。
② 融资性担保放大倍数=融资性担保责任余额/净资产。

融资性担保行业在资本规模逐步扩大的同时,在风险和流动性等方面也面临着挑战。

担保代偿压力加大,但整体风险仍然可控。2013年行业担保代偿309亿元,较上年末增长45.2%;融资性担保代偿余额413亿元,同比增长100.3%;担保代偿率1.6%,较上年末增加0.4个百分点,但仍然维持在正常可控水平。

行业拨备水平仍较高,流动性资产能够较好满足流动性负债的需求,整体代偿风险仍在可控范围内。2013年末担保准备金817亿元,同比增长16.5%;担保责任拨备覆盖率196.8%,较上年末减少84个百分点;担保责任拨备率[①]为3.2%,与上年末持平。[②]

2015年以来,在经济增速持续下行、风险隐患增多的大背景下,受银担合作门槛影响,融资担保行业发展面临更加严峻的形势,业务规模持续下降、融资担保机构代偿率普遍增加、担保机构数量过多仍然是行业亟待解决的问题。为此国务院多次会议都涉及融资担保问题,修改法规,建立再担保体系,提出减少融资性担保机构数量以实现"量少质优",拟设立"国家级融资担保基金"。预计自国务院"3号文"明确了融资担保"准公共产品"的性质之后,政策性融资担保业务将成为行业新的增长点。

(五) 典当行业

根据监管信息系统披露,截至2015年底,全国典当行业总体运行平稳。如表3-3所示,2013年6月至2015年12月全国典当行业的行业规模和典当总额继续增长。[③]

表3-3 全国典当行业基本情况

年份	2013年 6月	2013年 12月	2014年 6月	2014年 12月	2015年 6月	2015年 12月
累计发放当金(亿元)	1 635.2	3 336	1 960.6	3 692.1	2 029.6	3 671.9
典当余额(亿元)	673.9	866	835.5	1 012.7	931.9	1 025.2
机构数量(家)	6 833	6 833	/	7 574	8 108	8 050

如表3-4所示,2013年6月至2015年底,全国典当行业业务结构保持

---

① 担保责任拨备率=担保准备金余额/担保余额。
② 常艳军. 整体风险可控 融资性担保机构盈利增长35.6%. 经济日报,2014-05-15.
③ 数据来源:商务部网站(http://www.mofcom.gov.cn/2016-5-20)。

稳定。房地产典当和动产典当比例略有上升,财产权利典当略有下降,但总体变化不大,房地产、动产和财产权利典当仍然保持5:3:2的比例关系。①

表3-4 全国典当行业业务结构

年份	2013年6月	2013年12月	2014年6月	2014年12月	2015年6月	2015年12月
房地产典当	51.9%	52.3%	53.1%	52.4%	54.1%	53%
动产典当	28%	28.7%	28.8%	29.8%	29.6%	30.5%
财产权利典当	20.1%	19%	18.1%	17.8%	16.3%	16.5%

截至2016年1月底,全国共有典当企业8 039家,典当企业资产总额同比增长3.4%,负债同比增长1.7%,资产负债率为6.5%;实现典当总额975.2亿元,同比增长12.8%;典当余额924.6亿元,同比降低0.9%。

业务结构发生微调。以典当总额计算,房地产典当业务占全部业务68.9%,动产典当业务占16.3%,财产权利典当业务占14.8%;其中主要业务房地产典当业务同比增长42.4%,动产典当业务同比降低了40.7%。

盈利水平有所下降。全行业主营业务收入(利息及综合服务费收入)7.9亿元,同比降低27.5%;营业利润同比降低52.5%。

风险控制情况较好。全行业银行贷款余额同比下降9.6%,占典当企业资产总额的2.4%,仍处于较低水平;逾期贷款余额105.7亿元,贷款逾期率为11.4%,较上年同期上升5.0%;绝当率为2.6%,较上年同期上升0.1%,企业经营风险整体处于较低水平。

目前典当行业发展主要以中小微企业、个体工商户为服务对象,发挥拾遗补缺作用,整体维持升势,发展空间广阔。但是随着利率市场化改革加速推进,银行信贷结构逐渐向中小微企业倾斜,加上小额贷款公司等金融机构发展迅猛,典当业在内外竞争压力下,息费率持续走低。不仅如此,国家法规政策也成为典当业进一步发展的障碍,法律严格限制甚至禁止向典当行融资,管理部门对典当市场准入和持续监管限制性规定较多,这些都不利于充分发挥典当行业在社会经济发展中的作用。近年来互联网金融的快速发展固然对典当业造成一定冲击,但未来典当业可以借助互联网,在融资产品

---

① 数据来源:商务部网站(http://www.mofcom.gov.cn/2016-5-20)。

网络化、在线预约典当、绝当物品变现、不良征信记录等方面寻求突破,开创新的商业模式①。

(六) 互联网借贷平台

早在1999年,国内就有服务于交易的支付网关模式,标志着中国互联网金融开始兴起。但互联网金融真正为大众熟知并广泛应用是自2014年起,在短短的两年时间内,互联网金融创业者们融资额度接二连三地创新高,雨后春笋般涌现的各类互联网金融产品让用户眼花缭乱。从图3-1可以直观地观察到网贷平台的贷款余额逐年递增,呈现出蓬勃的发展趋势。②

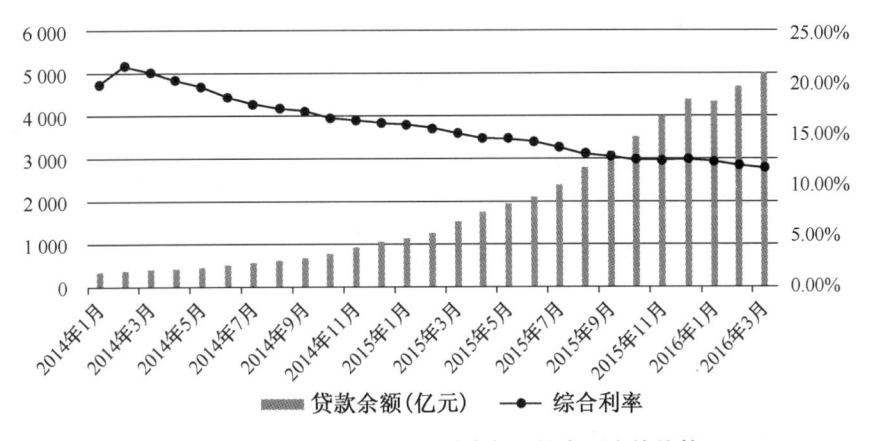

图3-1 全国网贷平台贷款余额和综合利率的趋势

交易量保持高增长,需求旺盛。截至2016年3月,网贷平台贷款余额5 039.77亿元,同比增长12.2倍;网贷平台实现交易量1 364.03亿元,月环比增长21%,机构数量总计2 461家,月环比减少2.3%;当月投资人数为286.09万人,借款人数为76.98万人,分别比上月增长11.3%和18.6%;平均借款期限约为7.33月,比上月增长9.7%;问题平台数量新增98家,累计增至1 523家。

利率下跌,投资回归理性。综合利率一直处于平稳下降趋势,2016年3月为11.63%,同比下降44.6%。相较于2014年,资金供不应求的局势缓和了许多,加上小额贷款和融资性担保行业迅猛发展,中小微企业有了更

---

① 王刚,李佳芮. 我国典当业发展现状、面临挑战与政策建议. 金融与经济,2015,(1):50-54.
② 数据来源:网贷之家(http://shuju.wdzj.com/2016-5-20)。

多可供选择的融资渠道,聒噪一时的网络借贷逐渐回归理性,利率也从畸高持续下降趋于正常水平。

二、民间金融的发展困境

(一)金融管制和制度的缺失

由于金融管制和制度的缺失,民间金融长期受到抑制,难以得到进一步发展。为了防止随着民间金融的发展,大量的民间资本游离于政府的监管之外,其风险的长期累积会造成民间金融机构的信用危机,近年来,我国已颁布了一系列规章、办法对民间金融体系进行风险控制,但还没有形成对民间金融进行安全保障的完善的金融管制体系和法律体系。政府的金融管制是基于金融活动的安全性需要,但如果对安全保障的内容过于宽泛,就会造成对社会或经济发展的抑制与妨碍。在当前金融管制之下,正规金融机构拥有民间金融组织所无法获得的管制的特许权和经营权,决定了它在农村金融市场上的主导地位,从而形成农村金融市场准入条件和金融利率的壁垒,阻碍了农村民间金融的发展。而正规金融的服务体系存在着死角,具有"小、快、灵"特点的民间金融相比较而言更能满足农村金融市场的需要,因此对民间金融的抑制在一定程度上减少了社会公共福利,金融管制和制度带来的间接损失最终由金融消费群体承担。

(二)行为隐蔽,难以监测

民间金融长期缺乏监管,尤其是民间借贷形式,具有分散性和隐蔽性的特点,交易无固定场所,难以管制,同时参与交易的借贷双方往往也不愿意将自己的财务状况公之于众,没有动力披露借贷有关的利率、金额等情况;而民间合会、典当行、小额贷款公司等形式,平台发展不成熟,市场没有统一规范的监管制度,机构很容易隐瞒真实的交易情况,以逃避监管;互联网借贷平台,虽然公开披露交易信息,但也存在交易员道德风险,虚假配对订单的情况,近年来,网贷平台出现问题、跑路的情况比比皆是。民间金融长期监管缺失,各种形式的民间金融违约成本较低,信息披露没有要求,交易分散非标准化等,都决定了对民间金融监管、监测的困难。

(三)民间金融利率区间不合理

民间金融利率水平总体上是由市场供求决定的,但由于各地的经济水平、风俗习惯、乡土人情也会对利率走势产生影响,民间金融的利率水平不一定能反映资金使用的真实成本。民间借贷利率由于缺乏监管,出现逐步走高的趋势,部分地区利率畸高,为银行贷款基准利率的4倍左右,给企业和个人融资带来极大压力,同时也积聚了很大的风险。民间金融利率具有很强的敏感性,民间金融利率对政府的宏观经济政策和市场信息反应灵敏,社会资金很容易流出或进入民间金融市场,冲击民间金融利率,所以利率波动性很大。

(四)"合法化"之路漫长

在经济转轨初期,我国将集中一切可能的财力发展国民经济作为首要任务,因此不仅从传统观念上排斥民间金融,而且在制度安排上也采取由国家垄断主导的正规金融机构体系,使得民间金融的社会地位长期没有得到认可,功能和优势无法充分发挥。此外,对会出现非法集资扰乱金融秩序的担忧也是民间金融无法合法化的原因之一。

内生于农村经济发展的民间金融,是农村经济自身发展催生的产物,其存在具有合理性。但是,民间金融的"合法化"可能会带来失去自身现有优势等新的发展问题。因为其是农村经济自身发展催生的产物,其现有运作模式具有内生的合理性。一旦民间金融"合法化",接受正规的制度安排和政府监管,势必会打破其现有的私人协商的运作模式,其强调双方当事人的意思自治及自主管理等优势将会丧失;其解决纠纷的方式也将从私下协商或调解向法律诉讼转变,这些正规的制度安排可能无法完全适用于民间金融的发展。

(五)风险累积加速

正规金融无法满足市场的融资需求,加上民间金融市场自身高回报的诱惑,促使民间金融市场迅速发展。然而,由于利率畸高、缺乏监管和统一的制度管理,民间金融市场的风险长期得不到控制,导致风险累积。以小额贷款公司和互联网借贷平台为例,借贷利率很大部分超过了15%,甚至20%。因此,从民间金融市场融资的中小微企业的还贷压力巨大,而中小微企业自身的生产能力有限,加上较高的经营风险民间金融市场的违约率居高不下。一方面是民间金融体系资金链不稳定,借贷违约率高,另一方面是从民间金融市场上融资的中小微企业和个体工商户不堪高利率贷款的重负,形成恶性循环。无论是准金融机构,还是自由借贷者,甚至是非法存在的高利贷等民间金融组织形式,自身风险的长期累积必将导致民间金融危机的爆发。

第三节 民间金融风险及其来源

相比于正规金融,民间金融具有交易隐蔽、法规政策不明、监管松弛等特点,随着规模的不断扩大,民间金融风险逐渐显露出来,风险失控的情形频发,这不仅给个体工商户投资者和中小微企业带来无法弥补的损失,而且也给经济发展和社会稳定埋下了严重的隐患。具体来说,民间金融风险指的是各种因素给民间金融交易和民间金融机构带来损失,甚至引发民间金融危机的可能性。民间金融风险的来源主要包括经济因素、社会因素、政策性因素、国际环境因素等等。根据引发因素是否来自金融市场内部,可以将民间金融风险划分成两大类:外部风险和内部风险。

一、外部风险

外部风险是指在民间金融市场之外的因素对我国民间金融产生的损失的不确定性,可以分为政策风险、体制风险、环境风险、法律风险四类。

(1) 政策风险。政策风险是指国家政策的变动给民间金融带来的风险。在社会主义市场经济的大背景下,民间金融活动日新月异让国家政府部门措手不及。由于反应时滞、认识时滞和决策时滞的存在,每一项政策的制定都需要经过一段较长的时间,在这段时期内缺乏政策约束的民间金融自由发展,甚至与政策宗旨背道而驰,但一旦新政策出台或者变更政策公布,限制条件发生改变,民间金融短期内往往会发生较大的波动。

以比特币为例,德国财政部于2013年6月底认定比特币为"记账货币",我国大量的投资者纷纷买入持有,比特币一时炙手可热,但2013年12月5日我国财政部发布的《关于防范比特币风险的通知》否定比特币的合法货币地位,当天比特币价格暴跌,给比特币持有者带来了巨大损失。这种猝不及防的政策变动给投资者进行金融活动埋下了潜在的风险。《典当管理办法》第28条禁止典当行通过转当、向股东借款、开展同业拆借等方式融资,向银行借款是其唯一合法的融资渠道。但银行近年来持续收紧授信,仅少量资本实力雄厚、股东背景过硬的典当行能从银行获得贷款。截至2013年6月,银行贷款余额仅60亿元,不足典当业注册资金的6%。2013年5月,银监会发布《关于防范外部风险传染的通知》,严禁向典当行授信。通知与

《典当管理办法》的规定形成冲突,将典当行唯一的融资渠道封死,使试图通过规范程序获得贷款的典当行遭遇政策性风险,不得不中断正常业务筹资还款。这种不确定性较大的行政命令恶化了民间金融发展所依赖的制度环境,极易导致金融交易发生损失,而且这种影响分布极广且具有持续性,很可能引发全面金融危机。

(2)体制风险。体制风险是指金融体制的不完善、监管缺位造成的风险。民间金融市场游离于正规金融市场之外,缺乏监管,也受到正规金融的抑制。体制风险具体表现为民间金融的受抑制程度和金融结构与经济结构适应度。我国对民间金融借贷的管制一直采取抑制,民间金融组织活动受到了严格管制,民间金融在与正规金融的竞争上一直处于不公平的地位。民间金融的发展程度与地区的经济开放程度也有一定关系,在监管较为宽松的地区,民间金融规模相对较大,但与此同时,也产生了较大的风险,如鄂尔多斯的非法集资事件等。

(3)环境风险。是指国家、地区经济环境的发展导向及其变化对民间金融市场带来的风险。地区的经济发展、投资导向会对民间融资市场产生一定影响。民间金融呈现出区域性特点,发展水平不一致,部分地区存在地下钱庄性质的"农村合作社"基金,享有比银行更为宽松的条件,吸收了大量社会资金,由于缺乏监管,蕴含着极高的风险。部分地区民间金融资金投资于房地产项目,用于炒房、投资等,如内蒙古的康巴什"鬼城"。缺乏合适的投资导向和清晰的经济运行指示,民间产业资本有脱离实体经济的趋势,实体经济领域出现"产业空心化"现象。

(4)法律风险。相应的民间金融主体以及其他金融主体在进行金融活动过程中因涉及法律方面的问题而面对的风险就是法律风险。目前我国民间金融法律规制存在明显的问题。一方面,调整民间金融的法律规范条款分散于各法律法规与司法解释之中,而且适用情形相当模糊;另一方面,法律对于民间金融的限制要么过于宽松,使其有法律漏洞可钻,要么太过严格,严重阻碍其发展。虽然国家意识到民间金融对经济发展的作用不容小觑并持有鼓励支持引导其发展的态度,法律方面对于民间金融的态度不甚明确。除了合法的民间借贷得到我国《民法通则》、《合同法》以及各司法解释的认可和保护,其余民间金融行为大多被严格禁止。不仅一切未经授权的私自行为都被认定为违法,不少民间金融组织比如地下钱庄还被认定为非法金融机构,受到《刑法》严厉打击。法律与实际现状脱节,将导致整个民间金融体系缺乏法律的保护,运行效率低下,容易引发纠纷,从而给民间金融主体带来法律风险。

例如我国现行的《典当管理办法》就严重影响了典当行业的正常运行。办法明文规定,公安机关应当依法扣押属于赃物或者有赃物嫌疑的当物,并按照国家相关规定处理。明知当物是赃物的典当人往往一取得资金就消失得无影无踪,那么一旦当物被证实为赃物或者有赃物嫌疑,典当行将不仅有难以收回当金的风险,而且会因为失去对当物的处分权而无法得到补偿。由于识别当物合法性的能力有限,典当行几乎无法采取规避措施,民间金融自身的特点又使其得到补救的可能性极小,因此关于典当的法律规定无形中加重了典当行需要承担的风险。除此之外,依据我国现行法律,耕地、宅基地、自留地、自留山等集体所有的土地使用权不得作为抵押资产。民众碍于抵押财产的限制,只能被迫放弃正规金融的渠道,从而选择民间金融进行融资。但是当抵押贷款人无法偿还债务时,放贷人就会面临无法行使抵押处分权以获得补偿的法律风险。

二、内部风险

内部风险是指民间金融活动中面临的各种影响主体收益、主体价值甚至主体生存的因素给民间金融带来损失的可能性,包括利率风险、汇率风险、经营风险、流动性风险、信用风险、道德风险、操作风险等。

(1) 利率风险。利率因素给民间金融主体所带来的损失的可能性就是利率风险。利率主要由资金供求关系、交易费用、风险成本、借贷期限、机会成本等因素决定。如果出现资金供不应求、交易费用增加、风险扩大、借贷期限延长、发现其他更高收益的投资项目等情形时,利率将趋于上升,资金借方只有将资金投入到高收益的项目中才能偿付得起高额的借贷成本,但高收益往往伴随着高风险,一旦投资项目失败借款方到期无法偿还债务,不仅贷款人蒙受损失,而且资金链断裂引发的多米诺骨牌效应会对整个金融市场带来巨大冲击。对于民间金融而言,大多借贷期限较短,据不完全统计,2016年3月P2P网贷平台的平均借贷期限为7.33个月。我国正规金融机构的存贷款利率一直是由央行决定,各银行根据自身情况稍有浮动,而民间金融中借贷双方往往能就利率协商撮合,因此利率也较能反应市场供求,但鉴于风险不同,民间借贷的利率往往要比正规金融机构的高,2016年3月P2P网贷平台统计的综合利率为11.63%,比同期期限为6个月到1年的银行贷款利率高7.28个百分点。

温州是民间金融的典型样本,民营经济活跃,超过七成民众参与了民间金融,不良贷款率长期低于全国平均水平,但就是信用记录良好的温州于2011年9月爆发了民间借贷危机,其主要原因是低实体经济投资回报率无法支撑畸高的借贷利率。近年来民间借贷投机炒作导致利率居高不下,同时实体经济却处于被成本胁迫的微利阶段,收益成本不对称从而引发资金链断裂,大量民营企业老板跑路,生产停滞,失业严重,进一步蔓延到下游企业,形成影响极广的民间借贷危机,对金融市场和实体经济都造成无法估量的损失。

(2) 汇率风险。汇率风险,指持有以外汇形式存在的债权债务的经济主体,由于外汇价格变动而存在损失的可能性。在我国民间金融领域,外汇平行市场是其主要部分,主要的交易形式有两种,一是单纯的货币兑换行为,二是货币划转行为。在外汇兑换市场中,先由大型外汇多头确定外汇基准价格,再围绕该基准,根据外汇供求情况产生外汇兑换价格。交易主体面临的外汇风险是一定外汇存量由于市场汇率变动而带来的损失。货币划转是指国内到国外以及国外与国外之间的资金输入和输出,这一过程中汇率变动会导致外汇流量价值发生变动而产生损失。

(3) 经营风险。经营风险又称营业风险,是指由于生产经营过程中各个环节的不确定性因素的影响导致企业价值的变动,影响企业的经营和财务活动的风险。经营风险的来源一般分为两类。一类是资金的需求方,主要是中小微企业客户,由于其处于生产供应链的末端,话语权较弱,对经济环境、外部条件极为敏感,生产活动及资金周转很容易发生问题;同时中小微企业的生产活动具有周期性,该先天性的特征导致资金链流转会有较大的风险,也加剧了民间金融活动的经营风险。另一类来自民间金融机构,即民间金融的各种中介平台,如小额贷款公司、融资性担保机构、P2P平台等民间金融机构,民间金融活动缺乏监管,也意味着民间金融机构的运营操作存在不规范的问题,在对风险管控、资金运转、信息披露等方面都有相应的问题存在,从而导致民间金融活动的经营风险。2016年3月末全国P2P平台的问题平台占比高达61.89%,其中很大部分是由于平台经营不善和客户经营问题产生的风险。

（4）流动性风险。流动性是指金融机构能随时满足放贷人提取资金要求的支付能力。小额贷款公司一般先将资金包拆分，再进行放贷，流动性风险较小。融资性担保公司主要是为中小微企业加强信用，在借款人未按时偿还资金时代为清偿，但是至2012年底，融资性担保公司代偿能力有所下降，存在较大的流动性风险。互联网借贷平台是流动性极强的民间金融交易平台，它是通过向公众筹资再进行放贷的，资金池具有很大的不确定性，网贷平台常常因为无法满足客户需求而身陷囹圄，据统计2016年3月新增问题平台量达98家，累计共1 523家①。民众深谙P2P网贷平台的脆弱和高风险，一有风吹草动就会发生挤兑。商业银行发生挤兑可以有央行作为最后借款人，但网络借贷平台一旦出现挤兑，既无同业支持，又无政府保障，最后只能选择跑路或是关闭平台。

（5）信用风险。是指参与民间金融的各个主体不能正常履约或者履约能力下降而导致的民间金融主体遭受损失的可能性。引起信用风险的原因可能是借款人现金流出现状况，偿债能力下降或者借款人还债意愿变化。一些融资性担保机构存在较大的信用风险隐患，隐蔽关联交易或者风险过度集中。正规金融机构一般都有评级机构给出的信用评级来衡量履约能力，而相比之下民间金融缺乏这样一种信用机制，常常存在很大的违约风险。合会是依靠熟人的信誉担保机制下建立起来的，会头可能在吸收会脚的资金后从事赌博、非法交易等甚至是直接跑路，信用风险非常高，从2009年开始，我国东南沿海地区②的民间标会接连多次被曝出"倒会"事件，2015年更是出现平潭"倒会跑路潮"，对全国的经济稳定造成了恶劣的影响。

（6）道德风险。道德风险的产生主要是由于信息不对称，资金的需求方隐瞒对自己融通资金不利的信息，从而可以融入资金或降低融资成本；民间金融中介平台的操作人员，利用监管缺位，私自配对、造假，来实现平台的不正当利益或为自己创造额外收益。如P2P网贷公司本身能够轻易挪用平台客户投资的资金，2015年有超过1 000家的互联网金融企业跑路，约占全国总数的1/3。

---

① 数据来源：网贷之家(http://shuju.wdzj.com)。
② 如：福建福州、福建宁德、福建龙岩、浙江台州。

(7) 操作风险。与内部风险有关的信息系统和报告系统出现故障,使主体遭受损失,这样的风险就是操作风险。主要体现于技术设备和管理组织两个方面,硬件设备的不完善以及人为的操作失误都会导致民间金融主体面临操作风险。民间金融主体在人才引入方面没有正规金融机构具有吸引力,技术人员很多没有经过专业的训练,在管理组织方面又缺乏经验,所以近年操作失误案例频发。P2P 网贷平台在民间金融所有组织形式中对技术要求可以说是最高的,因为日新月异的互联网总是带给其难以防范的风险。2014 年 2 月,拍拍贷、火币网、好贷网等多家 P2P 网络借贷平台被曝出遭到黑客攻击,不仅投资者无法登录平台操作,而且部分账户金额被恶意篡改,这给平台和投资者都带来巨大的损失。由于网络漏洞无处不在,P2P 网贷平台必须重视对网站的维护和技术升级,确保用户的交易安全。

第四章 江苏民间金融及其风险

江苏位于中国的东部沿海,经济基础雄厚,经济增速较快,经济总量位于全国前列。回顾江苏经济的发展历程,金融支持至关重要。特别是,在早期为适应江苏乡镇企业快速发展而逐渐形成的民间金融,在当前江苏产业结构转型升级和农业现代化建设进程中发挥着越来越重要的作用。[①] 江苏民间金融的形成与发展对于社会经济发展中正规金融所未触及区域和领域给予了有力补充,特别是为解决中小微企业融资难问题,以及推进农业现代化进程做出了积极贡献。

第一节 江苏民间金融催生因素及其规模与结构

江苏民间金融规模增长,既是正规金融体系排斥和挤压的结果,也体现着江苏金融市场中供给与需求的结构不平衡。

一、江苏民间金融催生因素

(一) 推动江苏民间金融发展的外生因素

1. 江苏金融市场存在金融排斥

所谓金融排斥是指在金融体系中,由于地理条件、风险评估、准入条件、价格歧视、主观意识等因素,某些群体缺少接近正规金融机构的途径和方式,在获得必要的金融服务方面也存在诸多困难和障碍,从而影响其经济发展进程的现象。金融排斥的对象主要集中于贫困的、处于劣势的群体。典型的有经济发展水平低、基础设施落后的农村地区和风险评估等级较低的中小微企业。在江苏农村地区,金融排斥现象普遍存在,广大农户在储蓄、信贷两

---

① 方先明,孙利,吴越洋. 江苏民间金融风险及其形成机理. 河海大学学报(哲学社会科学版),2014,(3):55-62.

个方面均受到不同程度的排斥,其金融服务需求没有得到充分满足。

同样,金融排斥现象也存在于江苏经济相对欠发达地区。以宿迁为例,截至2012年,江苏宿迁地区银行业金融机构网点405个,平均每万人拥有网点0.73个,而江苏银行业金融机构网点总数达12 089个,全省平均每万人拥有网点1.53个,即宿迁地区平均每万人拥有网点数量低于全省平均水平的一半。虽然以银行业金融机构网点的形式提供金融服务并不是唯一方式,但其和金融服务的可获得性之间呈正比关系。由此可见,金融排斥现象在经济基础较为薄弱的宿迁市体现得较为明显。

对于被金融排斥的地区来说,民间金融在提供信贷服务方面起到了一定的缓解信贷排斥的作用。正规金融体系对农村金融市场的排斥,使得民间金融获得发展契机,通过直接借贷、农村合作基金、钱庄、典当行等形式,江苏民间金融弥补了正规金融服务在农村地区的空白,能够更好地为江苏农村经济的发展服务。[①]

2. 江苏经济的快速发展激发了对金融资源的巨大需求

江苏经济发展水平始终处于全国前列。改革开放以来,江苏地区生产总值年均增长率为12.3%;2015年江苏省地区生产总值为70 116.4亿元,总量位于全国第二位。经济的快速发展必然需要大量资金的支持,带动了对金融资源的巨大需求。近十多年来江苏地区生产总值及增长速度见图4-1。[②]

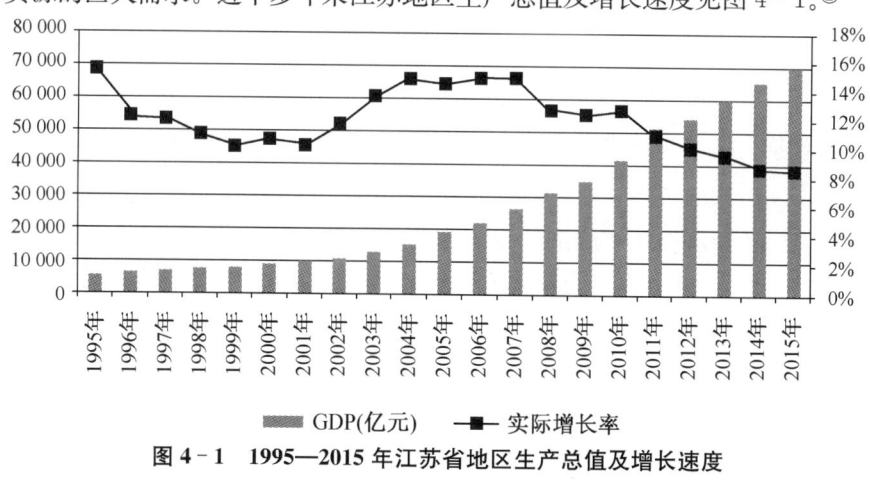

图4-1 1995—2015年江苏省地区生产总值及增长速度

[①] 方先明,孙利,吴越洋.江苏民间金融风险及其形成机理.河海大学学报(哲学社会科学版),2014,(3):55-62.

[②] 数据来源:国家统计局(http://www.stats.gov.cn/2016-5-20)。

3. 江苏正规金融的发展滞后于经济发展的需要

经济的发展离不开金融市场的支持,但长期以来江苏正规金融市场的发展速度滞后于经济的发展速度。一方面,以银行为代表的正规金融机构受国家金融监管体系的制约,向社会投放资金时程序繁琐,导致经营效率低下。如图4-2所示,根据中国人民银行南京分行的统计数据,截至2015年,江苏省金融机构的各项存款余额为107 873.03亿元,各项贷款余额为78 866.34亿元,存贷比73.11%,①但并不能满足江苏经济快速发展的资金需求。

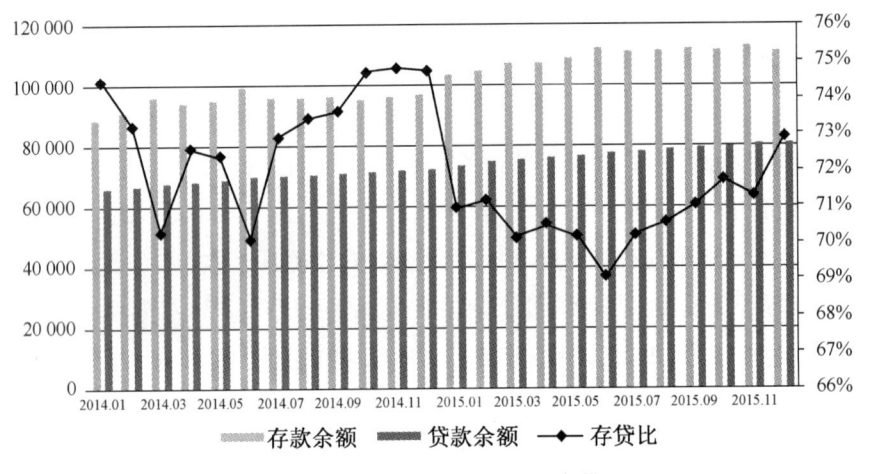

图4-2 江苏省存贷款余额及存贷比

另一方面,长期以来正规金融机构的信贷结构安排也不尽合理,贷款的主要对象是国有企业或大中型企业,这些企业往往处于经营的成熟期,没有进一步发展的潜力,对经济增长的贡献有限;以中小微企业和个体工商户为代表的民营经济在江苏经济的发展中起到至关重要的作用,而他们继续发展所需资金却很难得到正规金融的信贷支持。正规金融机构的经营效率相对低下以及信贷结构的不合理,使得其不能完全支持江苏经济的发展,为民间借贷的快速发展提供了空间。

---

① 数据来源:中国人民银行南京分行2011年3月至2015年12月江苏省金融机构信贷收支表。

(二) 推动江苏民间金融发展的内生因素

1. 江苏民间金融市场巨大的融资需求

民间金融的产生具有内生性,其发展的主要诱因是巨大的融资需求和以高收益为导向的资金供给。从全国范围看,融资困难是制约中小微企业发展的瓶颈,而江苏中小微企业融资难的问题也甚为突出。理财周刊2012年调查江苏中小微企业融资需求的数据结果显示,江苏中小微企业资金需求低于100万元占比超过50%;资金需求为100万元~500万元占比为20%,资金需求高于500万元占比为29%。具体如图4-3所示:①

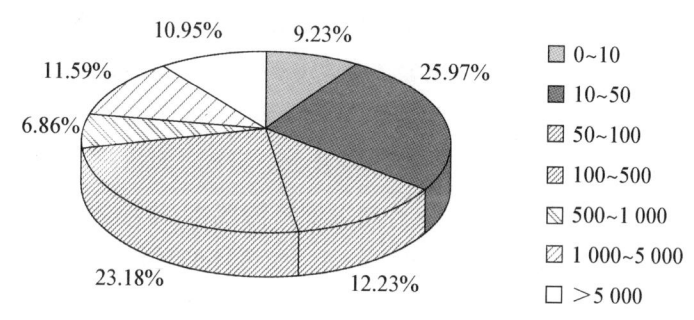

图4-3 江苏中小微企业融资额度需求(单位:万元)

根据金银亮(2013)等的研究,江苏中小微企业的融资主要用于:补充经营流动资金占比60.25%,新项目投资占比29.87%,开拓新市场占比6.08%,技术改造占比3.8%。可以发现,中小微企业所融资金大部分用于维持正常流动需要,即生存需求。截至2015年末,我国主要金融机构及小型农村金融机构、外资银行向中小微企业贷款余额为23.46亿元,占企业贷款余额的23.9%,中小微企业贷款余额用户1 322.6万户。② 中小微企业贷款总体占比不足1/3,这说明我国金融机构的贷款结构分布不均衡,在江苏则更是如此。虽然在鼓励和引导民间金融健康发展的政策导向下,江苏银行业金融机构对中小微企业的贷款额度增幅较大,但对大型企业的贷款始终远高于中小微企业。一方面,因为银行等金融机构借贷门槛较高,处于发展初期的中小微企业往往无法满足其风险评估要求;另一方面中小微企业融资需求较为分散,规模小、监控难、风险大,无法融入正规的金融圈内。

---

① 数据来源:2012长三角地区中小微企业融资需求调查报告.理财周刊,2012(6).
② 数据来源:江苏金投贷款网.

据调查,江苏中小微企业流动资金需求的满足率只有45.88%。在中小微企业的资金需求与正规金融体系贷款之间存在庞大缺口的背景下,支撑中小微企业的发展更加需要民间金融。由于内生于民间信用体系,民间金融在收集中小微企业、个人等微观经济主体的"软信息"方面具有优势,相对于正规金融能够在一定程度上克服信息不对称而引发的逆向选择问题。而民间金融资金规模小、零散等特点,也正好符合中小微企业和个人经济活动的分散化、小规模的融资需求。①

2. 大量民间资本缺乏投资渠道

充足的民间资本供给也是民间金融得以发展的重要因素。首先,在江苏经济发展过程中,居民个人财富不断增加,部分经营良好的民间企业资产也不断累积,形成了大量的民间闲置资金。其次,由于金融排斥等因素的存在,很多农村经济主体对正规金融体系及金融服务认识不足,导致大量农村闲置资金没有足够的投资渠道,再加上农村的熟人、半熟人互助的社会圈层,使得民间借贷普遍存在。同时,民间金融市场的运行特点,以及市场的分割性、信息不对称性和金融主体的非理性导致民间金融市场的利率畸高;而商业银行的存款利率持续较低,再加上通货膨胀的因素,过低的储蓄收益已经不能满足民间资本持有者对资本回报的需求。因此,民间金融市场的高回报吸引了大量以高收益为导向的民间资金投入到民间金融体系中。②

此外,由于民间借贷利率通常比银行存款利率高出较多,民间资金盈余的个人及家庭将资金投入到民间金融市场中以后预期收入提高,收入预期的提高会促使居民增加消费,消费的增加必然带来供给的增加,从而促使生产部门的繁荣,生产部门扩大生产需要更多的资金支持,这又进一步加大了对民间金融市场的需求。

3. 活跃的民营经济促进了民间金融市场的繁荣

根据第三次经济普查数据,截至2013年末,江苏省有证照个体经营户为251.8万户,主要分布在批发和零售业(占比51.6%),交通运输业、仓储和邮政业(占比26.9%),居民服务、修理和其他服务业(占比6.1%)等行业;全省共有第二和第三产业的企业法人单位91万个,比2008年末增加

---

①② 方先明,孙利,吴越洋. 江苏民间金融风险及其形成机理. 河海大学学报(哲学社会科学版),2014,(3):55-62.

37.8万个,增长71%;私营企业74.6万个,占全部企业法人单位的82%。2013年末,江苏省第二产业和第三产业资产总额达40万亿元,其中第二产业企业资产总计占全部企业资产总计的32.7%,第三产业企业资产总计占67.3%。中小微企业法人单位资产总计139 895.2亿元,占全部企业法人单位资产总计35%。[①] 这些数据都表明江苏民营经济的发展迅速,且对江苏经济的发展贡献巨大。由于正规金融体系对民营经济融资需求的排斥,民营企业和个体经营户的主要融资渠道就是民间金融市场。因此,江苏活跃的民营经济促进了民间金融市场的发展,反过来,民间金融市场的发展也为民营经济的发展提供了方便快捷的直接融资渠道,二者相辅相成,成为支撑彼此发展的重要力量。

二、江苏民间金融的规模与结构

(一)江苏民间金融的发展概况

相比于其他省域,江苏民间金融发展较为迅速。据统计,2016年1月末全国社会融资规模存量为141.57万亿元,同比增长13.1%,其中对实体经济发放的人民币贷款余额为95.29万亿元,同比增长14.9%,约50%的新增贷款来自于影子银行,而民间金融的总规模也超过10万亿。江苏省作为经济较发达的省份,其融资规模在全国占比很大,2015年末江苏省通过金融机构发放的人民币贷款余额为78 866.34亿元,比去年增长了9 285.13亿元,其中非金融企业即机关团体的贷款就占据了74%,社会融资需求旺盛,而通过民间金融借贷的资金也占有一定份额。以民间金融的主要形式——小贷公司发展为例,2007年底江苏在全国率先以省为单位开始农村小额贷款公司试点工作,主要面向农户、农业专业合作组织和县域中小微企业等农村小型经济组织提供小额信贷服务。表4-1列示了2012—2015年全国及江苏省小额贷款公司的基本情况。

---

① 数据来源:《江苏省第二次全国经济普查主要数据公报》。

表4-1 2012—2015年全国及江苏省小额贷款公司的基本情况①

年份	2012年		2013年		2014年		2015年	
	全国	江苏	全国	江苏	全国	江苏	全国	江苏
机构数量(家)	6 080	485	7 839	573	7 839	631	8 910	636
从业人员(人)	70 343	4 641	95 136	5 658	95 136	6 231	117 344	6 253
实收资本(亿元)	5 147	798.4	7 133.4	894.8	7 133.4	929.9	8 459.3	896.2
贷款余额(亿元)	5 921.4	1 036.6	8 191.3	1 142.9	8 191.3	1 146.7	9 411.5	1 060.8

表4-1显示,江苏小贷公司的发展速度、运行质量均处于全国前列。截至2015年末,江苏小额贷款公司的数量为全国小额贷款公司数量的7.14%;从业人员数量占全国从业人员总数的5.33%;实收资本占全国总量的10.59%;贷款余额占全国总量的111.27%。

在地区分布上,小额贷款公司主要集中在江苏、浙江、内蒙古、安徽、山东、辽宁、河北和福建8个省份,2015年这些省份小额贷款公司的基本情况对比见图4-4。②

图4-4 主要省份小额贷款公司基本情况

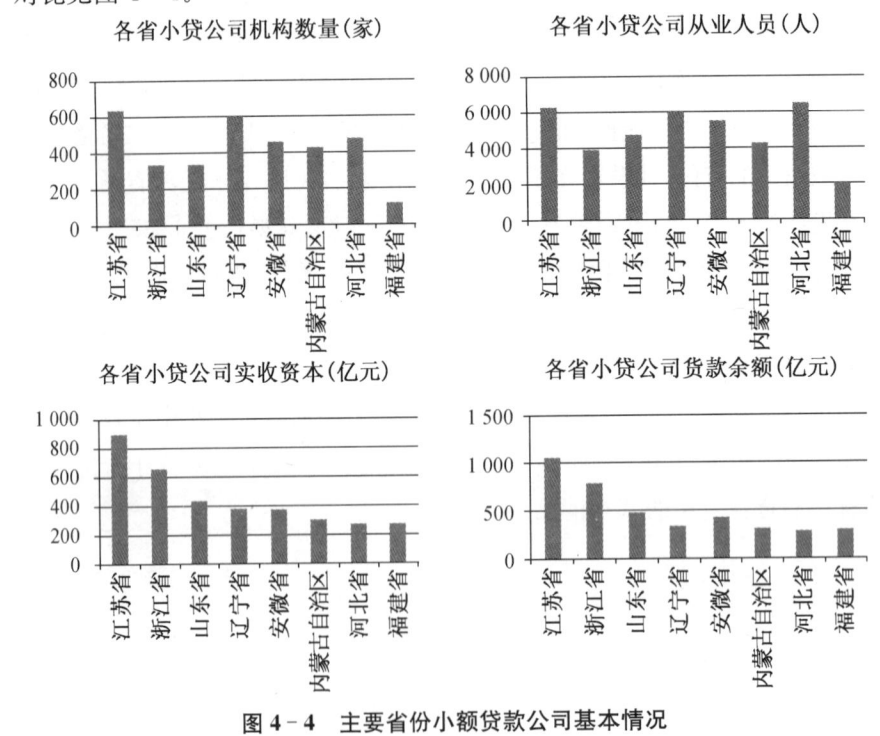

①② 数据来源:中国人民银行网站(http://www.pbc.gov.cn/2016-5-20)。

根据图4-4可知,截至2015年末,虽然江苏小额贷款公司从业人员略低于广东,但小额贷款公司数量、实收资本以及贷款余额均居全国首位。由此可见,江苏民间金融的规模庞大,是江苏经济发展的重要支撑。

除小额贷款公司以外,江苏村镇银行、典当行等民间金融机构的发展也非常迅速。2008年,江苏省设立第一家村镇银行——江苏沭阳东吴村镇银行,到2016年4月江苏村镇银行已达78家,遍布全省各乡镇,已实现县域全覆盖。截至2015年底,江苏省典当行已超过300家,其小额、短期、便捷的融资特点和高回报吸引了大量民间资本。①

(二) 江苏民间金融规模的测算衡量

1. 现有研究的规模测算结果

近年来,随着民间金融不断发展,对正规金融的影响越来越大,理论和实务界都对其十分重视。不同学者和机构对我国民间金融规模做了不同的测算和估计,但由于我国地域广阔、人员众多,加上民间金融的隐蔽性,对民间金融的调查存在总体大、样本小的问题。因此,迄今为止国内学者对我国民间金融的测算和估计都不是完全可靠的,但在一定程度上具有参考和指向价值。

现有研究对民间金融规模的测算比较多的是全国民间金融市场以及温州等民间金融市场极为繁荣的地区,而对江苏民间金融规模的测算尚少。郭沛(2003)根据第三方调查数据推算出2002年我国农村金融规模为2 001亿元~2 750亿元。中央财经大学课题组2004年对全国20个省、82个县、206个乡村、110家中小微企业、1 203位个体工商户进行了实地调查,测算出2003年我国"地下金融"的绝对规模为7 405亿元~8 164亿元(李建军等,2005)。中国人民银行的调查结果显示,我国2005年民间融资规模约为9 500亿元,占当年GDP的6.96%左右,占本外币企业贷款余额的5.92%(韩雪萌,2005)。广州民间金融研究院和中央财经大学金融学院课题组基于国民账户均衡模型,利用中国国家统计局、中国人民银行等发布的年度数据,预测2009—2011年我国民间金融较为活跃,民间融资规模分别为14 877.9亿元、10 195.4亿元、8 623.3亿元(李建军等,2013)。中国人民银

---

① 方先明,孙利,吴越洋.江苏民间金融风险及其形成机理.河海大学学报(哲学社会科学版),2014,(3):55-62.

行农户借贷情况问卷调查分析小组于 2007 年组织一次涉及全国 10 个省(区)20 040 户的农户调查(其中东部地区有江苏、福建;中部地区包括吉林、安徽、河南、湖南;西部地区包括内蒙古、四川、贵州、宁夏,河南调查了 2 040 户,其余各省均为 2 000 户),调查数据显示,全部样本农户 2006 年户均借贷 2 616 元,其中户均民间借贷 1 617 元,占比 61.8%;户均正规金融借贷 999 元,占比 38.2%。2011 年 9 月末发布的《中国民间借贷分析》研究报告表明,在 2011 年中期中国民间借贷余额为 3.8 万亿元,同比增长 38%,相当于银行贷款总规模的 7%,占中国"影子银行"体系贷款余额的 33%。

江苏农村金融发展报告课题组 2012 年对江苏省 41 个乡(镇)、80 个村、1 202 户农户进行了实地调研,结果显示样本期间有 595 户出现过借款行为,共发生 1 089 笔借款,其中,参与非正规借款的农户有 401 户,共发生 757 笔借款,非正规借款农户数和借款笔数分别占 67.39% 和 69.51%。

2. 测算方法

测算江苏民间金融规模的方法主要有以下几种:第一,采取问卷调查的方法直接统计江苏民间金融规模。事实上有不少学者和机构都采取这种方法对民间金融、民间借贷进行估测。问卷调查的不足之处在于成本较大,而且由于民间金融的隐蔽性甚至部分涉及非法活动,该种方法在调查时难以体现真实、全面的规模水平。第二,金融市场中的资金总量和所需现金(或其他口径的货币)的总量具有一定的对应关系,根据现金(或其他口径的货币)存量可以计算当年真实的资金总量,真实的总量水平与官方统计的正规金融市场中的总量之间的差额即为非正规金融(约为民间金融)的规模。第三,选取合适的变量,与民间金融规模变量建立回归模型,由此估算江苏民间金融的规模。第四,基于国民账户均衡关系,构建储蓄、信贷与国际收支之间的均衡关系模型,测算未观测经济规模,广州民间金融研究院与中央财经大学金融学院课题组在《中国民间金融发展研究报告》中即采用该种方法。

3. 江苏 P2P 网贷平台借贷规模情况

鉴于对民间金融规模的测算数据的不可得性,虽然可以采用以上方法对规模进行大致估计,但不同方法的测算结果却相差甚远。因此,研究过程中采用定性描述的方法,以 P2P 网贷平台的相关数据为例,对江苏民间金融的规模在全国范围内的大致水平做定性说明。2014 年 1 月至 2015 年 10 月江苏 P2P 网贷平台交易的基本情况如表 4-2 所示。

表4-2 2014年1月至2015年10月江苏P2P网贷平台交易的基本情况①

	成交量/亿元	月环比增长	运营平台数量/家	月环比增长	贷款余额/亿元	综合利率	平均借款期限/月	当月投资人数/万人	当月借款人数/万人
2014年1月	5.41	38%	67	8%	16.95	24.64%	2.98	0.79	0.07
2014年2月	5.38	-1%	70	4%	20.27	26.72%	2.97	0.8	0.09
2014年3月	7.12	32%	75	7%	25.96	25.43%	3.18	0.93	0.1
2014年4月	6.88	-3%	76	1%	26.32	24.17%	3.51	0.97	0.1
2014年5月	6.89	26%	78	3%	23.17	24.36%	3.87	1.14	0.11
2014年6月	6.9	-12%	82	5%	44.87	23.67%	5.29	1.28	0.12
2014年7月	6.91	54%	88	7%	46.39	24.27%	4.21	1.26	0.14
2014年8月	6.92	5%	94	7%	49.09	22.56%	5.08	1.87	0.18
2014年9月	6.93	-18%	97	3%	48.3	20.81%	5.28	1.97	0.19
2014年10月	6.94	16%	101	4%	52.71	20.23%	4.63	1.99	0.2
2014年11月	6.95	19%	105	4%	58.23	21.18%	4.74	1.89	0.18
2014年12月	6.96	14%	104	-1%	60.04	21.39%	4.6	2.36	0.19
2015年1月	6.97	1%	104	0%	46.89	20.63%	4.41	2.2	0.21
2015年2月	6.98	-8%	103	-1%	52.51	21.04%	4.45	2.19	0.18
2015年3月	6.99	38%	105	2%	58.89	19.40%	4.99	2.31	0.2
2015年4月	6.1	15%	109	4%	62.33	20.91%	4.98	2.03	0.19
2015年5月	6.101	-16%	119	9%	68.39	19.10%	4.86	1.99	0.2
2015年6月	6.102	0%	123	3%	71.67	20.29%	4.21	1.88	0.21
2015年7月	6.103	9%	124	1%	74.35	17.36%	5.17	1.89	0.21
2015年8月	6.104	26%	125	1%	90.89	17.50%	4.77	2.27	0.24
2015年9月	6.105	7%	130	4%	96.96	17.26%	5.43	2.42	0.24

① 资料来源:根据网贷之家相关资料整理。

根据表4-2,江苏省P2P网贷平台的数量及其成交量、贷款余额整体均呈上升趋势,投资和借款人的数量也在增加,说明在宏观经济呈现下滑趋势的背景下,民间金融却异常活跃,民间金融规模呈扩大趋势。

根据表4-3至表4-6,从月成交量、运营平台数量、贷款余额、当月借款人数这几项指标来看,江苏省P2P网贷在全国各省中的排名靠前,但规模小于浙江、北京、上海、广东等省市。其中,江苏省P2P网贷平台当月借款人数相对最低,除了低于浙江、北京、上海、广东,还低于山东和四川。表明从规模和活跃度的角度来说,江苏民间金融在全国各省市中排名靠前,但低于浙江、北京、上海、广东。

表4-3　2014年1月至2015年10月各省P2P网贷平台月成交量(亿元)①

	四川	湖北	山东	江苏	上海	浙江	北京	广东	其他	全国
2014年1月	2.5	2.3	3.6	5.4	14.3	24.7	14.3	41.4	9.1	117.7
2014年2月	2.7	2.1	3.4	5.4	9.5	24.8	10.7	38.3	8.8	105.4
2014年3月	2.9	2.6	6.1	7.1	15.6	28.3	16.6	50.0	11.1	140.3
2014年4月	3.2	3.5	5.4	6.9	16.6	29.5	20.8	51.0	11.9	148.9
2014年5月	3.6	3.5	5.8	8.7	17.2	32.0	22.8	55.8	13.4	162.8
2014年6月	3.7	3.3	5.9	7.6	20.0	33.0	23.0	53.7	21.5	171.5
2014年7月	4.0	4.1	7.8	11.7	27.0	37.4	30.3	73.7	20.7	216.7
2014年8月	3.4	5.3	10.7	12.3	30.4	40.2	36.3	77.9	33.8	250.1
2014年9月	5.4	7.1	10.0	10.1	32.6	39.3	40.2	82.4	35.5	262.3
2014年10月	4.3	6.0	10.4	11.7	30.5	37.5	41.8	97.3	28.9	268.4
2014年11月	7.2	7.5	12.3	13.9	37.7	46.0	54.5	103.4	30.7	313.2
2014年12月	11.2	6.8	13.6	15.8	48.9	47.9	71.1	121.8	33.7	370.8
2015年1月	11.1	7.1	11.4	15.9	45.9	44.8	72.3	117.0	32.4	357.8
2015年2月	9.1	5.8	9.8	14.7	40.6	39.0	70.4	113.4	32.4	335.1
2015年3月	11.2	7.3	15.5	20.3	64.0	56.5	90.4	184.9	42.6	492.6
2015年4月	13.6	9.8	14.4	23.3	66.5	64.0	112.3	205.3	42.4	551.5
2015年5月	13.5	9.7	15.2	19.5	70.0	87.0	146.4	200.5	46.9	609.6
2015年6月	13.3	9.0	17.5	19.6	66.9	103.6	175.5	201.7	52.5	659.6
2015年7月	15.4	11.8	20.0	21.4	93.6	123.0	243.7	233.8	62.4	825.1
2015年8月	16.1	12.4	22.7	26.8	114.5	126.2	307.4	280.5	68.1	974.6
2015年9月	16.7	13.7	23.7	28.8	129.2	140.2	366.6	354.4	78.7	1 151.9

① 资料来源:根据网贷之家相关资料整理。

根据表4-3,近年来,江苏省P2P平台成交规模小于广东省、北京市、浙江省和上海市,但仍处于全国领先水平。各个省份的交易规模都有所增长,江苏省交易规模增长不大。

表4-4 2014年1月至2015年10月各省P2P运营平台数量(家)①

	湖北	四川	江苏	上海	浙江	北京	山东	广东	其他	全国
2014年1月	11	40	67	68	145	103	48	197	201	880
2014年2月	12	47	70	70	160	112	54	216	207	948
2014年3月	14	50	75	74	162	124	60	245	219	1 023
2014年4月	14	57	76	78	167	128	66	264	223	1 073
2014年5月	19	61	78	84	170	132	72	280	229	1 125
2014年6月	21	62	82	90	181	139	78	292	239	1 184
2014年7月	25	65	88	95	194	148	89	319	260	1 283
2014年8月	27	66	94	101	206	157	98	330	278	1 357
2014年9月	28	69	97	107	218	169	116	342	292	1 438
2014年10月	30	68	101	108	223	171	127	348	298	1 474
2014年11月	33	71	105	113	225	176	137	352	328	1 540
2014年12月	35	72	104	117	224	180	149	349	345	1 575
2015年1月	42	68	104	118	234	186	164	345	366	1 627
2015年2月	42	64	103	115	237	189	184	348	364	1 646
2015年3月	49	61	105	123	248	190	214	359	379	1 728
2015年4月	57	59	109	129	256	195	239	365	410	1 819
2015年5月	59	60	119	141	270	219	263	379	436	1 946
2015年6月	65	67	123	153	275	231	254	392	468	2 028
2015年7月	70	71	124	166	280	247	276	400	502	2 136
2015年8月	74	73	125	184	284	265	304	428	546	2 283
2015年9月	81	77	130	195	291	278	312	457	596	2 417

根据表4-4,江苏省P2P平台运营的机构数量少于广东省、山东省、北京市、浙江省,与上海市的平台数量大体相当,但江苏省的网贷平台数量扩

---

① 资料来源:根据网贷之家相关资料整理。

张速度较慢,总体排在全国的第 6 位。

表 4-5　2014 年 1 月至 2015 年 10 月各省 P2P 网贷平台的贷款余额(亿元)[①]

省份	湖北	四川	山东	江苏	浙江	上海	广东	北京	其他	全国
2014 年 1 月	6.9	4.3	13.9	17	42	54.7	90.3	59.7	19.8	308.7
2014 年 2 月	7	4.9	15	20.3	48.9	57.9	90.7	64.8	27.4	336.8
2014 年 3 月	7.2	5.1	16.3	26	53.8	63.4	104.1	70	36.1	381.9
2014 年 4 月	7.6	5.8	18.2	26.3	52.8	73.1	107	83.3	26.2	400.3
2014 年 5 月	8.4	6	20.5	23.2	50.5	79.9	112.6	97	28.9	427
2014 年 6 月	9.8	6.5	23.7	44.9	51.5	86.7	121.1	113.7	19.3	477
2014 年 7 月	10.3	6.6	23.7	46.4	52	93.6	140.8	119.4	30.2	522.9
2014 年 8 月	11.1	7.2	25.7	49.1	61.4	105.6	156.3	131.1	33.5	580.9
2014 年 9 月	13.7	7.4	27.6	48.3	64.6	122.2	166.6	146.4	49.2	646
2014 年 10 月	14.7	9	29.9	52.7	67.9	133.1	185.5	174.6	76.7	744.1
2014 年 11 月	18.5	13.7	32.1	58.2	77.1	164.2	223	221.1	88.5	896.4
2014 年 12 月	20.3	19.4	34	60	80	189.7	267.6	271.9	93.2	1 036
2015 年 1 月	20	28	31.6	46.9	77.1	209.3	296.7	320.1	91	1 120.6
2015 年 2 月	19.6	28	30.8	52.5	81.5	231.1	320.7	380.1	101.9	1 246.1
2015 年 3 月	23.9	30.9	37.6	58.9	104.1	269.5	398.9	458.3	136	1 518
2015 年 4 月	26.1	34.5	42.5	62.3	123.3	298.5	458.9	579	132.1	1 757.6
2015 年 5 月	27.8	36.2	42.7	68.4	139.2	328.9	482.3	666.3	140.4	1 932.1
2015 年 6 月	27.3	32	40.6	71.7	154.3	326.1	494	784.6	156.8	2 087.3
2015 年 7 月	29.7	34.3	39.7	74.4	198.2	373.5	542.6	930	170.2	2 391.8
2015 年 8 月	29.8	34.5	42.8	90.9	243.1	454.2	600.8	1 088.6	185	2 769.8
2015 年 9 月	31.8	36.4	46.1	97	270.9	511.2	694.5	1 276.7	211.9	3 176.4

根据表 4-5,江苏省的 P2P 网贷平台的贷款平均余额少于北京市、广东省、上海市和浙江省,其中,北京市网贷平台平均贷款余额位于全国首位。江苏省的网贷平台数量少于山东省,交易的贷款余额却多于山东省,说明江苏省 P2P 平台的经营效率优于山东省。

---

① 资料来源:根据网贷之家相关资料整理。

表 4-6 2014 年 1 月至 2015 年 10 月各省 P2P 网贷平台当月借款人数(万人)[①]

省份	湖北	江苏	山东	四川	浙江	广东	北京	上海	其他	全国
2014 年 1 月	0.03	0.07	0.05	0.04	0.38	0.44	0.91	1.76	0.1	3.77
2014 年 2 月	0.02	0.09	0.05	0.05	0.36	0.45	0.35	1.19	0.1	2.67
2014 年 3 月	0.03	0.1	0.09	0.07	0.47	0.6	0.7	2.17	0.14	4.38
2014 年 4 月	0.05	0.1	0.1	0.08	0.54	0.68	0.91	2.49	0.15	5.12
2014 年 5 月	0.07	0.11	0.11	0.08	0.59	0.92	1.08	2.81	0.18	5.96
2014 年 6 月	0.07	0.12	0.15	0.09	0.64	0.89	1.05	2.95	0.19	6.15
2014 年 7 月	0.11	0.14	0.2	0.1	0.72	1.16	1.6	4.08	0.24	8.34
2014 年 8 月	0.14	0.18	0.29	0.14	0.89	1.21	2.08	4.66	0.29	9.89
2014 年 9 月	0.14	0.19	0.27	0.2	1.06	1.33	2.98	5.7	0.3	12.19
2014 年 10 月	0.16	0.2	0.23	0.2	1.11	1.6	2.78	6.11	0.31	12.7
2014 年 11 月	0.2	0.18	0.26	0.23	1.32	1.97	3.13	7.35	0.26	14.9
2014 年 12 月	0.22	0.19	0.25	0.24	1.57	4.64	4.71	6.49	0.22	18.5
2015 年 1 月	0.23	0.21	0.2	0.24	1.45	3.34	8.04		0.18	19.1
2015 年 2 月	0.21	0.18	0.15	0.18	1.33	3.13	5.69	5.12	0.18	16.18
2015 年 3 月	0.12	0.2	0.16	0.26	1.75	4.5	5.68	5.28	0.23	18.17
2015 年 4 月	0.2	0.19	0.17	0.3	1.77	4.91	7.66	7.27	0.21	22.69
2015 年 5 月	0.22	0.2	0.18	0.3	2.02	5.41	9.07	10.22	0.21	27.84
2015 年 6 月	0.23	0.21	0.34	0.5	2.29	5.96	11.79	11.45	0.27	33.04
2015 年 7 月	0.39	0.21	0.34	0.43	2.49	11.03	13.26	15.7	0.27	44.13
2015 年 8 月	0.29	0.24	0.38	0.4	2.53	13.54	16.33	20.95	0.3	54.94
2015 年 9 月	0.22	0.24	0.4	0.4	2.71	10.96	18.48	23.22	0.28	56.91

根据表 4-6,江苏省 P2P 网贷平台的平均借款人数少于上海市、北京市、广东省、浙江省、四川省以及山东省,同时人数上并没有明显的增加趋势。上海市、北京市、广东省通过 P2P 网贷平台借贷的平均借款人数明显多于其他省、市的借款人数。

(三)江苏民间金融的结构

1. 江苏民间金融组织形式结构

江苏省的民间金融形式主要分为民间自由借贷、小额贷款公司、民间合

[①] 资料来源:根据网贷之家相关资料整理。

会、融资性担保机构、典当行、互联网借贷平台等。由于数据可得性差异,表4-7和表4-8分别列示了江苏省的小额贷款公司、融资性担保公司、典当行、互联网借贷平台的机构数量和贷款余额。

表4-7　江苏省各民间金融组织形式机构数量(单位:家)

年份	小额贷款公司	融资性担保公司	典当行	互联网借贷平台
2014年	623	414	435	104
2015年	636	333	326	132

2015年较上年,江苏省的小额贷款公司、互联网借贷平台数量有所增长,融资性担保公司、典当行数量有所下降。2014年及2015年江苏省的四种民间金融组织形式贷款余额见表4-8。

表4-8　江苏省各民间金融组织形式贷款余额(单位:亿元)

年份	小额贷款公司	融资性担保公司	典当行	互联网借贷平台
2014年	1 144.18	1 564.28	1 012.7	60.04
2015年	1 060.75	1 315.41	1 025.2	125.11

2015年较上年,江苏省小额贷款公司、融资性担保公司的贷款余额有所下降,典当行的贷款余额数量有所上升,互联网借贷平台的贷款余额增长了大约一倍。除互联网借贷平台有大幅增长,其他形式的民间金融规模都有减少趋势。

图4-5和图4-6分别展示了江苏省的小额贷款公司、融资性担保公司、典当行、互联网借贷平台的贷款余额和机构数量的占比分布。

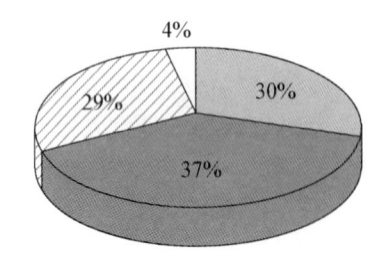

图4-5　江苏省各民间金融组织形式贷款余额(亿元)

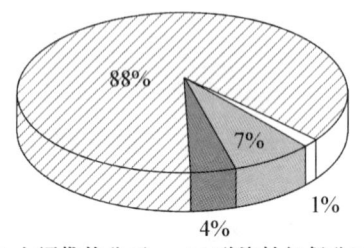

图4-6　江苏省各民间金融组织形式机构数量(家)

图 4-5 说明融资性担保公司、小额贷款公司和典当行是江苏省民间借贷的主要渠道,为支持中小微企业、"三农"融资贡献颇多。由图 4-5 和图 4-6 可以看出,机构数量占江苏民间金融总量 23% 的融资性担保公司在 2015 年所发放的贷款余额占了全省总量的 37%,机构数量占江苏民间金融总量 45% 的小额贷款公司发放的贷款余额占了全省总量的 30%,机构数量占江苏民间金融总量 23% 的典当行发放的贷款余额占了全省总量的 29%。近年来,融资性担保公司积极与银行开展合作,省政府响应国务院号召努力将融资性担保公司、小额贷款公司纳入信用评级机制中,这一系列措施说明二者相对于典当行来说是政府比较认可和鼓励的民间融资渠道。典当行一方面仅仅是起拾遗补缺的作用,另一方面又因为存在难以调和的各种风险而被政策、规章限制得很严格,所以通过典当行融资并不是江苏民间借贷的主流方式。

2. 江苏民间金融资金投向结构

民间金融的发展有效缓解了民营企业和中小微企业融资难的问题,不同形式的民间金融也主要为各种中小微企业提供融资和投资。以融资性担保公司为代表,考察江苏民间金融资金的投向。2013 年和 2014 年江苏省融资性担保公司的资金投入中小微企业和其他领域的占比情况如图 4-7 所示:

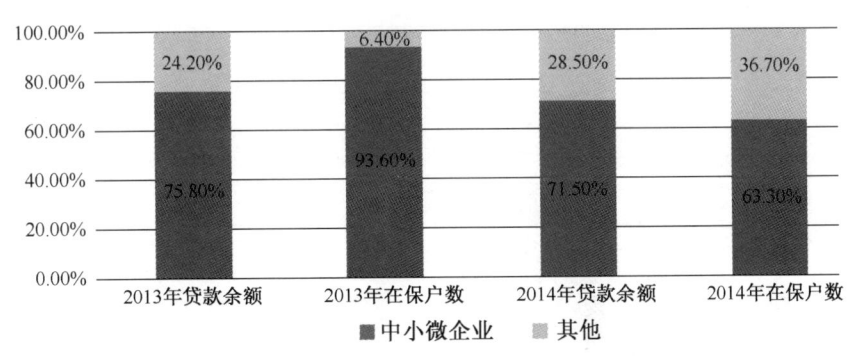

图 4-7 江苏省融资性担保公司资金投向占比

截至 2013 年,江苏省中小微企业融资性担保贷款余额 1.28 万亿元,较上年增长 13.9 个百分点;中小微企业融资性担保贷款占融资性担保贷款余额的 75.8%,较上年减少 1.8 个百分点;融资性担保机构为 23 万户中小微企业提供贷款担保服务,占融资性担保贷款企业数的 93.6%,较上年增加

1.1个百分点。① 2015年,受国内外经济环境和银担合作门槛影响,融资担保行业发展面临形势更加严峻,业务规模持续下降。298家法人机构新增担保业务总1 517.21亿元,比去年同期减少356.05亿元,下降19%,担保放大倍数由上年度的2.78倍下降至2.58倍。在经济下行期,融资担保业务开展困难,越来越多的担保机构开始涉足风险相对较小的非融担保业务,非融资性担保业务占担保业务总额比重为2.26%,比去年提高0.67个百分点,主要为履约担保和诉讼保全担保业务。

江苏农村小额贷款公司涉农贷款余额占全部贷款余额的比重,必须达到70%以上。这是引导小额贷款公司为农服务的重要指标,也是体现草根金融的特色所在。目前全省小额贷款公司涉农贷款占比为98%左右,其中62.8%的贷款投向了农户、农村专业合作组织、农业龙头企业。全省农村小额贷款公司的存量客户超过了6万户,累计支持涉农贷款客户近20万户。江苏农村小额贷款公司与农村合作金融机构的贷款余额比已达到1∶7,充分体现出农村小额贷款公司在服务"三农"中的重要地位。②

3. 江苏民间金融地域结构

民间金融的发展和创新与地区的经济发达程度和市场自由程度有关,图4-8和图4-9分别显示2015年江苏省小额贷款机构和融资性担保机构在省内不同市的数量分布。

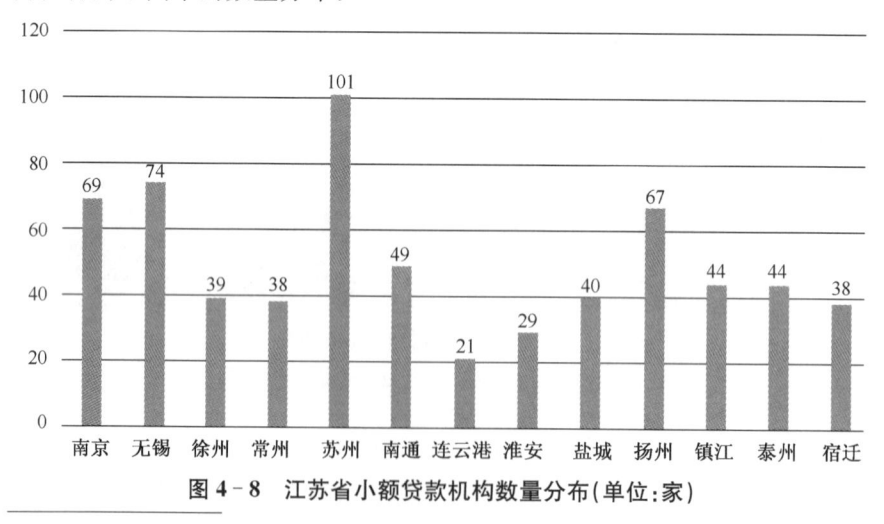

图4-8 江苏省小额贷款机构数量分布(单位:家)

① 常艳军.整体风险可控 融资性担保机构盈利增长35.6%.经济日报,2014-05-15.
② 钱东平,王晓红.基于普惠金融视角的江苏农村小贷发展研究.现代金融,2014,(6):8-10.

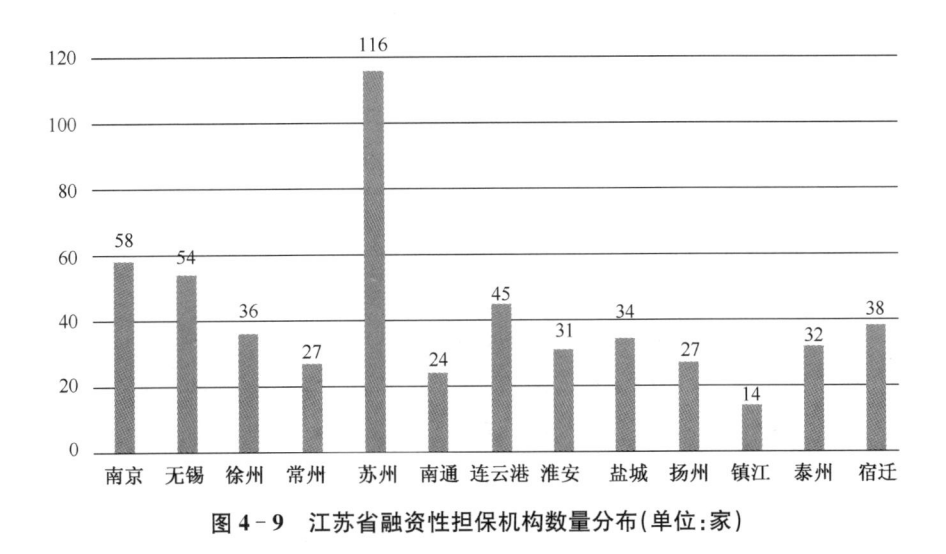

图 4-9　江苏省融资性担保机构数量分布(单位:家)

南京 58、无锡 54、徐州 36、常州 27、苏州 116、南通 24、连云港 45、淮安 31、盐城 34、扬州 27、镇江 14、泰州 32、宿迁 38

截至 2015 年,江苏省共设立 653 家小额贷款公司,其中苏南地区(南京、苏州、无锡、常州和镇江)小额贷款公司共计 326 家,苏中地区(扬州、南通和泰州)小额贷款公司共计 160 家,苏北地区(连云港、淮安、徐州、盐城和宿迁)小额贷款公司共计 167 家;共设立 536 家融资性担保公司,其中苏南地区融资性担保公司共计 269 家,苏中地区融资性担保公司共计 83 家,苏北地区融资性担保公司共计 184 家。可以发现就小额贷款公司和融资性担保公司的数量而言,经济相对发达的苏南地区多于苏中、苏北地区。这是因为苏中、苏北地区经济发展相对来说较为落后,金融体系比较不完善,需要建立更多的民间金融机构去满足苏中、苏北地区金融需求,小额贷款公司和融资性担保公司在一定程度上能够满足民间金融多层次、多领域、多类型的需求。

第二节　江苏民间金融发展的溢出效应

从江苏民间金融的发展历程来看,民间金融的存在和发展并不是一种低效率的制度安排,而是与正规金融体系相互补充、提高民间融资效率的有效手段。实践证明,国内外的金融机构及金融工具多样化的发展对经济增长产生了不可低估的作用,而民间金融市场的发展恰是提供了更加多样化的民间金融机构、组织和金融工具。江苏民间金融的发展与民间投资有机地结合在一起,民间金融促进民间投资,民间投资促进经济发展,经济的发展又进一步促进民间金融市场的繁荣,从而在很大程度上形成了一个良性循环,取得很好的联动效应①。而另一方面,由于民间金融尚处于监控的盲区,其风险的大规模爆发会造成金融体系的崩溃,进而对实体经济也产生不可估量的负面影响。

一、江苏民间金融对经济增长的促进作用

(一) 江苏民间金融促进民营经济的发展

改革开放以来,我国经济的发展分为民营企业的发展和国有企业的改制两条主线。民营企业的发展是民营经济发展的直接表现形式,2015年,全省民营经济完成增加值3.9万亿元,同比增长8.9%,比全省GDP增幅高0.4个百分点,对全省GDP增长的贡献率达57.4%,比上年提高0.6个百分点。规模以上民营工业全年完成增加值1.8万亿元,占全省规模以上工业的比重为54.5%,同比增长10.9%,比全省规模以上工业增幅高2.4个百分点;实现利润总额5536亿元,同比增长12.4%,比全省规模以上工业增幅高3.3个百分点。全省民营经济增加值占全省GDP的比重达到55%,比上年上升0.5个百分点,高于年初预定目标。全省民营经济上缴税金6 652.4亿元,同比增长10.6%,占全省税务部门直接征收总额的57.1%。全省私营企业和个体工商户登记的从业人数达到2 791万人,比上年底增长6.7%。其中,私营企业从业人数达到2 093万人,比上年底增长6.1%;个体工商户从业人数达到698万人,比上年底增长8.6%。这些数据都表明江苏民营经济发展迅速,且在促进江苏经济增长和增加社会就业机会方面做出了巨大贡献。然而,与民营经济的巨大贡献不相称的是,民营经济的发展很难得到正规金融体系的支持,甚至受到正规金融体系不同程度的融资歧视。尤其在改革开放初期,随着乡镇企业、私营企业的崛起,产生了巨大的发展资金需求,而江苏正规金融机构的主要支持对象是国有企业。在民营经济受到正规金融排挤的背景下,民间金融就成为了中小微企业的重要融资渠道。中小微企业的融资缺口不得不通过民间金融市场解决,因此,民间金融市场中的大量资金支持了民营经济的发展,从而促进江

---

① 张剑.民间金融发展及影响因素分析.重庆:西南政法大学硕士论文,2011.

苏经济的发展。

(二) 民间金融促进江苏经济发展的良性竞争

江苏省作为全国经济发展最发达的地区之一,江苏经济的良性循环依赖于与经济运行相适应的资源配置。对于地方经济发展而言,增加投资是繁荣经济的重要手段,而增加民间金融活动是增加投资渠道的重要手段之一。由于地域性强的特点,民间金融主要服务于当地、将资本留在当地,促进当地经济的发展,这是正规金融无法做到的。因此,民间金融与正规金融之间存在着竞争关系,一般而言,由于银行贷款的门槛较高,中小微企业在筹集资金时最先考虑的是民间借贷,这就使得民间金融在民间融资中发挥了重要作用,部分取代了正规金融体系。与此同时,正规金融体系的发展明显滞后于实体经济的发展,其构成基本上仍然以国有金融机构为主导,金融市场竞争机制不健全,导致金融资源分配出现不均衡和低效率。[1] 由此,民间金融的发展促进了竞争机制的完善,对正规金融体系造成了竞争压力,从而促进其加快改革的步伐,更好地为实体经济的发展服务。

(三) 民间金融促进金融体系的发展

在江苏的经济发展中,民间金融是民间投资发展十分重要的资本来源。民间金融活动存在并不断发展的重要原因之一就是正规金融体系的经营活动中存在着死角,无法满足实际融资需求,这为民间金融的发展提供了契机。目前,我国利率市场化改革的力度明显加大,金融市场开放度逐渐加深,民间金融地域性强、深入民间、机动灵活、手续简单等优势使得民间金融机构拥有市场竞争的重要武器,对中小微企业、个体工商户的吸引力逐渐增强。大力发展民间金融,对于构造江苏多元化的金融格局、构建多层次的融资渠道具有重大意义,从而有利于引导民间资本的最优配置,使得整个金融体系不断成熟和完善。

二、江苏民间金融对经济增长的负面作用

(一) 削弱政策调控的效果

当政府为了特定的目标而对货币政策、金融市场实施调控时,民间金融可能由于不受调控而与调控目标背道而驰,从而对调控产生的效果起到削

---

[1] 张希慧.民间金融与我国经济增长的实证分析.湖南社会科学,2009,(1):204-206.

弱和抵消的作用。比如,当经济过热时,为了控制过剩的社会投资,政府采取提高存贷款利率、提高再贴现率等政策,以期达到收缩社会资金规模的效果。然而,由于民间金融市场的利率回报依然比已经提高了的银行存款利率高出许多,追求高回报的民间资本仍然会留在市场中,从而削弱了政府调控的效果。

以货币政策调控效果受阻为例。江苏民间金融市场利率是反映江苏地区民间金融市场资金供求状况的"市场利率",是游离于监管之外的。"市场利率"意味着它不受央行的管控,完全由江苏民间金融市场中的资金供求所决定。

当经济疲软时,央行为刺激投资、拉动经济增长将采取利率下调的货币政策。一方面,正规金融利率下降,原来在民间金融市场融资的微观经济主体中信誉相对较好的部分将转向银行等金融机构进行贷款融资,以降低融资成本,导致民间金融市场中的资金需求下降;另一方面,利率下降导致银行等金融机构的存款流失,这部分资金从正规金融体系中抽离转而投向民间借贷市场,以追求更高的回报,导致民间金融市场中的资金供给增加。即,利率下调的货币政策导致银行等正规金融机构的贷款增加、存款较少,民间金融市场的资金需求减少、供给增加。由供求理论可知,当需求减少供给增加时,价格下降,因此民间借贷利率下降。如图4-10所示,当利率由

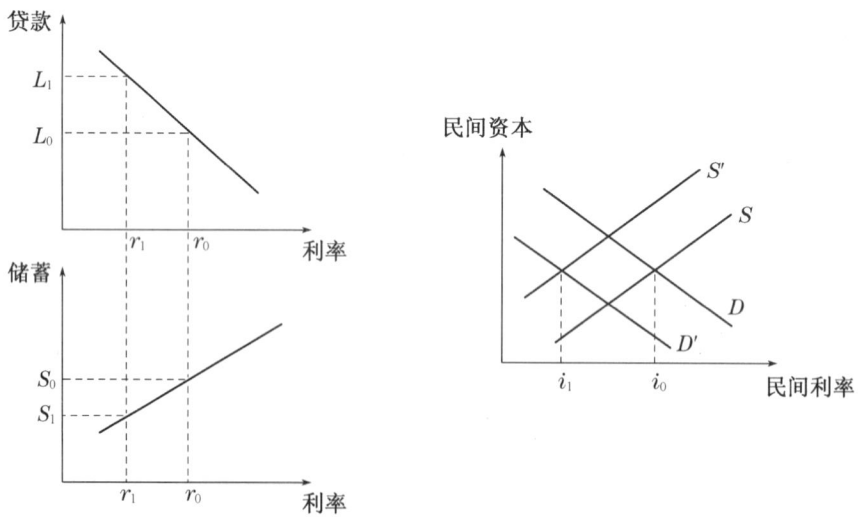

图4-10 利率下调的货币政策及其影响途径

r_0 下调至 r_1 时，银行等金融机构贷款由 L_0 上升至 L_1，同时储蓄存款由 S_0 下降为 S_1，与此同时民间金融市场中资金供给增加、需求减少，即供给曲线 S 向上移动至 S'，需求曲线 D 向下移动至 D'，因此，民间借贷利率由 i_0 下降至 i_1。

民间借贷利率的下降，降低了民间金融市场的资金回报率，这又使得民间金融市场中的一部分资金撤离，而转向安全性更高的正规金融市场，储蓄增加。因此，最终形成对民间投资的挤出效应，利率下调原本所起到的拉动民间投资和内需以刺激经济增长的效果被削弱。

当经济过热时，央行为抑制投资过热、控制通货膨胀、稳定物价水平采取利率上调的货币政策。一方面，正规金融体系利率上升，降低了民间借贷高利率回报的吸引力，原来投资于民间金融市场的部分资金综合收益与安全性的考虑转而存入银行等金融机构，导致民间金融市场的资金供给减少；另一方面，利率上升导致向银行等金融机构贷款更加艰难，一部分中小微企业或个人不得不采用民间借贷的方式进行融资，因此，民间金融市场中资金需求增加。即，利率上调的货币政策导致银行等正规金融机构的贷款减少、存款增加，民间金融市场的资金需求增加、供给减少。由供求理论可知，当需求增加供给减少时，价格上升，因此民间借贷利率上升。如图 4-11 所示，当利率由由 r_0 上调至 r_1 时，银行等金融机构贷款由 L_0 下降至 L_1，同时

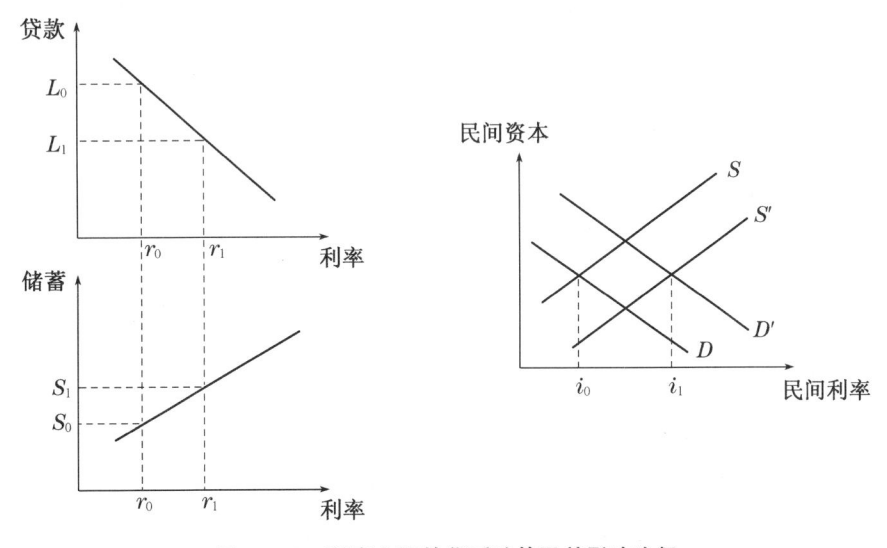

图 4-11 利率上调的货币政策及其影响途径

储蓄存款由 S_0 上升为 S_1，与此同时民间金融市场中资金需求增加、供给减少，即需求曲线 D 向上移动至 D'，供给曲线 S 向下移动至 S'，因此，民间借贷利率由 i_0 上升至 i_1。

民间借贷利率的上升，进一步增加了民间金融市场的资金回报，这又促使银行等金融机构储蓄的抽离转而投资于民间金融市场，以期获得更高回报。因此，最终导致大量的民间资本仍通过民间金融市场投资于生产、消费，从而削弱了央行上调利率以抑制经济过热的政策效果。

（二）推动社会融资成本上升

由于正规金融门槛较高，一些中小微企业很难通过银行贷款等正规金融渠道获得发展资金，只能通过民间借贷获得大规模的资金。而民间金融的利率通常高于正规金融利率，这就造成了债务人的沉重负担。一般而言，通过民间金融渠道获取资金的中小微企业，其本身财务状况就不甚乐观，或者存在严重缺陷才无法达到银行贷款的信用要求，再对其施加沉重的利息负担，将会对其发展造成严重的阻碍。

（三）风险分散范围有限

由于民间金融的范围狭小，其分散和转移风险的渠道也有限，一旦其运作的某个环节断裂，将会对整个民间金融造成致命性打击。比如，如果由于某个产业的动荡导致一些通过民间融资的企业面临破产倒闭，无力归还民间贷款，将会导致一批民间借款人或民间金融组织巨大的资产亏损，这将对当地的经济发展造成巨大的影响。

三、江苏民间金融支持经济增长的效率

（一）宏观角度分析

从宏观经济学的角度看，江苏民间金融促进经济增长的效率主要体现在能够吸收社会上的闲散资金，并将其引入资金需求大、很难通过正规金融体系融资、生产效率高的中小微企业和个人（家庭），从而起到促进生产、促进经济长期增长的作用。

1. 江苏民间金融促进社会资金配置效率的提高

社会资金配置效率包括社会资金的有效动员与金融资源的高效利用。前者是指以最低的成本促进社会资金从盈余部门流向短缺部门的能力；后者则是指将稀缺的社会资本分配给能够进行最优化生产的使用者。

资金的充分流动是实现资金最优化配置的必要条件,民间金融恰好是调节资金盈余部门和资金短缺部门之间资源流动、配置的有效方法和渠道,也是那些难以通过正规金融体系融资却急需发展资金的中小微企业的重要融资平台。在江苏民间金融市场中,资金盈余部门将资金贷出后可以获得比储蓄更高的回报,使其闲置资产以更快的速度增值;而资金短缺部门则可以融得发展资金,扩大生产,促进实体经济的发展。由此,在正规金融体系之外,资金盈余部门和资金短缺部门依托民间金融市场形成了资金配置的良性循环,促进了江苏社会资源更合理地分配,提高了配置的效率。一方面,江苏民间金融体系中的借贷行为使得社会盈余资金运作起来,加快了整个社会资源的运转速度,在杠杆作用下扩大了社会的资产;另一方面,运作起来的社会盈余资金最终流向需要发展资金的中小微企业或个人(家庭),进入实体经济部门、支持实体经济的发展,从而促进江苏的经济发展。

2. 江苏民间金融提高资本市场和金融体系的效率

首先,江苏民间金融的活跃能够促进资本市场效率的提高。市场的竞争和效率往往在很大程度上影响着经济的增长率,而长期处于垄断地位的正规金融机构运营效率低下,尤其是江苏农村资本市场存在着分散、无组织的先天性缺陷,这都对经济增长造成了不利影响。在这种背景下,民间金融机构应运而生。民间金融作为自发产生的金融中介,不仅将农村分散无组织的资本市场组织起来,还在一定程度上克服了市场中信息不对称的问题,大大提高了资本市场的效率。江苏民间金融机构的兴起适应了资本市场的需求,也弥补了正规金融机构的不足,在很大程度上提高了江苏资本市场的活跃程度和运营效率。

其次,江苏民间金融的发展有利于提高金融体系的效率。金融体系运转的最终目的是优化资源配置,实现金融效率,支持实体经济的发展。金融体系的效率在微观上影响企业层面的资本形成决策,在宏观上影响一国的经济发展。长期稳定的垄断地位,使得银行等正规金融体系运转效率低下,民间金融体系的出现和发展不仅自身促进了整个金融体系的运转,而且还给正规金融机构敲响了警钟。一方面,江苏民间金融体系弥补了正规金融服务的缺陷,对民营企业和农村金融、经济的发展做出重要贡献,尤其在江苏农村地区,民间金融为积累资本与投资提供便利,为民营中小微企业和个体经营户提供融资服务等,均体现出民间金融的效率,弥补了正规金融体系在农村地区服务的不足,提高了农村地区金融服务的广度和深度;另一方面,在民间金融的刺激下,近几年商业银行越来越重视中小微企业的金融服务项目,中小微企业的信贷规模不断扩大。

(二)微观角度分析

从微观经济学角度分析,江苏民间金融促进经济增长的效率主要通过提高民间金融机构的经营效率和发展效率实现,主要包括促进储蓄转化为投资的效率以及融资交易的效率的提高。

1. 江苏民间金融促进储蓄转化为投资的效率提高

金融活动的实质是借助各种金融中介活动进行投资,将资金从盈余部门流动到短缺部门,从而实现资源配置的优化。民间金融机构与民间金融市场的运作效率和市场利息的高低决定了储蓄向投资的转化过程。江苏经济的发展需要大量资金的支持,经济增长的速度取决于有多少资金投入到经济运行当中,而储蓄是社会投资的重要来源之一,可以说在经济发展的过程中,储蓄率的高低起着决定性的作用。储蓄向投资转化的主要渠道可以分成直接融资和间接融资,这两种渠道的效率对储蓄转化为投资的效率起着直接关键的作用,金融发展正是通过这两种融资方式影响资本形成的质量进而对经济增长产生作用。

以典型的银行存款为例,商业银行通过吸收社会上的盈余资金,并将聚集起来的资金通过贷款的形式流向需要发展资金的部门,以实现资源的合理分配。在没有民间金融活动的情况下,人们只能将盈余资金通过正规金融活动进行投资,尤其对于投资渠道匮乏的农村地区,人们唯一的投资渠道便是将剩余资金存在银行。虽然诸如银行理财产品、证券、基金、信托等正规金融体系中的投资方式也能够在一定程度上促使部分储蓄转化为投资,但由于我国金融体制尚不健全,其转化效率低下,往往造成社会盈余资金的投资无门与急需发展资金的实体经济部门融资困难。而民间金融活动的存在使得投资渠道多样性增加,其通过市场化的机制,调解储蓄主体和投资主体之间的供求余缺,促使一部分资金盈余者将其储蓄通过民间借贷等方式进行投资获益,同时由于省掉了繁琐的审批流程,资金短缺部门也可以更快地融得发展资金。因此,民间金融市场的发展与活跃,可以提高储蓄转化为投资的效率。

2. 江苏民间金融降低交易成本,提高融资交易效率

信息不对称以及严格的审核程序造成了高昂的成本,使得正规金融机构向借款人放贷时面临道德风险和逆向选择。为了避免承担道德风险和逆向选择,金融机构往往设定较高的门槛并采取信贷配给政策,导致借款人的资金需求无法得到全部满足。而急需发展资金但信贷资质不足的农户和中小微企业因此被正规金融机构拒之门外,不得不通过民间金融渠道进行融资。与正规金融活动相比,民间金融活动的交易成本则大大降低。在江苏,尤其在江苏农村地区,农户和中小微企业的信贷规模较小,相比于大额信贷,正规金融的单次交易成本往往较高。高额的交易成本使得正规金融机构不愿接纳小额信贷需求。而小额信贷对于农村经济的发展至关重要。由于民间金融是在传统型制度环境中,基于社会网络中的人缘、地缘和血缘等信任关系上发展起来的,民间金融的运作具有明显的内生性。因此,民间金融的主体——借款者与放贷者往往信息较为全面,放贷者对于借款者跟踪管理成本很低,减少了金融活动中的交易成本,能够满足社会发展对于小额信贷的需求。因此,江苏民间金融的存在一定程度上降低了融资交易成本,提高了融资交易效率。

第三节 江苏民间金融风险的种类与特征

随着民间金融规模的增加,江苏省内出现了融资借贷不规范、高利贷猖獗、非法集资案件频发等现象,民间借贷案件数量明显增多,借贷案件标的额迅猛增长,同时民间借贷主体呈现多样化的趋势,高息现象普遍,P2P等网络借贷新形式高速扩容,民间借贷纠纷经常出现,民间借贷虚假诉讼比例较高、关联案件增多,民间借贷主体出现"跑路"等现象。江苏民间金融风险逐渐暴露,且可通过多种渠道传播。对民间金融的风险进行分类是识别、估测、研究各种类型民间金融风险的前提。

一、江苏民间金融风险的种类

江苏民间金融风险主要有以下几种:

(1) 信用风险。信用风险是指由于借款人不能履行契约中规定的义务而给交易对手造成经济损失的风险,是金融市场上最为普遍的一种风险类

型。在经济扩张时期,企业较强的盈利能力使得民间金融市场上违约概率减小,信用风险降低;而经济紧缩时期,民营企业的盈利能力普遍恶化,违约概率增大,从而导致信用风险上升。正规金融机构由于具有严格的风险控制机制和较强的风险分散能力,可以将信用风险控制在很小的范围之内;而民间金融在借贷金额、范围越过一定程度之后,原有的基于地缘、亲缘、业缘的非强制性约束机制的作用力就会减弱,再加上市场不规范行为的普遍存在,民间金融往往会面临相对更高的信用风险。

(2) 利率风险。民间金融市场上的利率风险,是指由于民间借贷利率水平过高、浮动较大而引发的民间金融市场危机与随之而来的一系列经济社会问题。由于基本不受监管,民间金融的利率水平主要由市场决定。近几年来,江苏民间金融市场的年利率普遍在30%～40%,远高于正规金融机构的贷款利率。民间金融利率水平过高,一方面是由于民间金融市场具有地域性和分割性的特点,无法在大范围形成一个统一的市场,利率只能由较小地域内的资金供求状况决定,这就使得资金需求旺盛的包括江苏在内的东部沿海省份呈现出贷方垄断、利率高企的情况。从另一方面来看,民间金融的高利率也是对其所面临的较高的政策风险、法律风险和机会成本的一种补偿。从资金用途上看,目前民营企业从民间金融市场借入资金主要仍用于企业的日常生产经营活动,而近年来江苏的GDP增长率由金融危机前的14.9%逐步回落至2012年的10.1%,投资实体经济的利润率远远无法达到民间金融市场所要求的报酬率,这极易引发民营中小微企业的集体债务危机。由于实体经济无法承担高额的利息费用继而出现违约,而民间金融组织往往缺乏良好的风险控制机制,这便会引发民间金融市场上普遍的资金链断裂,造成市场危机的爆发,并对当地的经济发展和社会稳定产生较大的影响。

(3) 道德风险。道德风险,主要是指借款人将资金用于合同规定之外的用途,使得贷款人面临的风险加大的一种自利行为。当借款人将资金用于合同约定用途却无法获得高回报时,为了偿还贷款或获得超额利润,部分借款人会将资金投向合同规定以外的高风险高收益的项目,一旦投资失败,借款人便会陷入资金链断裂的境地,无法偿还本息。就资金供给者而言,由于单笔借款金额较少,借款较为分散,对借款者进行监督的单位成本较高,这就造成了民间借贷市场上贷款者监督的缺失,从而使得道德风险产生的概率增大。此外,非法集资等信用欺诈行为也是道德风险的重要表现之一,这种道德风险对民间金融市场参与者造成的损失是极为巨大的,并极有可能引发社会危机。

(4) 经营风险。民间金融中的经营风险是指民间金融组织的决策人员和管理人员在经营管理的过程中出现失误从而对组织的盈利性与持续经营产生不利影响。民间金融组织内部制度的不健全、管理者专业知识的匮乏、经营管理手段的落后是构成经营风险的重要因素,并普遍存在于各类民间金融组织之间。经营风险加剧了民间金融组织的不稳定性,甚至会引发民间金融组织的破产和倒闭,这对民间金融市场产生的负面影响是难以估量的。

(5) 政策与法律风险。国家对待民间金融态度的模糊性和相关政策的不确定性是民间金融政策与法律风险产生的重要原因。我国法律始终没有明确承认民间金融的合法地位,当民间金融出现纠纷时,双方的权利都无法得到法律的有效保护。一些游走于法律边缘的集资案件,甚至会被判以金融管理秩序罪或者金融诈骗罪,受到《刑法》的严厉制裁,各类民间金融组织也面临着随时被司法部门起诉、取缔的风险,从而造成了民间金融生存环境的恶化。此外,目前对于民间金融的监管仍以不确定性较大的行政命令为主,缺乏稳定、细致、完整的法律体系,民间金融在发展的过程中面临的政策风险与法律风险依然不容小觑。

二、江苏民间金融风险的特征

1. 民间金融风险隐蔽性高,难以预防与控制

民间金融组织经营的透明度普遍较差,许多金融活动更是深入地下,监管机构难以及时获得真实、准确的民间金融风险信息。由于少受或基本不受监管,民间金融的风险就可以被源源不断地通过创造新的信用来掩盖,从而长时间地隐蔽于地下而不被察觉。民间金融风险极强的隐蔽性使得监管当局难以对其实施有效的预防与控制,因此当风险暴露时,政府往往只能采取临时性的行政命令来干预市场,缺乏系统的应对措施。

2. 民间金融风险具有易发性

由于民间金融市场上的借款者多为经济实力较弱的企业或个人,这类群体的风险承受能力较弱,在宏观经济形势面临剧烈波动时更容易受到影

响而失去偿还贷款本息的能力,引发系统性的违约风险。作为民间金融市场上的主要贷款者,民间金融组织由于自身资金实力有限和风险控制制度的不健全,往往难以抵御系统性违约风险的冲击。因此相对于正规金融来说,民间金融风险具有显著的易发性。

3. 民间金融风险具有区域性,且难以转移与消化

民间金融的市场地域性强,更容易受所在区域内的经济形势与政府行为的影响,因而风险形成的原因具有区域性。而由于民间金融的各个市场较为分散,不同市场之间的联系比较松散,因此个别民间金融市场风险的爆发一般不会向其他市场扩散,产生的影响也仅仅局限于所在区域,波及范围较小。民间金融风险的区域性表明了风险的爆发易受系统性因素的影响,而民间金融组织自身风险控制能力的薄弱更是造成了在风险集中爆发时,民间金融组织难以通过资产剥离、保险、提前提取存款准备金的方式来转移与消化风险。相较于正规金融机构,民间金融组织在风险爆发面临挤兑时缺乏央行作为最后贷款人提供信用支持,只能自己消化风险,承担损失。

4. 民间金融风险具有传染性与扩散性

由于民间金融市场的参与主体之间私人关系紧密、地域高度集中、对金融市场的认知水平相对较低,在某一民间金融组织爆发风险时,市场参与者往往会夸大风险产生的破坏性,并更容易引发羊群效应,在市场上造成恐慌情绪的迅速蔓延,从而使得整个市场陷入流动性危机。此外,现阶段民间金融机构与正规金融机构客户群的交叉性很强,民间金融风险的爆发也极有可能导致相关客户群对正规金融机构的违约,从而将风险传染与扩散到该区域的正规金融市场,并影响当地实体经济的发展。

第五章 民间金融风险评价与演化

民间金融的风险影响着整个金融市场的发展和实体经济的运行,也会干扰国家宏观经济政策的实施。对民间金融市场的发展进行深入分析,对其风险的研究评价,关系全国社会经济的平稳发展。本部分主要从民间金融风险的形成机制,民间金融风险的传染机制与演化路径以及民间金融风险评价几个方面,对民间金融风险进行评价和研究。

第一节 民间金融风险的形成机制[①]

鉴于民间金融市场中存在自身体系的脆弱性和市场失灵问题,单纯依靠其自身所拥有的信息"软约束"优势和市场自我调节作用不仅无法实现民间金融的规范发展,而且不利于民间金融市场的深化,同时使整个金融领域蕴藏巨大风险。作为一种自发形成的民间信用,民间金融的风险在其快速发展的过程中逐渐积累,如果缺乏有效的控制,民间金融风险的积累可能对整个社会经济发展产生巨大的冲击。近年来,全国民间借贷诉讼案件数量激增,个别小贷公司严重亏损,网贷平台发生跑路和出现问题的数量也与日俱增。以江苏为例,仅 2015 年 1 月至 7 月,全省新收和审结民间借贷案件 80 320 件和 66 348 件,与 2014 年同期相比分别上升 4.63% 和 1.92%,标的总额已达 3 188 351 万元,与 2014 年同期相比上升 12.81%,全省民间借贷案件平均每件标的额达 48.05 万元,最高标的额达 3 亿元多。截至 2015 年 12 月累计发生问题的平台数目为 77 家,占全国的 58.33%,比重相对较大。因此,有必要对江苏民间金融风险的形成进行深入剖析,进而研究全国民间金融风险的形成机制。

---

① 方先明,孙利,吴越洋.江苏民间金融风险及其形成机理.河海大学学报(哲学社会科学版),2014,(3):55-62.

一、民间金融风险形成的外部因素

(一) 政府的金融垄断与正规金融的挤压

一方面,自改革开放以来,我国的民营经济得到了飞速发展。然而与此同时,由于政府对金融制度的垄断,金融抑制现象普遍存在于我国的金融体系中。政府设定的低利率使得正规金融机构在贷款时只能选择风险较低的项目,而民营经济体系中的大多中小微企业一般都存在着高风险、高收益的特点,往往无法得到正规金融机构的贷款,由此产生了正规金融缺位的问题。作为一种内生性的制度安排,民间金融的出现在很大程度上解决了这一问题。然而,为了维持金融垄断和防范潜在的风险,政府往往对民间金融采取打压和排挤的政策,使得民间金融活动不得不转入地下,长期难以得到组织化、规范化的发展。与此同时,民间金融常常游走于法律边缘,缺乏必要的法律保障,甚至会面临民事乃至刑事处罚的风险。因此民间金融市场的资金供给方往往要求一个更高的利率作为风险溢价,这增加了资金使用者的还款成本和违约概率,进一步提高了民间金融的风险。近年来,虽然政府对民间金融的态度有所转变,但是民间金融活动仍然处在我国金融体系中的灰色地带,上述风险形成的原因在短期内将仍然存在。

另一方面,在各级政府的政策支持下,农商行、村镇银行等正规金融机构的规模不断扩大,呈现出逐步归位的态势。正规金融市场边界的扩大,使得原先在农村金融市场上占主体地位的民间金融市场的规模受到了一定程度的挤压。正规金融机构对贷款人信用状况的要求较高、对贷款项目的盈利状况和资金用途审查较为严格、贷款利率较低,因此原本民间金融市场上的许多违约概率较低的优质客户纷纷转向正规金融市场。政府支持下正规金融的挤压降低了民间金融市场的平均贷款质量,增加了平均风险水平,是民间金融风险形成的另一个重要的制度性原因。

(二) 宏观经济政策的调整

2008年以来相继爆发的全球金融危机和欧债危机,使得许多企业产品的出口受到严重冲击,这些出口型中小微企业大多处于低端产业链,缺乏竞争力,因而经营业绩下滑,甚至面临破产倒闭的风险。2009年政府出台了一系列刺激经济的宏观调控政策,将资金主要投向基础设施建设、国有企业和房地产市场,民营中小微企业几乎没有得到任何实惠;另一方面,伴随着经济刺激政策,货币的大量投放带来了通货膨胀率的不断走高,原材料价格和劳动力价格快速上涨,民营企业在增长乏力的同时越来越难以负担高额的生产成本。此外,人民币的不断升值使得许多民营企业的出口进一步下挫,生产经营状况更加恶化。此前经济繁荣时期基于高额回报率预期而产生的大量高利率、高风险贷款面临着违约的风险。

面对居民消费价格指数的不断上涨和严重的房地产泡沫,国家不得不于2010年调整宏观调控政策,紧缩银根。宏观调控政策的转向加大了民营企业从银行获得贷款的难度,只能转向民间金融市场进行借贷,正规金融市场上的信贷紧缩由此蔓延至民间金融市场。与此同时,面对民营企业生存环境的恶化,银行为了防止出现大量坏账呆账而加速回收贷款,许多生产经营陷入困境的民营企业为了保持信誉不得不从民间金融市场借入高利贷来偿还银行贷款。这些因素共同造成了民间金融市场资金的供不应求,进一步推高了民间金融市场的借贷利率。利率的畸高使得民间金融市场的交易活动空前活跃,加剧了民间金融市场的不稳定性。

中国银监会发布的《关于2015年小微企业金融服务工作的指导意见》从增速、户数、申贷获得率三个维度考察小微企业贷款增长情况,努力实现银行业小微企业金融服务机构的贷款增速不低于各项贷款平均增速、小微企业贷款户数不低于上年同期数、小微企业申贷获得率不低于上年同期水平,从而有效拓宽了中小微企业从银行业等正规金融机构获得资金的渠道,对民间金融的发展产生一定影响。

(三) 游资的冲击

近几年来,城乡居民人均收入大幅提高,民间积聚了大量资本。受到资本逐利性的驱使,这些闲置的民间游资在不同的市场上快速、隐秘而无序地流动,追求快速盈利,具有极强的投机性,对所涉市场均产生了巨大的冲击。在金融危机爆发之前,股市、房地产和矿山投资是民间资本投资的传统渠道。金融危机爆发后,股市持续低迷,民间游资纷纷撤离;房地产市场由于受到连续的调控政策的影响,大量游资观望不前;山西煤矿的国有化整合重组也阻碍了民间游资的获利渠道。在这种情况下,民间资本急需寻找新的高额利润来源。然而,实体经济内有着巨额利润的公路、铁路、能源等基础设施行业仍由国家垄断,民间资本无法进入。投资渠道的匮乏使得大量民间资本最终转向民间金融市场,投机短期高利贷逐利。民间借贷丰厚的利润还吸引了大量跟风而来的储蓄资金、实体经济资金和境外炒作资金。这些游资一般都具有短期性、投机性、不稳定性和脆弱性等特点,是民间金融风险的重要来源。

二、民间金融风险产生的内在机制

(一)信息优势的弱化

在民间金融市场上,依靠"熟人社会"的私人信用,贷款人可以通过地缘、亲缘、业缘等充分了解借款人的生产经营信息和经济信用状况,借款人为了在市场上保持良好的声誉也会尽力偿还贷款,因而违约概率较小,这有效地解决了贷款供给方与需求方的信息不对称问题,是民间金融相较于正规金融的优势所在。但是随着近年来民间金融市场规模的扩大和利率的提高,民间借贷逐渐突破了"熟人社会"的范围,借贷双方获取对方私人信息的成本和难度大幅增加。同时,面对高利率的诱惑,许多贷款人便不再将借款人的信用状况作为放款的首要条件,开始向不熟悉的借款人盲目放贷。民间金融信息优势的弱化,加剧了市场的投机性,造成了整个市场风险水平的提升。

(二)制度不健全

第一,民间金融的组织形式不够健全。民间金融组织大多没有专门的办公场所和管理人员,且未在当地工商部门注册,这种不健全的组织形式在初期起到了一定的节约营运成本的作用,是民间金融相对于正规金融的一个优势所在。然而,近年来随着民间金融组织规模的不断扩大,组织形式的不健全会抑制民间金融的进一步发展,并给民间金融带来巨大的风险。民间金融市场在扩大的同时,带来了交易主体数量的增加和借贷双方了解程度的减少,"熟人社会"的信用约束机制对借款人的约束逐渐减弱。当借款人无力偿还贷款本息时,就会利用民间金融组织形式不健全、缺乏法律保障的漏洞,通过逃跑的方式来避免偿还债务。而民间金融组织在自身经营出现问题时,也会倾向于通过卷款潜逃来躲避责任与债务纠纷,严重损害了民间金融市场上资金供给者的利益,甚至会导致该地区民间借贷危机的全面爆发。

第二,民间金融组织缺乏有效的内部管理。首先,许多组织形式较高的民间金融组织如小额贷款公司、典当行和私人钱庄等大多缺乏有效的内控机制,公司治理结构不健全,产权混淆不清,股东大会形同虚设,很容易产生所有者缺位和内部人控制的问题。内部人控制常常会使民间金融组织的管理偏离所有者目标,产生亏损,继而引发风险。其次,民间金融组织的管理模式大多属于家长制,组织的经营方针与政策完全由家长决定。在这种模式下,随着组织规模的扩大,由于组织内部缺乏对管理者的有效监督与制约,很容易使得组织的经营管理呈现出随意性、经验性的特征,从而造成决策失误、产生风险。最后,民间金融组织普遍缺乏科学的风险控制机制。民间金融组织大多不重视信贷结构的控制,对信贷资金投向的审查也较为随意,面对可能发生的风险只能通过提高利率来解决,不具有正规金融机构所具有的准备金制度或者保险等其他分散风险的渠道,风险很容易由此形成并积聚。

第三,民间金融市场存在着监管缺失。由于国家对金融制度的垄断,大部分民间金融的组织形式都游离于国家监管体系之外。而少部分被纳入到国家监管体系内的民间金融组织如小额贷款公司、典当行等则存在着监管部门频繁变动、责任模糊不清、监管规则不具有法律约束力等问题。监管的缺失使得政府和相关机构难以掌握民间金融的规模和运行情况,民间金融体系内的风险形成后往往无法得到引导与分散,从而积聚并最终爆发出来,对民间金融的发展和整个社会金融体系产生极其严重的影响。

(三) 市场不规范

第一,民间金融市场的交易程序不规范。民间金融作为一种非正式的制度安排,交易大多是建立在双方相互信任的基础上。民间借贷的双方往往通过口头约定或者形式较为随意的借条达成借贷协议,对借款者的抵押物和信用担保要求较低甚至不作要求,而收款也仅仅是通过道德舆论手段对借款人进行约束,没有正规金融交易所具有的法律强制力,风险较大。当借款人无法偿还借款或有意违约时,资金追偿由于缺乏抵押、担保与合同的法律保障会变得非常困难,贷款人只能自己承担损失。

第二,民间金融市场的利率制度不够规范。民间金融的利率完全由市场控制,缺少管制,在市场失灵时会由于跟风和炒作而无限制地上扬。面对超高的收益率,人们往往会不顾其背后隐藏的高风险而盲目跟风,造成民间金融市场投机盛行和规模的过度膨胀。高利率加重了资金真实需求者的负担,使得依靠日常生产经营来偿还贷款成为几乎不可能的任务,从而加大了市场上的违约风险并最终导致了高利贷的崩盘,给资金供给者造成了巨额的损失,引发市场混乱和社会的不稳定。

第三,相当数量的违法违规经营活动仍旧存在。违法违规的经营活动是民间金融市场不规范的一个重要表现,其中最具代表性的是非法集资。由于民间金融市场的参与主体文化水平整体不高,法律意识较为淡薄,对有关金融交易、风险的法律法规知之甚少,诈骗者往往会抓住资金供给者的上述弱点和强烈的投资需求,通过多种手段非法集资,实施金融诈骗,给民间金融市场的参与者造成巨大的损失。此外,由于缺乏法律意识,面对纠纷时小部分民间金融市场主体倾向于通过暴力恐吓等极端方式追债以期解决问题。这些违法违规的不规范行为的存在,是导致当前民间金融市场风险产生的不可忽视的重要原因之一。

第二节 民间金融风险传染渠道与演化路径[①]

金融风险存在着扩散效应和传染效应。在正规金融体系中,当某一银行金融机构出现流动性危机时,由于金融机构之间存在着密切而复杂的联系,加上信息不对称导致存款人无法判断自己存款的银行经营是否良好,使得挤兑现象同时在好银行与坏银行发生,风险由此扩散至整个银行体系。同样地,民间金融风险也存在着扩散效应和传染效应。对民间金融风险的传染渠道进行探究,厘清民间金融风险的传染路径,对建立民间金融风险的预警与控制机制具有重大意义。

一、民间金融风险的传染渠道

风险总是经过一系列的传染、积累和演化而最终显现和爆发,民间金融风险亦是如此。如图 5-1 所示,民间金融风险借助利率差异渠道、金融要素交叉流动渠道、信息交叉传播渠道等在民间金融市场中迅速传播,并传染到整个正规金融市场和实体经济。

---

① 方先明,孙利. 民间金融风险:形成、传染与演化. 中央财经大学学报,2015,(7):28-34.

```
                    ┌─────────────┐
                    │ 民间金融风险 │
                    └──────┬──────┘
        ┌──────────────────┼──────────────────┐
        ▼                  ▼                  ▼
  渠道1:利率差异    渠道2:金融要素交叉流动   渠道3:信息交叉传播
   ┌──┬──┬──┐         ┌────┬────┐          ┌────┬────┐
   │绝│利│利│         │交易│交易│          │信息│信息│
   │对│率│率│         │对象│主体│          │不对│传播│
   │利│波│市│         │交叉│交叉│          │称  │的扭│
   │率│动│场│         │流动│流动│          │    │曲  │
   │水│性│的│
   │平│的│平│
   │的│差│衡│
   │差│异│易│
   │异│  │破│
   │  │  │坏│
```

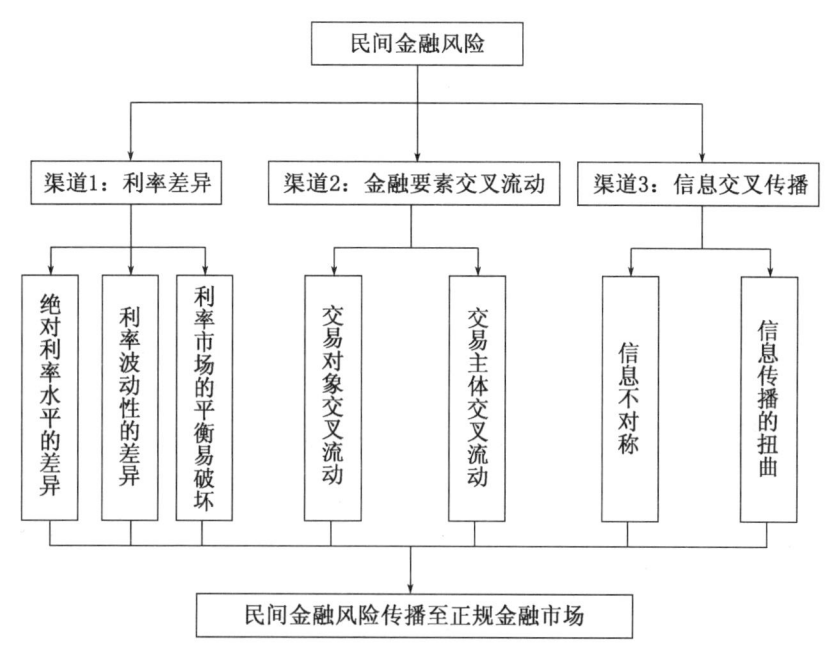

图 5-1 民间金融风险传染渠道示意图

（一）利率差异渠道

资金的时间价值通过利率来体现。利率差异是指民间金融市场利率与正规金融市场利率之间的差异，又包括绝对利率水平的差异和利率波动性的差异。所谓民间金融风险的利率差异传染渠道是指，民间金融市场中的既有风险通过利率差异这一渠道，在相互关联的主体及市场中引发的扩散与传染效应，并传递到其他经济主体和正规金融市场中。

1. 绝对利率水平的差异

总体上看，民间金融市场利率分为三种：零利率、低利率和高利率。零利率和低利率主要表现为"朋友圈"中的短期借贷，随着民间资本跨区域流动日益频繁，零利率和低利率借贷在民间借贷中所占比例不断减少，高利率借贷成为民间借贷的主流。相对于民间借贷利率，正规金融市场利率较低，一部分市场参与者则利用两个市场中绝对利率水平的差异进行套利，以较低的利率从正规金融市场借贷，转而以高利率贷给真正需要资金却由于信用资质较弱无法从正规金融机构融得资金的中小微企业或个人。这使得在发展过程中真正急需资金的经济主体只能以更高的利率融资，增加了债务负担和发展成本,一旦其难以支付民间借贷的高额利息,就会产生违约现象,而这种违约风险会对借出资金的正规金融机构造成冲击。由此,民间金融风险向正规金融市场传染。

2. 利率波动性的差异

民间金融市场中畸高的回报率对以逐利为目标的资本具有极大的吸引力,由此导致利率相对较低的正规金融体系中大量储蓄抽离,转而投资于民间金融市场以谋求更高的回报。然而从江苏的调研发现,不同于正规金融市场的利率相对稳定,江苏民间金融市场利率波动性较大:首先是波动范围较大,小贷公司的贷款利率为12%~18%不等,民间借贷的利率为20%~60%不等;其次是由于对借款人缺乏有效的信用鉴别机制,江苏民间金融市场中的放贷人对借款人的信用考察具有一定的主观性和随意性,这就导致借贷利率的设定具有较大的随意性和波动性。江苏民间金融市场利率波动较大,使得民间金融市场中风险承受能力相对较低的资金盈余者将资金转投向正规金融市场,随着金融制度和工具的创新,资金在民间金融市场与正规金融市场间流转的渠道逐渐增多,由此导致央行和金融监管部门无法准确把握整个市场的资金供求情况。正规金融市场的存贷款利率是央行根据市场真实的资金供求和经济发展的需要而确定的。当央行无法准确把握市场的资金供求时,也就无法合理地制定基准利率,这又会导致正规金融市场和实体经济融资成本波动增大。由此,使得民间金融风险向正规金融市场和实体经济传染。

3. 利率市场的平衡易破坏

民间金融利率的影响因素复杂多样,包括机会成本、交易成本、风险成本构成的供给因素,也包括需求方信用和需求偏好等需求因素,还包括正规金融的信贷资金供给、寻租成本、利率政策、信贷结构等影响因素,随着社会公众信用意识日益提高、区域金融生态优化和民间金融市场竞争的加剧,利率的影响因素还会越来越多。具体地,民间金融利率对市场变化具有惊人的敏感度,可以快速反映资金供求状况。当市场上资金需求扩大时,民间金融利率往往快速上升,在利率机制驱动下,社会资金供给大量转向民间金融市场,导致民间金融量价齐升,加剧了金融"脱媒"现象。当市场的资金供求不能被准确预测时,制定的基准利率也就不再合理,继而利率市场的平衡会被打破。

在我国利率市场化尚未完成的大背景下,民间金融市场中存在着利率风险,同时也给正规金融市场造成利率不稳定的风险。如果民间金融市场处于稳定发展状态,民间借贷利率维持在某一较高水平不变,或者其变化是规律的、可把握的,那么民间金融市场畸高利率所引发的正规金融储蓄的流失也就可以预测。将可预测的储蓄流失作为确定基准利率时所考虑的影响因素之一,纳入银行存贷款基准利率的决策过程,则可以排除或部分抵消其对利率市场平衡的破坏,将其对整个金融市场的危害降到最低。然而,如果民间金融市场的发展状况难以把握,民间金融风险是无规律、难以预测的,那么民间金融市场将不受控制地影响着利率市场的平衡与稳定。

(二) 金融要素交叉流动渠道

金融要素主要包括交易对象、交易主体、交易媒介和交易价格,民间金融要素亦如此。民间金融风险的金融要素交叉流动传染渠道是指,民间金融市场与正规金融市场的金融要素存在着交叉,且金融要素是动态流动的,导致两个市场中资金、信息及交易行为的交叉,从而将民间金融市场的风险传染到正规金融市场。

1. 交易对象交叉流动

民间金融市场的交易对象是社会资本。民间金融风险通过社会资本的交叉流动进行传染与扩散主要体现在两个方面。第一,交易主体与资本流动范围的扩大使得民间金融风险交叉传染。在民间金融发展初期,民间资金的流动范围较为狭窄,在主体范围上主要集中于熟人圈层,在地理范围上主要集中于各县域范围内,其风险传染的范围也就较小,对整个民间金融市场的危害有限。然而,随着民间金融市场的发展,民间资金的流动范围不断扩大,跨区域流动的规模和频率都呈现出显著上升的趋势,一个风险点会随着资金流动的方向传染至整个民间金融市场。第二,金融要素借助实体经济在江苏民间金融市场与正规金融市场之间的流转使得民间金融风险向正规金融体系渗透。首先是资本在民间金融市场与实体经济之间交叉流动。一方面,处于发展初期的中小微企业通常从民间金融市场融资,高额的民间借贷利率使得企业融资成本增大;另一方面,为追求高额回报率,部分企业资金逐渐脱离实体经济进入民间金融市场炒作,由此形成了民间金融市场与实体经济之间相互流动的资金链条,一旦民间金融风险爆发,风险将通过资金的相互流动传染至实体经济。其次是资本在正规金融市场与民间金融市场之间交叉流动。一方面,一部分信用较好的企业(个人)出于熟人关系或逐利目的将从银行获得的贷款以民间借贷的形式转借给其他信用较差的企业(个人),由此形成了正规金融市场到民间金融市场的资金流动链条,民间金融风险则由此链条逆向传导至正规金融市场。另一方面,民间金融市场中不乏通过违法犯罪活动获得的资金,如非法集资,这部分民间资金往往会通过某种途径进入正规金融体系进行"洗钱",由此形成了民间金融市场到正规金融市场的资金流动链条,也是民间金融风险的传染链条。

2. 交易主体交叉流动

民间金融市场的交易主体,即民间金融市场的参与者,主要包括参与民间金融活动的企业、个人、金融组织以及中介机构等。民间金融风险通过交易主体交叉流动进行传染主要体现在以下几个方面:第一,民间金融市场和正规金融市场往往存在共同的交易主体,比如一个企业同时通过正规金融市场(银行贷款)和民间金融市场(民间借贷)进行融资,虽然银行在贷款审核过程中对存在民间借贷行为的企业避而远之,但由于信息不对称,加之企业故意隐瞒,银行并不能完全避免此类行为。一旦该企业无力承受民间借贷的高额成本或民间借贷的资金链断裂,导致其无法偿还银行贷款,民间金融风险由此传染到正规金融市场。如果该企业从事的是实体经济生产活动,则民间金融风险还将传染到实体经济。第二,市场中存在着大量企业与企业、企业与个人、个人与个人之间的相互担保,而在这些相互担保的市场参与者中,有的违约风险低,其主要融资来源为正规金融市场;有的违约风险高,其主要融资来源为民间金融市场,直接或间接的担保关系使得正规金融市场和民间金融市场中的信用链条交织在一起,一旦其中某一环节出现违约,该风险将通过此链条传染开来。

(三)信息交叉传播渠道

民间金融风险的信息交叉传播渠道主要是指民间金融市场中的既有风险由于信息不对称以及信息传播过程中被扭曲等得以扩散和放大,并传染至正规金融市场和实体经济。

1. 信息不对称

随着民间金融的发展,民间金融活动的范围逐渐扩大,民间资本跨区域流动的规模和频率不断增加,信息不对称的问题也随之产生和深化。一方面,由于民间金融市场交易手续简单,缺乏严格的信息审查与风险评估,没有强有力的手段要求借款人公开其生产经营或资产状况,容易产生逆向选择问题。部分风险较大的经济主体或以骗取资金为目的的参与者,很难在正规金融市场中突破层层审查获得贷款,却很容易在民间金融市场中隐瞒真实情况,通过借贷在短期内聚集大量资金。这部分经济主体的违约风险,则通过信息不对称渠道在民间金融市场中传染开来。另一方面,由于信息不对称,正规金融机构无法深入了解借款人的全部信息,部分民间金融市场的参与者为了减少融资成本隐瞒自己的民间借贷行为向正规金融机构贷款,甚至部分参与者通过正规金融机构对从民间非法所得资金进行"洗钱",民间金融风险由此向正规金融市场传染。

2. 信息传播的扭曲

在正规金融市场中,信息的传播渠道广泛、层次多样,加上政府支持的因素,正规金融体系的信息传播渠道容易得到市场参与主体,尤其是处于信息传播末端的居民个人的信任。不同于正规金融市场,在民间金融市场中,由于缺乏主流媒体的传播渠道,信息的传播渠道较为狭窄,大多通过民间金融市场主体的口头或非正式条约进行传播。由于缺乏严格的信息筛选、审查与监管制度,在传播过程中难免出现信息的遗漏、有意或无意的扭曲,误导其他民间金融市场参与主体做出错误决定。有研究表明,在具有高度不确定性的情况下,与书面媒体相比,消费者更偏好口头媒体。然而,口头媒体的严重弊端在于:信息在传播的过程中容易被放大、扭曲,导致参与主体无法获知市场的真实情况,使得民间金融风险进一步被扩散和放大。例如,当民间金融市场中出现资金链断裂、"跑路"时,信息会在市场参与主体之间快速地、或被放大或被扭曲地传播开来,导致民间金融市场参与者的心理恐慌,贷款方急于抽回资金导致更大规模的资金链断裂,风险急剧扩散,并通过信息的交叉传播、金融要素的交叉流动以及利率差异渠道传染至正规金融市场和实体经济。

二、民间金融风险的演化路径

民间金融风险的形成不仅仅是民间金融自身因素发生作用的结果,民间金融风险总是经过一系列的传染、累积和演化而最终显现和爆发。厘清民间金融风险的演化路径,有利于在风险演化的过程中危害尚不严重时对其加以控制,对于防止风险的集中爆发引发金融危机具有重要意义。通常,民间金融风险从产生到大规模爆发要经历三个演化过程：首先风险在民间金融市场中不断累积；当风险累积到民间金融市场无法消化时，向正规金融市场和实体经济传染和渗透；当市场最终无法控制风险时才会爆发大规模的金融危机。

（一）演化第一阶段：民间金融风险的累积效应

自发形成的民间金融，作为正规金融体系的补充，已渗透至社会经济的方方面面，并对社会经济的发展起着重要的支持作用，特别是在解决中小微企业融资难问题方面，具有比较优势。然而，资本市场本身就蕴含巨大的金融风险，在缺少完备监管机制的金融市场中，在资本追逐利润的过程中这一风险必然会被放大。长期游离于监管体系之外的特性，必然导致民间金融风险得不到及时发现和抑制，从而产生风险累积效应。民间金融风险的累积又必然导致民间利率的逐渐提高以补偿越来越高的潜在风险成本，致使民间金融风险以指数型速度快速集聚。具体说就是，在自发的民间信用体系下，民间金融市场的资源是有限的，运行机制不完善的民间金融市场只能通过提高利率来补偿民间金融市场参与者所承担的逐渐积累的风险。而有限的民间资本决定了不可能通过无限制地抬高利率来抵消风险累积，当民间金融风险积累到一定程度，更高的民间金融利率也无法吸引民间资本的投入时，资金链断裂，从而造成大规模民间金融风险的爆发。

在江苏民间金融市场中，由于南北经济发展的不平衡，各地的社会平均利润率差异很大，导致各地的民间金融利率水平差异很大。此外，由于民间金融活动范围较小，借贷双方熟悉程度的不同也是导致不同层次的民间金融利率并存的主要原因。整体而言，江苏民间金融利率的主要趋势是：零利率民间借贷占比降低，利率水平呈上升趋势。鉴于利率风险是民间金融市场所面临的主要风险，民间金融利率的上升趋势体现了江苏民间金融风险正不断累积。

（二）演化第二阶段：民间金融风险向正规金融和实体经济渗透

由于受到国内外宏观经济金融形势变化的影响，我国经济金融市场资金面总体趋紧，信贷规模受限。虽然我国政府宣布实行稳健的货币政策，但在实际执行中，市场感受到的是稳中偏紧。由此导致部分实体经济，尤其是中小微企业的资金链条趋紧，民间融资活跃、高利贷盛行。以银行业为例，民间金融风险通过各种方式和渠道向正规金融体系扩散、渗透，具体表现为:第一,部分中小微企业或个人凭借自身较好的信誉通过贷款、票据、信用卡套现等方式从银行以较低利息获取资金后,再以较高的利息在民间金融市场中转贷给更需要资金而不满足银行信贷条件的中小微企业或个人;第二,一些银行内部人员利用监管漏洞或滥用权势,直接或间接充当中间人参与民间借贷活动;第三,担保公司、投资公司等金融机构一方面与银行等正规金融机构资金来往密切,另一方面又超越经营范围违规从事民间借贷中介活动,甚至直接对民间金融市场放贷以谋取更高利润,从而危及与之合作的银行的资金安全;第四,一些以银行作为融资平台的民间借贷者,利用银行在某些业务环节的内控缺陷,企图将借贷纠纷导致的损失转嫁于银行。

随着民间金融市场的发展,民间金融的活动范围逐渐扩大,加上影子银行体系使得民间金融与正规金融活动相互交叉,正规金融体系与非正规金融体系的活动界限逐渐模糊。银行等正规金融机构通过业务创新与民间金融组织合作,由此将触角向民间金融市场延伸,扩大其市场占有率以谋取更高的利润。以银行业为例,正规金融机构参与民间金融市场的方式如图5-2所示。

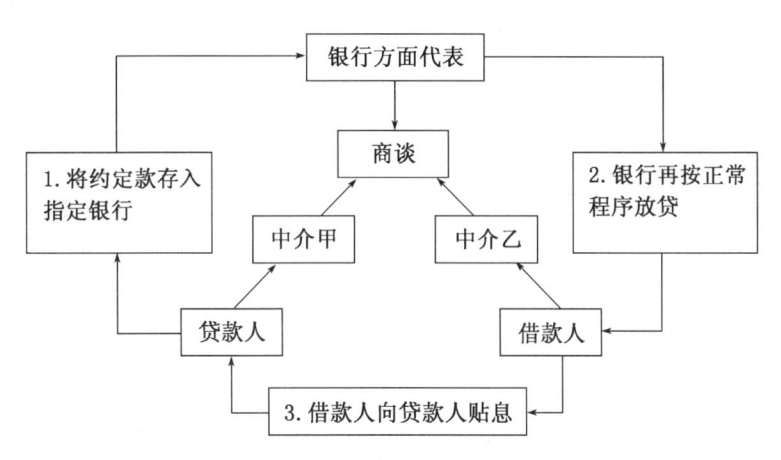

图5-2 银行业参与民间金融业务的方式

银行与民间金融市场中的贷款人达成协议,这些贷款人往往不是进行小额放贷的散户而是专门从事民间金融活动的小额贷款公司、租赁公司、典当行等。贷款人将约定的资金存入银行,银行再按正常放贷程序进行放贷,借款人向贷款人贴息。这样,最终高额的利息负担由借款人承担,民间金融市场中的贷款人和银行则从中获利。由此,形成了银行、民间放贷组织、借款人环环相扣的民间资金循环模式。虽然银行以这种方式参与民间金融活动获得更高的收益,但也增加了其风险。一旦借款人的经营出现问题,无法承担高额利息甚至无法归还本金,其风险也通过这一资金循环渠道渗透至银行体系。银行是正规金融体系中最核心的组成部分,与其他金融机构资金来往密切,民间金融风险由此渗透到其他金融机构,从而危及整个正规金融体系。

(三)演化第三阶段:金融风险引发金融危机

金融风险是指金融活动中的不确定性,其可能带来收益,也可能导致损失。金融危机不同于金融风险,其往往随着金融风险的集中爆发,导致全局性的金融瘫痪,给社会经济造成严重损失。金融风险是金融体系的内在属性,只要对其进行合理地预防与控制就不会引发金融危机。鉴于此,民间金融风险是否会引发民间金融危机,并通过向正规金融体系渗透引发大规模的金融危机,主要取决于以下因素:第一,民间金融市场的风险承受度。改革开放以来,经济的快速发展使得民间资本大量积累,加上民营经济作为支撑,目前民间金融市场的风险承受能力可以避免金融危机的发生。第二,民间金融风险的支撑度。所谓支撑度,是指政府部门所给予的保障。近年来,政府相关部门高度重视民间资本市场的发展,在我国现行制度下,一旦大规模金融风险爆发,政府将会全力保障金融体系的稳定。第三,民间金融风险的扩散度。民间金融风险的传染渠道,加上向正规金融体系的渗透,使得民间金融风险的扩散速度很快,当民间金融风险集中爆发时将会难以控制和制止。

因此,就目前而言,民间金融风险引发民间金融危机的可能性较小,然而民间金融监管体系尚未建立并完善,民间金融风险的累积效应依然无法得到缓解。从较长的发展时期来看,当民间金融风险累积到一定程度,并不断地向正规金融体系渗透扩散,量的积累最终将导致质的变化,演化成民间金融危机,进而危及正规金融体系,引发大规模金融危机的爆发。

第三节　民间金融风险评价

一、民间金融风险的评判指标

由于民间金融具有地域性、隐蔽性、分散性及传染性等特征,对民间金融风险进行量化评估具有一定困难。一方面民间金融及其风险评估所需要的数据可获得性差,另一方面民间金融交易中存在的人格化因素、制度性因素以及地域、声誉性因素难以量化。因此研究过程中通过定性和定量相结合的综合评估方法来对民间金融风险进行评估,构建评估民间金融风险的相关评判指标见表5-1。

表5-1　民间金融风险的评判指标

风险成因	风险评判指标
信用风险	(1) 民间金融信贷规模 (2) 民间借贷者信用状况 (3) 民间金融借贷范围 (4) 民间借款者财务及经营状况 (5) 民间金融违约情况
道德风险	(1) 民间借款投向高风险行业比例 (2) 民间借款进行非事业投资比例 (3) 民间借款者隐瞒借款真实用途的程度
经营风险	(1) 民间金融交易程序规范程度 (2) 民间金融参与者的业务素质和风险意识 (3) 民间借贷者对所涉行业的经营经验
流动性风险	(1) 民间借贷期限长短 (2) 民间金融机构借贷期限匹配程度 (3) 民间金融市场合约转让流通程度 (4) 民间借贷者资金紧张程度和还款情况
高利率风险	(1) 民间金融市场利率偏高程度 (2) 民间融资利息负重程度 (3) 民间金融抵押担保比率和质量

考虑系统数据的可得性和量化分析的可行性,以下采用表5-1的风险指标,分别评价六种典型的民间金融形式(民间自由借贷、小额贷款公司、民

间合会、融资担保性行业、典当行、互联网借贷平台)的风险,即重点分析六种民间金融形式的信用风险、道德风险、经营风险、流动性风险和利率风险。

二、民间金融风险衡量

(一)民间自由借贷

我国的民间自由借贷主要是不经过金融监管部门批准而从事贷款业务的金融机构及其分支机构或私人之间通过借条等方式进行资金融通的行为,民间借贷具有随意性,借贷双方主要看信誉担保,借贷手续不完备,缺乏抵押品,具有较大的风险,一旦违约极易产生纠纷。泗洪县"宝马乡"高利贷崩盘、鄂尔多斯民间借贷纠纷,都是民间自由借贷产生的危机事件。民间自由借贷具有如下几种形式的风险:

1. 信用风险

由于民间借贷主要基于人情和交往关系,借贷时多以借条等不规范的形式形成契约,对借贷双方的借款种类、金额、期限、用途、利率、违约责任的规定不标准,且易被人恶意利用违约。同时民间自由借贷很少有相应的抵押、担保,借贷面临的信用风险较大,一旦借款人发生违约,将违约人诉至法院,贷款人也有可能因无法举证而败诉,遭受损失。

2. 道德风险

民间自由借贷多发生在私人之间,个人很难对借款人的信用等级、借款人资金使用用途、借款人的违约事件进行考量和监督,民间借贷具有很强的信息不对称性。借款人可能通过借新债还旧债,或将资金用于赌博等高风险的途径,甚至借款人可能负债跑路,这些可能性都意味着民间自由借贷具有很大的道德风险。

3. 经营风险

民间自由借贷的经营风险是从借款人与贷款人之间约定的还款方式角度来看的,民间自由借贷很少有充分的抵押担保,多靠一纸合约和信用担保。约定的还款方式和还款期限很容易被借款人违背,从而贷款人面临很大的经营风险,贷款人需要运用法律来维护自身的利益。

4. 流动性风险

2011年频发的民间借贷危机,便是流动性风险的一个写照。民间自由借贷市场虚高时,多数借款人可能是通过借新还旧,承担较高的成本借入资金,却没有合适的途径投资,一旦资金断裂,就导致整个高利贷市场的崩盘,产生流动性危机,甚至导致整个区域产业悲剧,经济萎靡。

5. 利率风险

民间自由借贷的利率由私人协商,可能高出银行贷款利率几十个百分点,双方虽然签订了契约,但借款人一旦负担不起高昂的资金成本而违约,贷款人的损失缺乏有效的担保机制来弥补。同时法律规定,借贷双方约定的利率未超过年利率24%,贷款人请求借款人按约定利率支付利息的,受法律保护,约定利率超过年利率36%的,超出部分约定无效,同时借款人有权要求贷款人返还超出部分。

(二) 小额贷款行业

金融服务方式之一小额信贷的主要服务对象是城乡低收入阶层,它旨在利用各种金融服务为贫困农户和微型企业创造自我就业和自我发展的机会。其特点为贷款金额较小,借款人不需要提供担保,也就是债务人无需提供抵押品或第三方担保,仅凭自己的信用就能够获得贷款。这种贷款方式风险较大,需要完善的信用考查制度相匹配,但是该种金融服务也通过小额信用贷款,将金融激励约束机制的作用最大化,实现了财政转移支付方式的转变,从而有效达到扶贫和鼓励创新的目的。本节选取江苏省的小额贷款行业为例,进而探究全国范围内小额贷款行业风险问题。

1. 江苏省小额贷款行业的基本情况

江苏省是较早开始小额信贷公司试点的省份。2007年江苏在全国率先以省为单位开始农村小额贷款公司试点工作,主要面向农户、农业专业合作组织和中小微企业提供小额信贷服务。从2010年下半年开始,江苏省又在省级高新区开展"可贷可投"模式的科技小额贷款公司试点,专门服务科技型中小微企业。截至2014年3月,全省已有小贷公司580家,其中农村小额贷款公司521家。全省小贷公司实收资本880.51亿元,比年初增加12.74亿元;累计发放贷款7 095.82亿元,比年初增加243.12亿元;贷款余额1 081.68亿元,先后支持了10万多农户和中小微企业,其中70%以上过去没有在银行的贷款记录,支持了大量农村妇女、农村青年、返乡民工等再就业和创业,五级分类不良贷款率约80%,累计纳税超过15亿元,为地方财政和服务业发展作出了贡献。① 2014年3月江苏省农村和科技小额贷款公司的发展状况如表5-2所示②。

表5-2 江苏省小额贷款公司发展状况

	农村小额贷款公司	科技小额贷款公司
数量(家)	521	59
实收资本(亿元)	776.21	104.3
贷款余额(亿元)	960.89	120.79
累计发放贷款(亿元)	6 568.7	527.12

根据表5-2数据可知,江苏省农村小额贷款公司占比较大,2014年3月,农村小额贷款公司的数量约为科技小额贷款公司的10倍,实收资本约为科技小额贷款公司的7倍,贷款余额约为科技小额贷款公司的8倍,累计发放贷款约为科技小额贷款公司的12倍。小额贷款公司在支持农村经济的发展上发挥了重要作用。

2. 具体评估江苏省小额信贷的风险

(1)信用风险。信用风险是指小额贷款公司因为借款人到期不能偿还借款而承担的风险。相对于银行等正规金融机构,小额贷款公司的信用风险问题更为突出。主要是因为小额贷款往往没有抵押或质押担保,一般是以借款人的承诺为担保,一旦借款人违约,那么小额贷款公司没有抵押品来抵消借款人的贷款,小额贷款公司的损失无法收回。同时小额贷款公司的主要客户为农户和中小微企业主,这些客户往往没有稳定的收入,他们违约的可能性更大,进一步加大了小额贷款公司所面临的信用风险。统计数据显示,截至2012年6月,江苏省小额贷款公司的贷款方式中,保证贷款占81.27%,从贷款的保证要求来看,小额贷款公司大多要求提供担保,自然人担保是农户贷款时最多采用的形式,担保人一般是与贷款人员在同一社区的公务人员,如教师、乡村干部、银行职员等,对于中小微企业来说企业主之间的相互担保是其采取的主要担保形式。③ 江苏省小额贷款公司贷款方式

---

① 刘赴宁.我国小额贷款公司可持续发展研究.合肥:安徽大学硕士论文,2012.
② 数据来源:江苏省金融办。
③ 杨小丽,董晓林.农村小额贷款公司的贷款结构与经营绩效——以江苏省为例.农业技术经济,2012,(5):70-78.

结构见表 5-3①。

表 5-3　江苏省小额贷款公司贷款方式结构

类别	贷款余额(亿元)	占比(%)
信用贷款	25.77	4.18
抵押贷款	87.93	14.26
保证贷款	501.13	81.27
其他贷款	1.79	0.29

我国的信用制度体系有待完善。目前我国信用法律法规存在死角,规范小额贷款公司信贷业务的具体实施细则尚未出台,缺乏法律依据,有效监管也无从保证,信用风险的防范不足。虽然国家支持小额贷款公司开办业务,但目前我国小额贷款公司面临的"三难"——农村借款人信用评估难、跟踪难、约束难以及借贷双方信息严重不对称,必然存在很大的信用风险隐患。

农户投资获利能力不高,信用意识淡薄。农户作为一个文化水平相对较低的群体,他们对金融知识缺乏了解,获取市场信息的渠道也不够畅通,难以选择正确的投资方向,这无疑会影响他们贷款投资的获利能力,在客观上造成了还款能力不足的可能性,这些问题也将转化为一定的信用风险。②而且农户的信用意识较弱,加上违约成本较低,形成了逆向选择,导致越是贷款偿还能力低的借款需求越高。

(2) 道德风险。由于小额贷款公司发展较晚,监管制度还有待完善,再加上小额贷款公司自身制度建设也存在一些漏洞,小额贷款公司在经营的过程中出现了一些违反法律规定的问题。2011 年以来,人民银行南京分行、江苏银监局先后对江苏省小额贷款公司展开了专项调查,审计署南京特派办对小额贷款公司进行了商业银行延伸业务审计,江苏各市、县金融办也开展了日常业务的审查,虽然没有发现小额贷款公司存在非法吸存、暴力收贷等严重违法行为,但也发现部分公司存在拆分贷款、冒名贷款等违规行为,甚至有的公司出现了抽逃资本金的违法行为。监管缺失易导致小额贷款公司违约操作等高风险事件的爆发,产生道德风险。

---

① 数据来源:中国人民银行(http://www.pbc.gov.cn)。
② 张朋能,蒋伟.小额贷款公司风险防范与控制.互联网文档资源,2010.

（3）经营风险。江苏省很多小额贷款公司的运营中，其业务需要处理大量金额较小的贷款，使得小额贷款公司承担了比其他贷款公司大得多的操作风险。同时江苏省一些新成立的小额贷款公司，其从业人员专业素质不佳，缺乏金融业的从业经验，产生了较高的操作风险。由于成立时间不长，小额贷款公司的内部控制制度往往不完善，在规章制度、业务操作流程方面存在漏洞，这产生了潜在的操作隐患。现在投资于小额贷款公司的股东多元化，甚至没有金融机构作为股东而完全由个人和一般企业法人投资成立。因此，工作人员一般还是这些机构的原班人马，经营管理水平也有限，导致贷前调查、贷后跟踪管理等工作还不到位，容易诱发风险。[①]

根据我国相关的法律规定，小额贷款公司不得向外进行集资以及吸收存款等，其资金只能来源于股东缴纳的资本金、捐赠金以及来自不超过两个银行业金融机构的融入资金，这样就形成小额贷款公司"只贷不存"的尴尬局面。国家制定这样的策略主要是为了防范小额贷款公司非法集资，可是在很大程度上也限制了小额贷款公司的发展。通过调查发现，江苏省很多小额贷款公司在开业后不久，就贷出了大部分资金，有些甚至贷光了全部的资金，前期贷出的资金短期内无法偿还，剩余资金严重不足，有些公司甚至无法经营下去，只能面临倒闭的局面。受相关政策的制约，小额贷款公司缺乏有效的融资渠道，使得行业的持续发展受到了严重的影响。

（4）流动性风险。从总体上来说，江苏小额贷款公司总体的资金投向是良好的，但是小额贷款公司的目标客户逐渐向城镇和农村的中上层客户转移，违背了国家设立小额贷款公司的初衷——解决"三农"以及中小微企业的融资困难问题。按照江苏省的界定，苏南50万元以下，苏中30万元以下，苏北20万元以下，均属小额贷款。在全省范围内，贷款额度偏大是普遍的问题。迄今为止，全省小贷公司的平均贷款额度在80万元～100万元/笔。50万元以上的贷款额度，占了71.0%；苏南更甚之，达到78.6%；苏中次之，达到68.8%。但在目前的监管体系下，小额贷款公司自己选择上报资料并且无部门审核，部分公司钻监管漏洞，故意将大额度贷款拆分上报，试图掩盖部分贷款额度趋大化的问题，因此实际的贷款额度问题，可能比表面

[①] 张朋能，蒋伟. 小额贷款公司风险防范与控制. 互联网文档资源，2010.

更不乐观。① 江苏省不同区域小额贷款公司贷款额度的基本情况见表 5-4。

表 5-4 江苏省小额贷款公司贷款额度

贷款额度	全省		苏南		苏中		苏北	
	全额	占比	全额	占比	全额	占比	全额	占比
20 万元以下	38 283.7	9.3%	7 127.3	2.5%	8 339.4	13.2%	22 772.0	37.2%
20 万元～30 万元	14 541.7	3.5%	4 957	1.7%	5 078.0	8.0%	4 506.7	7.4%
30 万元～50 万元	67 098.4	16.2%	49 965.7	17.3%	6 395.0	10.0%	10 737.7	17.6%
50 万元以上	293 985.4	71.0%	227 255.2	78.6%	42 592.8	68.8%	23 137.4	37.8%

小额贷款公司开展的业务要先满足农村发展的资金要求,所以它的贷款业务主要是支持农业经济发展。农业生产有一定的季节性,易受气候等自然环境影响。农户和农村中小微企业的贷款资金大多是投入到种植业、养殖业和土畜产品生产等农村经济中。与其他产业不同,农业生产具有较长的生产周期,从投入生产到获得产出都需要经过相当长的时间周期。除此之外,农业生产还具有较大的风险,生产过程的每一环节,都容易受到自然的影响和制约,从播种、养殖到收获,整个过程都处于一定的风险之中。因此,当贷款获得者无法取得预期的收入时,小额贷款公司就面临贷款的信用风险。从而小额贷款公司的资金链很容易受生产性危机影响而断裂,产生流动性风险。

(5) 利率风险。小额贷款公司的综合利率水平一般比银行的基准利率水平上浮几十个百分点,高利率使得借贷成本增加,一旦融资企业资金断裂,极易爆发危机。同时小额贷款公司的担保形式多为自然人担保,一旦违约缺乏较好的违约担保机制,利率高昂的风险很难有效化解。

(三) 民间合会

1. 民间合会的基本情况

民间合会是一种古老的民间资金融通形式,自唐宋年间产生,在清代盛

---

① 杜晓山,聂强,张军. 江苏小额贷款公司发展中的经验与问题. 农村金融研究,2010,(5):31-39.

行,至今仍在很多地方存在。但由于对合会监管法律的缺失,部分合会出现了畸形发展,有很大的倒会风险,江苏 2001 年就发生了通州标会倒会事件。合会通常以地缘、人缘、血缘为纽带,是合会内部成员之间轮番提供信贷活动的组织。合会不是一个永久性的组织,所有成员轮转获得一次集中在一起的会钱后,即告终结。合会运营的形式决定了合会的非标准化、不正规、难以监管等问题,民间合会一直存在很大的风险。

2. 具体评估民间合会的风险

(1) 信用风险。民间合会一般确定一个会首,组织起数量有限的人员,每人每期拿出约定数额的会钱,每期确定一个人能得到全部当期会钱,并支付相应利息。民间合会通常默认资金用于孩子上学、结婚、建房等日常生活用途,而合同很少对资金用途有明确规定,也没有要求会员提供足额的财产担保,信息严重不对称,标中者很可能将资金使用于高利贷、赌博、会息更高的标会"以会养会"等,导致资金风险骤增,信用风险很大。会员如若同时参加多个合会,很容易产生"会套会""会养会"的情形,增加倒会的风险。

(2) 道德风险。由于民间合会参与方之间信息不对称,同时缺乏有效的监督机制,标中者极易将资金用于约定之外的用途,产生道德风险,一旦资金链断裂,将爆发一系列偿债危机。

(3) 经营风险。民间合会存在缺乏实物担保、与会人员难以控制、开会期间过短易发生倒会、机构缺乏应对违约的风险准备金等问题。与会人员过多会增加违约概率,而参加人数过少,难以发挥为成员融通足够资金的作用;民间合会资金的担保主要靠成员之间相互信任的道德软约束来维系,保证资金融通规模在合理的范围具有重要意义,一方面遏制会员的违约动机,另一方面要保证合会的资金融通功能;一旦会员发生违约,需要会首及时垫付会钱,会首需要承担垫付会钱的无限责任,一旦会首违约,整个资金链会发生断裂。因此民间合会形式具有较大的经营风险。

(4) 流动性风险。传统合会主要基于地缘和血缘,是一种资金互助形式,运营维系靠的是信任机制,缺乏资金担保等形式,多数合会的参与人员数量为几十人,资金流通范围处于很小的规模,难以转让和变现流通。

(5) 利率风险。民间合会、标会的利息没有事先设置最高利率,同时不过问资金的用途,很容易发生恶性抬标事件,而标中的会员可能将资金投入风险和收益更高的标会来赚取息差,增加资金使用的风险。不少标会的利息年利率高达120%~200%,有的甚至高达300%,高利率导致合会资金难以长期维持运转,最终崩盘。

(四) 融资性担保行业

1. 江苏省融资担保行业的基本情况

我国融资担保行业起步于1992年,最初是为了解决上海、重庆等地的一些中小微企业融资难问题。经过20多年的发展,各级政府试图通过制定法律法规和规范性文件,将其纳入制度化和规范化运作的轨道,融资担保行业无论是在市场运作还是监管体系方面也都有很大的改进,但依旧存在亟待解决的问题及其风险。2013年,江苏国资担保公司中融信佳曝出巨额违规担保案,江苏省开始着手整顿担保业混乱局面,图5-3是近年来江苏省融资担保公司的变动情况。

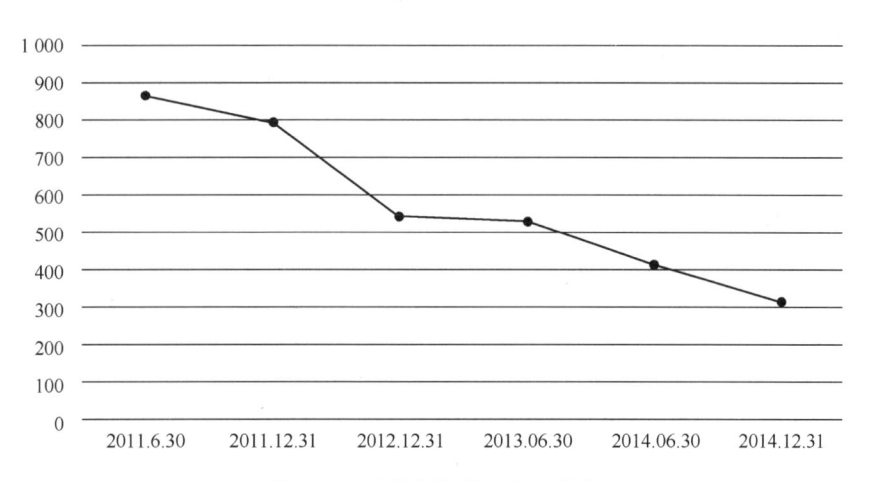

图5-3 融资担保公司变动趋势

研究过程中以中融信佳投资担保有限公司为例,对融资担保公司的风险展开分析。2013年3月,江苏省被爆出"中融信佳事件",涉及9亿关联担保严重违规。中融信佳投资担保有限公司于2004年7月8日成立,注册资本1亿元,成立6年多累计担保额近60亿元,未发生一笔不良。但2012年3月起,中融信佳投资担保股份有限公司为其关联方股东江苏长城物资集团、江苏瑞桓建设有限公司等企业提供担保及反担保共计高达9.22亿元。2012年9月,江苏长城物资集团有限公司无法按时偿还银行贷款,连带导致其有互保关系的江苏瑞桓建设有限公司同时陷入经营困境,中融信佳投资担保股份有限公司陷入巨额代偿危机。

2012年6月,江苏长城物资集团有限公司的资金运用存在问题,有部分资金进行民间借贷,加上公司所处的行业是产能过剩行业及高风险行业,一直以来存在抽贷问题,2012年9月,江苏长城物资集团有限公司的第一批贷款产生逾期,之后陆续几笔银行贷款都无法按时偿还,使公司的资金链出现断裂。

中融信佳投资担保股份有限公司的违规行为主要集中在严重超标的关联担保业务,以及公司内部控制和监督机制的缺失,因为相对于非关联企业,关联企业间担保较为隐蔽,不易发现,在监管过程中查处难度大,引发的风险却破坏力极强。①

2. 具体评估江苏省融资担保的风险

由中融信佳投资担保股份有限公司融资担保行为,可分析出融资担保行业的主要风险:

(1)信用风险。信用风险主要取决于借款人的还款能力以及还款意愿。还款能力与借款人的财务状况、资金管理能力、资金实力以及法规调整等因素相关,若公司处于风险较高的行业或公司经营效率不佳且存在较多负债,说明公司还款能力存在较大的问题;还款意愿与借款人的诚信度密切相关,融资担保企业在担保前对公司的信用风险进行必要的调查非常关键。

(2)道德风险。融资担保公司的服务目标主要是为资产规模小或信用等级低以及抗风险能力弱,无法从银行直接获取资金,又无法直接通过一级市场借贷的企业提供融资服务。正是其行业本身的特性使得融资担保公司可能面临的道德风险更高,融资担保业面临的道德风险主要表现在以下两个方面:① 企业通过提供虚假资料、隐瞒事实等不正当手段骗得融资担保公司和银行的信任,从而套取银行贷款,最后无力偿还,由融资担保公司代偿。② 债务人在具备还款能力的情况下,依旧拖欠银行的债务,造成融资担保公司代偿。其中,第一种情况在现实生活中较为常见。

(3)经营风险。融资担保业作为一个高风险的行业,对其经营管控能力要求较高,而目前我国的融资担保公司在风险审查、风险把控、债务追偿等方面缺乏管理规范,江苏省的融资担保公司亦存在如上问题。融资担保公司的经营风险主要来源于:① 公司内部风险控制制度的完善程度及执行力度。

---

① 参见江苏9亿元关联担保严重违规华夏南京等22家银行深陷,理财周报,2013-03-25。

②融资担保业从业者的专业能力和风险意识。③合作银行的业务模式。

（4）流动性风险。被担保企业获取资金之后，将资金挪作他用，资金使用不符合融资担保审批时的用途，有的甚至流向风险较高的投资行业，一旦其他业务投资失败，则影响主营业务的资金周转。有的盲目扩张公司，使得固定资产投入盲目增加，产能销售却不能匹配，最终导致资金链断裂。类似于上述严重偏离信贷资金用途的资金运用是融资担保资金出现问题的主要原因之一，这也反映出担保公司对企业的贷款资金流向、日常的现金流难以监管，资金用途的监管成为融资担保公司的难点甚至是盲点。这些都会导致融资性担保公司的流动性风险。

（5）利率风险。担保机构对贷款利率有50%的收费空间，担保公司对企业的收费费率为3%～5%，政府出资的担保公司费率比商业公司要低1～2个百分点。费率较低使得担保公司面临很大的信贷风险，虽然担保公司的利率水平高出银行，担保费收入也高出银行，但其承担的风险远大于银行，只能通过再担保机制来分散风险，而我国的再担保机制还远不成熟。同时，由于担保费率和贷款利率正向相关，担保公司有提升贷款利率的动力，从而中小微企业面临的贷款成本有增高趋势，一旦企业无法承受高利率成本发生现金流断裂，担保公司也无法承受相应的风险。

（五）典当行业

1. 典当行业的基本情况

随着世界经济全球化步伐的加快和社会经济的不断发展，典当行业也进入了一个加速发展的新时期。根据国家统计局最新的企业数据显示，全国的典当公司共有1 170个，其中江苏329个，具体如表5-5所示：

表5-5　典当行基本数据[①]

地区	全国	江苏
典当行数目(个)	1 170	329
资产总计(万元)	24 741 689	5 875 456
营业收入(万元)	3 951 997	1 195 325
从业人数(人)	10 326	2 673

---

① 数据来源：根据国家统计局企业数据整理。

全国月度典当额如图 5-4 所示,可以看出月度典当额呈波动性增长。由 2013 年 5 月的 263.4 亿元增长到最高点 2014 年 11 月的 540.6 亿元,在典当总额不断增长的同时,典当行业也面临着各种风险。

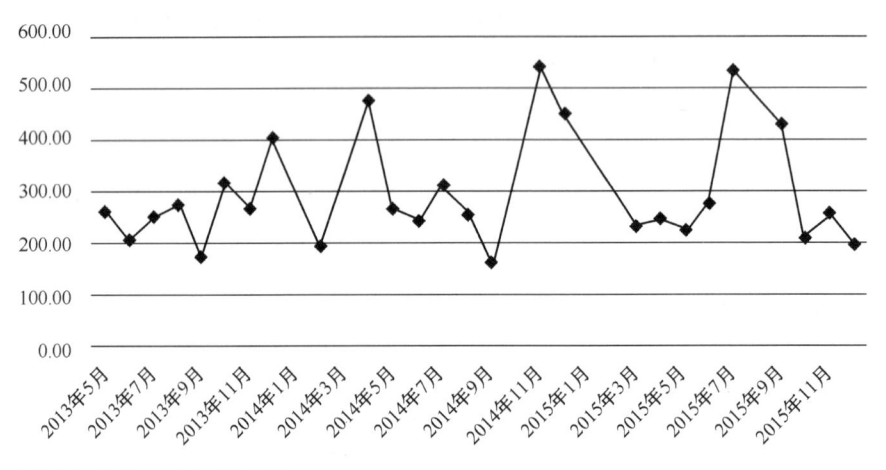

数据来源:根据 wind 数据库整理。

图 5-4　全国月度典当额(单位:亿元)

2. 具体评估典当行业的风险

(1) 信用风险。在典当行业里面,信用放款是不可行的。然而在日常经营中,典当公司常常被人情、人际关系、获取超额利润等因素所影响,会时不时地发放信用贷款。这些信用贷款往往是以公司或者个人的名义作为担保,整个过程不涉及实物,实际上属于空头抵押,风险非常大。若对方出现违约,将导致这笔业务没有收益,甚至典当公司的本金都无法全额收回。

(2) 道德风险。2005 年,商务部出台的《典当管理办法》,明确规定典当行业的最低注册资本为 300 万元。然而在现实公司经营的实践中,典当公司最主要的融资方式就是通过发行股票向股东募集资金,缺乏其他有效的融资渠道,这就可能导致公司的运营资金不足,从而可能通过非法集资等融资渠道来弥补公司的运营资金缺口,这就扰乱了典当公司的正常运作,同时也带来了相关的风险隐患。从立法层面来说,监管者也意识到了融资风险的严重性,并采取了相关措施:2011 年 5 月商务部发布了《典当行管理条例(征求意见稿)》,拟将最低注册资本提高到 500 万元,其中从事房产抵押业务的由原来的 500 万元提高到 1 000 万元;同时规定若想设立控股子公司,则注册资本应不低于 5 000 万元。可惜的是,该条例至今没有落实。监管缺失,信息不完全透明对称,使得典当公司经营者在正常经营运作中产生较大的道德风险。

(3) 经营风险。一般情况下,典当公司依据客户典当的各种当物的公允价值向客户发放当金,并约定到期日当户还本付息赎回当物。所以,典当公司的投资对象主要是各种当物,大部分的投资当物主要是贵重物品(金银饰品、珠宝玉器等)、房产、股票和其他物资,可见这些发放当金业务范围较为集中。一旦发生意外不利事件尤其是那些当金占比较大的业务,或者政府做出不利于典当行业的政策调整,又或者是贵金属价格大幅度下降等,都会对典当公司本金和收益方面产生严重的影响,给典当行业带来较大的风险。

(4) 流动性风险。民间金融的流动性风险是指,由于恐慌造成的市场资金供给急剧萎缩,影响中小微企业的正常经营和融资活动,从而伤害实体经济,同时,也会导致诸多投机性市场的资金断裂,冲击资产价格。典当行业的流动性风险包括:典当公司的自有资金不足以保护其免于破产;依靠向商业银行融资来负债经营,资本充足率下降,导致典当公司流动性风险增加;绝当引发的当物难以变现导致的流动性风险。

(5) 利率风险。为了追求规模效应,典当公司可能会与同行进行价格战以争夺顾客。客观地说,适度降息有利于促进公司的发展,然而过度降息很可能增加财务亏损,因为典当公司是靠自有资本经营的,存在一定的经营成本。在适度宽松的货币政策下,资金供给增加,同行之间竞争加剧。资金需求大同时资产优良、信用较好的优质客户更倾向于从银行贷款,从而典当公司的客户只剩下资金需求小同时资产质量和信用较差的客户。这样典当公司不仅资产质量降低了,而且客户不能按约还贷的信用风险也有所增加。

(六) 互联网借贷平台

1. *江苏省 P2P 网贷平台的基本情况*

随着互联网金融的发展,P2P 网贷平台成为民间金融市场中重要的借贷交易平台。表 5-6 给出的是 2014 年 1 月至 2016 年 3 月江苏省及全国 P2P 网贷平台的基本情况。

表 5-6 近两年江苏省及全国 P2P 网贷平台基本情况对比①

年份	成交量(亿元)			运营平台数量(家)			问题平台数量比重	
	江苏	全国	占比	江苏	全国	占比	江苏	全国
2014年1月	5.41	117.68	4.60%	67	880	7.61%	19.40%	11.82%
2014年2月	5.38	105.44	5.10%	70	948	7.38%	21.43%	11.71%
2014年3月	7.12	140.25	5.08%	75	1 023	7.33%	21.33%	11.63%
2014年4月	6.88	148.92	4.62%	76	1 073	7.08%	22.37%	12.02%
2014年5月	8.66	162.78	5.32%	78	1 125	6.93%	21.79%	12.27%
2014年6月	7.62	171.53	4.44%	82	1 184	6.93%	21.95%	12.50%
2014年7月	11.72	216.73	5.41%	88	1 283	6.86%	20.45%	12.24%
2014年8月	12.25	250.14	4.90%	94	1 357	6.93%	19.15%	12.75%
2014年9月	10.05	262.33	3.83%	97	1 438	6.75%	19.59%	13.70%
2014年10月	11.67	268.36	4.35%	101	1 474	6.85%	18.81%	15.94%
2014年11月	13.86	313.24	4.42%	105	1 540	6.82%	20.00%	17.86%
2014年12月	15.76	370.77	4.25%	104	1 575	6.60%	26.92%	23.30%
2015年1月	15.91	357.82	4.45%	104	1 627	6.39%	31.73%	26.80%
2015年2月	14.7	335.14	4.39%	103	1 646	6.26%	33.98%	30.01%
2015年3月	20.25	492.6	4.11%	105	1 728	6.08%	34.29%	31.83%
2015年4月	23.32	551.45	4.23%	109	1 819	5.99%	33.94%	33.10%
2015年5月	19.63	609.62	3.22%	119	1 946	6.12%	32.77%	33.97%
2015年6月	19.59	659.56	2.97%	123	2 028	6.07%	35.77%	38.76%
2015年7月	21.35	825.09	2.59%	124	2 136	5.81%	42.74%	41.90%

① 资料来源:根据网贷之家(http://shuju.wangdaizhijia.com)相关资料整理。

(续表)

年份	成交量(亿元)			运营平台数量(家)			问题平台数量比重	
	江苏	全国	占比	江苏	全国	占比	江苏	全国
2015年8月	26.84	974.63	2.75%	125	2 283	5.48%	48.00%	42.75%
2015年9月	28.76	1 151.92	2.50%	130	2 417	5.38%	47.69%	42.66%
2015年10月	27.19	1 196.49	2.27%	134	2 520	5.32%	47.01%	42.78%
2015年11月	27.28	1 331.24	2.05%	138	2 612	5.28%	49.28%	44.30%
2015年12月	27.19	1 337.48	2.01%	132	2 595	5.09%	58.33%	48.67%
2016年1月	27.28	1 303.94	2.09%	131	2 566	5.11%	60.31%	52.65%
2016年2月	26.55	1 130.09	2.35%	127	2 519	5.04%	66.14%	56.57%
2016年3月	32.17	1 364.03	2.36%	124	2 461	5.04%	72.58%	61.89%

表5-6的数据显示,就P2P网贷平台的交易量和平台数量而言,江苏省占全国的比重并不是很高,浙江、上海、广州、北京等省份均高于江苏。但就P2P网贷平台中出现问题的(跑路、停业、提现困难等)比重而言,江苏省P2P网贷平台出现问题的比重明显高于全国。图5-5显示了江苏和全国从2014年1月至2016年3月P2P问题平台数量占平台总数量的比重[①]。

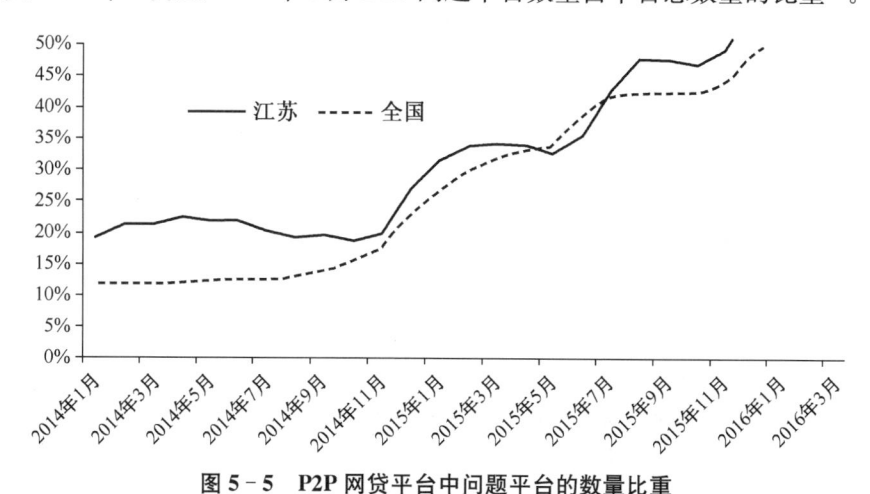

图5-5 P2P网贷平台中问题平台的数量比重

① 资料来源:根据网贷之家(http://shuju.wangdaizhijia.com)相关资料整理。

如图 5-5 所示,无论是全国还是江苏省范围内,P2P 网贷平台中问题平台的数量比重都呈上升趋势,表明民间金融机构的破产风险在逐渐增加,即民间金融风险在不断累积。除 2015 年 5 月和 2015 年 6 月,全国 P2P 问题平台的比重高于江苏省以外,江苏省 P2P 问题平台的比重均高于全国,说明就 P2P 网贷平台的运营风险而言,江苏省较为严重。江苏省 P2P 网贷平台的综合利率水平、借款期限与全国整体水平有差异,图 5-6 展示了 2014 年 1 月至 2016 年 3 月,江苏省及全国的 P2P 网贷平台的平均借款期限和综合利率水平。

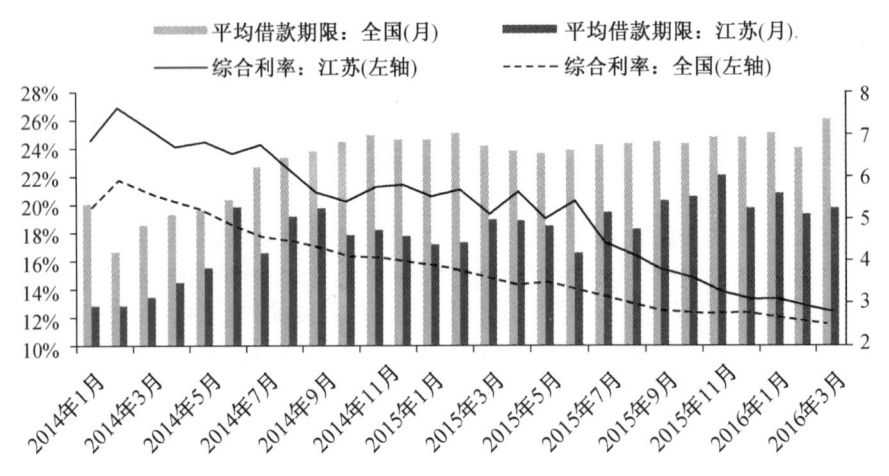

资料来源:根据网贷之家(http://shuju.wangdaizhijia.com)相关资料整理。

图 5-6 江苏省及全国 P2P 网贷平台综合利率和平均借款期限

如图 5-6 所示,首先从网贷平台的平均利率来看,江苏省的利率水平显著高于全国,江苏省网贷利率水平大致为 14%～27%,而全国 P2P 网贷利率水平大致为 12%～22%;其次,从 P2P 网贷平台的借款期限来看,江苏省的平均借款期限明显短于全国,江苏省 P2P 网贷平台的借款期限平均在 2 个月～6 个月,而全国的平均借款期限则为 4 个月～8 个月。因此,整体而言江苏民间金融市场中的交易行为偏向短期性且通常利率水平较高,这就使得江苏民间金融市场的借贷者承担更重的还款压力,同时意味着对市场流动性要求更高。因此,相对于全国范围而言,江苏民间金融市场的利率风险和流动性风险更大。

2. 具体评估江苏省 P2P 网贷平台的风险

由于外生性风险难以选取明确指标来进行衡量,以下主要从内生性风险的角度,分别分析 P2P 网贷平台的信用风险、道德风险、经营风险、流动性风险和利率风险。

(1)信用风险。信用风险在民间金融市场主要是指由于债务人不能如期、足额还本付息,而造成经济损失的可能性。民间金融的借贷规模、借贷者的信用情况和借贷范围、经营者的财务状况都对信用风险有所影响。

针对网贷平台,平台的注册资本、资金托管方式、保障模式、担保机构、背景、对借款人的审核标准都对借贷业务的信用风险有所影响。表 5-7 罗列了评分为全省前 20 位的网贷平台相关信用风险的审核指标。

表 5-7 江苏部分网贷平台相关信用风险衡量指标

平台名称	保障模式	资金托管①	投标保障	平台背景	注册资金(万元)
99 财富	1	有	本息保障,国资小额贷款公司	民营系	5 000
开鑫贷	1	有	担保机构担保	国资系	14 024
付融宝	2	有	本息保障	上市公司系	11 000
医购贷	0	有	保本保息	民营系	4 000
酷宝盒	0	有	平台垫付利息,逾期双倍补偿	民营系	1 000
e 路财富	2	无	保本保息	国资系	3 000
糖糖贷	0	无	风险备用金	民营系	1 000
58 财富	0	有	保本保息	民营系	5 000
爱投投	1	无	会员保本保息	民营系	1 000
德成贷	0	有	VIP 保本保息	民营系	5 000
沃时贷	0	无	本息保障	民营系	3 000
易友贷	0	有	足额抵押	民营系	500
蜜蜂众筹	1	无	本金保障	民营系	1 000
365 易贷	0	无	本息保障	国资系	7 616
安家贷	0	有	风险准备金制度	上市公司系	12 000
旺利网	1	无	项目集团公司担保	民营系	1 000
开元理财	1	无	VIP 保本保息	民营系	1 600
缘天金服	0	有	本息保障	民营系	2 000
科银信贷	0	有	本息保障	民营系	5 000
欣欣贷	1	有	本息保障	民营系	1 000

① 资金托管的指标是有无专业托管机构。

保障模式根据担保的充足性进行评分,有可靠的外部担保(如多家担保机构、国企担保等)得分为 2;有外部担保(如小贷公司、融资性担保机构、非融资性担保机构等)得分为 1;只有自身平台担保得分为 0(如平台垫付、平台风险准备金等)。评分越高,平台的担保越充分。江苏前 20 家网贷平台中有 11 家只依靠自身的风险管理资金进行保障,一旦发生违约,投资者可能无法收回资金,投资者面临的风险较大。

用户资金托管委托第三方专业托管机构,可使平台资金的操作风险降低,从而投资者面临的风险较小;反之则大。前 20 家网贷平台超过半数都委托了银行或者专业的资产管理公司进行管理,大部分面临较小的经营风险,从而投资者面临的信用风险也较小。

国资系、上市公司系、银行系的网贷平台相对于民营系有较小的违约风险和跑路可能性。

截至 2016 年 3 月,江苏省网贷平台注册资本低于 100 万元人民币的有 15 家,在 100 万元至 500 万元之间的网贷平台有 6 家,在 500 万元至 1 000 万元之间的网贷平台有 14 家,在 1 000 万元至 5 000 万元之间的平台有 68 家,在 5 000 万元至 10 000 万元之间的有 21 家,超过 10 000 万元的网贷平台有 12 家。从统计数据来看,注册资本较大的网贷平台发生歇业、跑路等问题的可能性较小。

沃时贷平台是江苏省内一家民营系网贷平台,股权已经上市,平台在江苏、安徽两省设置线下机构,资金托管采取无托管方式,投标保障为本息保障,资金保障模式为平台垫付保障和 300 万元的风险准备金,无外部担保机构。沃时贷网贷平台在江苏网贷平台中,风险水平居中。表 5-8 列示了沃

表 5-8 沃时贷平台 2015 年 10 月至 2016 年 3 月贷款逾期率和逾期金额

时间	逾期率(%)	逾期金额(元)
2015 年 10 月	0.26	70 000
2015 年 11 月	0.5	128 000
2015 年 12 月	1.22	373 000
2016 年 1 月	0.52	123 000
2016 年 2 月	0.36	75 000
2016 年 3 月	0.24	84 000

资料来源:根据网贷之家(http://shuju.wangdaizhijia.com)相关资料整理。

时贷平台自 2015 年 10 月至 2016 年 3 月贷款发生的逾期率和逾期金额。逾期率越高、逾期金额越大,网贷平台的信用风险越大。

表 5-9 列示了 2015 年我国商业银行的信用风险指标,说明相比于银行,网贷平台信息的披露程度很低,信息不透明,增加了违约的风险。

表 5-9　2015 年我国商业银行的信用风险指标①

比率(%)	第一季度	第二季度	第三季度	第四季度
不良贷款率	1.39	1.5	1.59	1.67
其中:次级类贷款率	0.68	0.73	0.75	0.78
可疑类贷款率	0.56	0.6	0.65	0.69
损失类贷款率	0.16	0.17	0.19	0.2
贷款损失准备(亿元)	20 826	21 662	22 634	23 089
拨备覆盖率	211.98	198.39	190.79	181.18
贷款拨备率	2.96	2.98	3.04	3.03

网贷平台缺乏监管机制,平台自身存在跑路歇业风险,同时对借款人的资格审核、财产抵押要求远不如银行严格,借款人的准入门槛较低,投资者违约的可能性也较大,网贷平台的信用风险远高于银行业等正规金融机构。

(2) 道德风险。由于民间金融市场透明度较低,缺乏监管,交易双方之间信息不对称,近几年,不仅借款者道德风险加剧,民间借贷中介也存在道德风险。道德风险主要有以下三个方面:① 为获取高额回报,借款人将平台借入的规定用途资金投向高风险行业、非事业行业或隐瞒资金的真实用途;② 平台管理紊乱,将投资者的资金用于高风险投资等;③ 平台缺乏监管,平台设立目的就是为了非法集资、卷款跑路。

据不完全统计,截至 2016 年 4 月,江苏省累计 89 家网贷平台先后出现跑路、停业、提现困难等情况,其中跑路 43 家、停业 20 家、提现困难 26 家。具体情况见表 5-10。

---

① 资料来源:中国人民银行网站。

表 5-10 2015 年 1 月至 2015 年 9 月江苏省网贷平台"跑路"情况①

平台名称	问题时间	上线时间	运营时间（月）	注册资本（万元）	所在地	事件类型
赢金贷	2015 年 9 月	2015.05	4	1 000	徐州市	提现困难
益航贷	2015 年 8 月	2015.04	4	3 000	常州市	停业
融其道	2015 年 8 月	2014.09	11	5 000	南京市	提现困难
宝丰财富	2015 年 8 月	2015.05	3	3 000	连云港	跑路
明铄财富	2015 年 8 月	2015.02	6	2 098	苏州市	跑路
水晶贷	2015 年 8 月	2015.06	2	2 000	连云港	停业
洛卡贷	2015 年 8 月	2014.03	17	50	苏州市	跑路
房司令	2015 年 8 月	2015.01	7	200	南京市	停业
中融速贷	2015 年 8 月	2015.02	6	500	宿迁市	跑路
丰融贷	2015 年 7 月	2015.04	3	5 000	无锡市	跑路
紫枫信贷	2015 年 7 月	2012 年	约 36	500	南京市	提现困难
优区贷	2015 年 7 月	2014.03	16	100	徐州市	提现困难
金蝶理财	2015 年 7 月	2014.01	18	1 000	无锡市	提现困难
微小宝	2015 年 7 月	2014.03	16	1 000	南京市	提现困难
睿逸财富	2015 年 7 月	2012 年	约 36	5 489.71	常州市	提现困难
迅贷网	2015 年 7 月	2014.06	13	100	南京市	跑路
中信速贷	2015 年 7 月	2015.06	1	1 000	泰兴市	停业
赢瑞创投	2015 年 7 月	2015.06	1	1 500	东海县	跑路
同发理财	2015 年 6 月	2015.04	2	3 000	镇江市	跑路
苏丰创投	2015 年 6 月	2014.07	11	2 000	泰州市	提现困难
互益贷	2015 年 6 月	2014.08	10	500	南京市	提现困难
铜穗子	2015 年 6 月	2015.01	5	1 800	苏州市	提现困难
苏米计划	2015 年 5 月	2014.09	8	5 000	南京市	提现困难
鼎和资本	2015 年 4 月	2014.03	13	10 000	苏州市	跑路
民生创投	2015 年 3 月	2013.06	21	4 000	淮安市	提现困难

① 资料来源：根据网贷之家(http://shuju.wangdaizhijia.com)相关资料整理。

(续表)

平台名称	问题时间	上线时间	运营时间（月）	注册资本（万元）	所在地	事件类型
宏飞创投	2015年2月	2013.11	15	2 000	宿迁市	提现困难
金淮贷	2015年1月	2014.09	4	2 000	南京市	提现困难
财神在线	2015年1月	2014.01	12	1 000	南京市	提现困难
MY标客	2015年1月	2013.01	24	500	徐州市	停业
众融网	2015年1月	2014.12	1	1 000	昆山市	跑路
太湖金融	2015年1月	2014.05	8	1 000	太湖县	提现困难
808信贷	2015年1月	2011年	约50	2 500	淮安市	提现困难

从运营时间来看，32家网贷平台的平均运营时间为12.3个月，即1年，其中10家跑路的平均运营时间为6.9个月，5家停业的平均运营时间为7.6个月，17家提现困难的平均运营时间为16.5个月。因此，可以发现，在很大概率上出现跑路的网贷平台的运营时间最短，因为这些网贷平台的运营者发生道德风险可能性更大，其成立网贷平台的初始目的可能就是为了聚集民间资金为己谋利。

从地域分布来看，南京、苏州、常州、无锡等经济较为发达的地区出现问题的网贷平台数量明显高于苏北经济水平较为欠缺的地区。两个原因可能导致这种现象产生：第一，经济发达地区较经济欠发达地区而言，民间金融市场更为活跃，民间金融机构更多；第二，经济发达地区相较于经济欠发达地区，民间剩余资金更充足，在投资渠道不足的情况下，更多民众参与到民间借贷中以谋求更高的资本回报，这就为一些不法分子提供了可乘之机。

（3）经营风险。民间金融从草根金融发展而来，目前大量民间借贷依旧在地下操作，民间主体、借贷程序、借款合同、违约责任和借款催收等都缺乏管理规范，江苏网贷平台也具有上述经营风险。网贷平台的经营风险主要来源于：① 民间金融交易程序规范程度。② 民间金融参与者的业务素质和风险意识，网贷平台的从业者进行风险评估、贷款调查、严谨操作的能力良莠不齐。③ 民间借贷者的行业经验等。

研究过程中通过搜集江苏位列前20位的网贷平台的数据，列示表5-11来对互联网金融平台的经营风险进行分析。

表 5-11 江苏部分网贷平台相关经营风险衡量指标

平台名称	有无专业托管机构	保障模式	支付方式①	提现速度	资金站岗	客服服务	网站体验
99财富	有	1	1	3.4	4.2	3.9	3.8
开鑫贷	有	1	0	2.9	3.5	3.4	3.4
付融宝	有	2	0	2.3	3.8	3.2	3.4
医购贷	有	0	1	4	4.5	4.7	4.5
酷宝盒	有	0	1	2.9	4.2	4.4	4.4
e路财富	无	2	1	2.8	3.8	3.8	3.7
糖糖贷	无	0	1	2.6	3.7	4	3.7
58财富	有	0	1	2.8	3.5	4.3	4.3
爱投投	无	1	1	3	5	5	4
德成贷	有	0	1	2.9	3.6	3.8	3.6
沃时贷	无	0	1	3.1	3.8	3.9	3.8
易友贷	有	0	1	2.5	4	3	3
蜜蜂众筹	无	1	1	2	4	3	3
365易贷	无	0	0	2.8	3.9	3.3	3.2
安家贷	有	0	1	1	1	1	1
旺利网	无	1	1	2.4	3.7	4	3.7
开元理财	无	1	1	2.9	3.6	3.8	3.6
缘天金服	有	0	0	2.7	3.6	3.6	3.4
科银信贷	有	0	1	3	5	5	5
欣欣贷	有	1	0	5	4	3	4

资料来源：根据网贷之家(http://shuju.wangdaizhijia.com/)相关资料整理。

平台采取借记卡网付的方式来进行转账支付，便于核算和审计，有利于规范民间金融的借贷程序。江苏接近90%的网贷平台都采取了借记卡网付的支付方式，有利于借贷金额的审核。

对于提现速度、资金站岗、客服服务、网站体验等指标，所列示的评分为网贷之家的综合评分，评分越高，该平台的评价越好，提现速度越快，资金站岗时间越短，客服服务和网站体验越好。江苏的网贷平台评分之间差距较大，最高5分，最低1分，评分较高的平台为科银信贷和医购贷，说明江苏网

---

① 借记卡网付记为1，其他记为0。

贷平台的管理缺乏统一标准,借贷平台良莠不齐,经营风险差异较大。

P2P 网贷平台单笔借款额度过大是经营风险累积的一个重要原因。网贷平台发布的借款标的应该以小额为主,保证平台资金能够覆盖风险,每个月的成交量在百万或千万是合理的,但是如果网贷平台提供单笔借款额度高达几百万甚至上千万,那么一旦发生违约必然会引起投资者恐慌,出现挤兑,最终网贷平台由于无力回款而倒闭。

P2P 网贷平台拆标盛行,大部分网贷平台都多少存在拆标的行为。拆标方式主要分成两种:一种是按照金额大小拆分,即把大额的借款标的拆为小额标的;另一种是期限错配,将长期标的拆分为短期标的,比如融资需求是 12 个月,平台为增加标的流动性,把该项标的分为多期,如 3 个月、6 个月等多个标的,对于投资于这些标的的投资者到期后的提现实际上是从其他地方挪用过来的。这两种拆标方式抓住了投资者想要避免资金站岗、偏好短期标的的心理,一定程度上提高了人气,流入了大量的资金。但是拆标使得资金发生了一定程度错配,提高了运营风险,而且对于运营者的计算能力要求高,尤其是期限错配。在平台运营后期,由于借新还旧,风险积聚,达到一定量资金提现时,平台没有充足的资金来维持滚动,最终将走向倒闭。

P2P 网贷平台风控团队薄弱,缺乏相关的金融知识和风控经验。平台人员对于标的审核鉴别能力弱,缺乏专业的审核流程知识,不能对不同行业采用有差异的审核标准,导致风险把控不严,容易出现坏账。目前,风控的问题也是制约网贷规模化发展的主要原因。

P2P 网贷平台快速发展导致标准降低。很多平台前期运营良好,积累了一定的信誉,但是随着投资者资金的不断涌入,平台开始积极拓展业务,以满足更多投资者的投资需求。在此过程中,平台进一步放松放贷原则,审核标准被降低,风控流程被简化,出现了随意放贷的情况,最终坏账率不断升高,风险积聚,平台无力偿还。

(4)流动性风险。民间金融的流动性风险是指,民间融资市场可能遭遇资金供给的恐慌性收缩,从而对中小微企业的正常融资和生产经营产生影响,伤害实体经济,同时,也会导致诸多投机性市场的资金断裂,冲击资产价格。

对于网贷平台流动性风险的考察可以从网贷平台借贷期限的长短、网贷平台借贷期限的匹配程度、网贷平台的资金紧张程度和还款状况等角度出发。

截至 2016 年 4 月 14 日,沃时贷平台前十位投资人、借款人的借贷情况见表 5-12。

表 5-12 沃时贷投资人、借款人情况①

待收投资人	待收金额（万元）	占比（%）	平均期限（月）	待还借款人	待收金额（万元）	占比（%）	平均期限（月）
1	217	2.29	11.63	1	121.9	1.23	2
2	125.64	1.32	10.45	2	114.12	1.15	3
3	104.1	1.1	10.88	3	98.63	0.99	12
4	97.48	1.03	11.97	4	72.66	0.73	2.5
5	81.16	0.86	7.14	5	70.61	0.71	12
6	79.4	0.84	8.36	6	67.07	0.68	3
7	75.88	0.8	8.75	7	62.42	0.63	3.59
8	69.32	0.73	10.25	8	61.93	0.62	3
9	67.36	0.71	11.66	9	60.98	0.62	3
10	67	0.71	11.9	10	50.75	0.51	6

图 5-7 为沃时贷网贷平台自 2015 年 4 月 16 日至 2016 年 3 月 31 日每日净流入的折线图②。

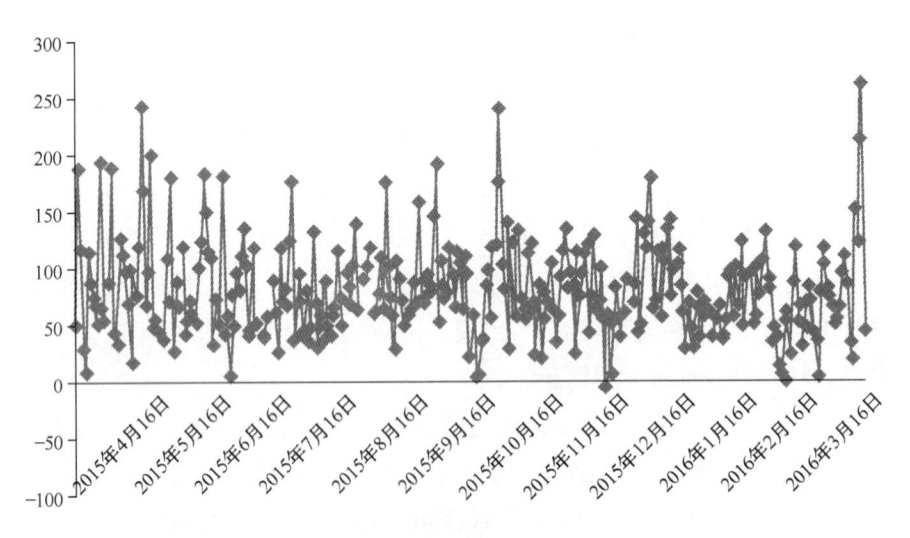

图 5-7 沃时贷网贷平台每日净流入（单位：万元）

---

① 资料来源：根据网贷之家（http://shuju.wangdaizhijia.com）相关资料整理。
② 资料来源：根据网贷之家（http://shuju.wangdaizhijia.com）相关资料整理。

通过分析表5-12和图5-7,发现网贷平台的投资和借款期限不匹配,且大部时间资金都是正的净流入,这对平台资产管理能力的要求较高。近年来,江苏民间金融融资规模扩大,借款涌入的变化引起民间融资期限有延长的趋势,带来更多的不确定性,流动性风险上升。

表5-13列示了数据披露较为完善、评分较高的几家平台的流动性指标,表5-14列示了2015年我国商业银行的流动性指标。研究过程中发现民间金融与正规金融的差别较大。

表5-13 部分江苏网贷平台的流动性指标①

平台名称	杠杆率	流动性比例
开鑫贷	70.55	66.58
付融宝	12.51	69.67
爱钱进	33.05	55.99
红岭创投	17.75	100
翼龙贷	5	62.26
微贷网	20.84	78.38
宜贷网	38.25	86.14
东方汇	44.9	66.93
拍拍贷	25.35	86.48

表5-14 2015年商业银行的流动性指标②

流动性风险指标	第一季度	第二季度	第三季度	第四季度
流动性比例	0.4746	0.4618	0.4616	0.4801
存贷比	0.6567	0.658	0.6639	0.6724
人民币超额备付金率	0.023	0.0291	0.0191	0.021

中国国有商业银行的杠杆率一般为15倍左右,而网贷平台的杠杆率差异较大,从已披露数据看,江苏互联网借贷平台的杠杆率,最低为0.33倍,最高为54.86倍。杠杆率衡量网贷平台的负债风险,反映公司的还款能力,杠杆率过高,投资者可能面临流动性风险,杠杆率过低公司的利润增长率可

---

① 资料来源:根据网贷之家(http://shuju.wangdaizhijia.com)相关资料整理。
② 资料来源:中国人民银行网站(http://www.pbc.gov.cn)。

能较低。流动性比例是指各项流动资产与各项流动负债的比例,江苏网贷平台的流动性比例大大低于商业银行的流动性比例,说明江苏网贷平台的流动性风险较为严重。问题平台的累计数量截至 2016 年 3 月,也已达到 89 家。

根据表 5-15 江苏省前 20 位网贷平台的相关数据可以分析网贷平台的合约转让流动性。

表 5-15 江苏前 20 位网贷平台的相关数据

平台名称	债权可否转让	提现费	转让费
99 财富	是(随时)	无	无
开鑫贷	是(1 个月)	无	0.2%
付融宝	是(1 个月)	无	无
医购贷	否	无	无
酷宝盒	否	2 元/笔	无
e 路财富	否	3 元/笔	无
糖糖贷	否	0.5%	无
58money	否	无	无
爱投投	否	无	无
德成贷	否	无	无
沃时贷	是(1 个月)	2 元/笔	债权本金的 0.3%
易友贷	否	无	无
蜜蜂众筹	否	5 元/笔	无
365 易贷	是(随时)	无	无
安家贷	是(随时)	无	转让金额的一个月利息
旺利网	否	无	无
东方汇	是(2 个月)	2 元/笔	无
缘天金服	否	无	无
爱钱进	是(随时)	无	无
欣欣贷	是(随时)	3 元/笔	无

江苏网贷平台超过半数都不能进行债权转让,流动性较差,因为合约非标准化,借贷利率与借款人信用水平相关,而借贷主体多样,合约转让困难;

且部分网贷平台收取的转让费用较高,如安家贷要收取转让金额的一个月利息,转让成本较高,合约流动性较差。而正规融资如股票、债券,都有活跃的二级市场,银行贷款也可以通过资产证券化的方式进行流通。

从以上分析可以发现,目前江苏网贷平台面临的流动性风险较大。江苏民间金融的其他形式如小额贷款、典当行等,借贷程序不够规范、书面合同不严谨,借贷主体多样、关系网络复杂,也面临较大的流动性风险。

(5)利率风险。民间金融市场的利率水平趋于增长,且大大高于正规金融机构的利率水平,过高的利率一方面吸引闲散资金盲目进入;另一方面会使企业债壑难填。2014年1月至2016年3月江苏及全国网贷平台的综合利率如图5-8所示:

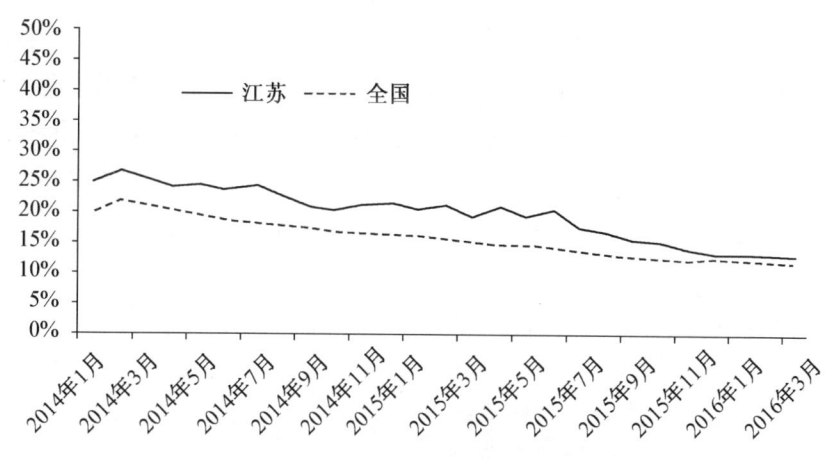

图5-8 江苏及全国网贷平台的综合利率

根据图5-8可知,江苏省以及全国网贷平台的综合利率都呈下降趋势。全国商业银行的人民币个人存款主要利率见表5-16。

表5-16 全国商业银行的人民币个人存款主要利率

银行	活期(年利率%)	定期(年利率%)				
		3个月	半年	一年	三年	五年
基准利率	0.35	1.1	1.3	1.5	2.75	/
工商银行	0.3	1.35	1.55	1.75	2.75	2.75
农业银行	0.3	1.35	1.55	1.75	2.75	2.75

(续表)

银行	活期(年利率%)	定期(年利率%)				
		3个月	半年	一年	三年	五年
中国银行	0.3	1.35	1.55	1.75	2.75	2.75
建设银行	0.3	1.35	1.55	1.75	2.75	2.75
交通银行	0.3	1.35	1.55	1.75	2.75	2.75
南京银行	0.3	1.4	1.65	1.9	3.15	3.3

江苏和全国的网贷平台综合利率水平远高于商业银行的存款利率水平。网贷平台基本上是由市场决定借贷利率,平台之间通过利率水平吸引投资者,所以利率水平相对较高。且平台基本上处于资金净流入的状态,意味着平台要将资金使用在高于借贷允诺利率水平之上的投资渠道,而资金在实业中回报经常难以承担允诺利率成本,因此平台资金常使用于高风险项目,给投资者带来损失;平台借贷的部分融资是无抵押的个人信用贷款,即使有抵押,担保质量也较低,如车辆、房产,其评估难度大,不能很好地降低风险。综上所述,网贷平台面临较高的利率风险。

第六章 经验借鉴与民间金融风险防范

一方面民间金融活动对正规金融的补充作用提升了金融资源的优化配置效率,在完善市场机制和促进金融改革方面发挥着积极作用;另一方面,由于社会主义经济制度的不完善以及民间金融发展过程中存在的固有缺陷,民间金融运行中蕴藏着巨大的金融风险,对社会经济发展存在潜在的冲击。2012年,面对快速发展的民间金融,国务院曾明确指出"应该引导、允许民间资本进入金融领域,使其规范化、公开化,既鼓励发展,又加强监管"。这就从国家政府的层面确定了民间金融对完善我国金融服务体系的积极作用,同时也明确了现阶段规范民间金融发展的基本政策走向。

第一节 国际民间金融风险管理经验

民间金融虽然存在诸多问题,但是也有其他金融市场无法替代的优势,是整个金融体系中不可或缺的一部分。银行和证券市场发行证券融资的门槛较高,很多中小企业、低收入阶层以及移民无法获取所需资金,虽然当前市场也存在天使基金等风险投资者,但远不能满足市场的需求。中小企业、低收入阶层以及移民融资难问题,正是民间借贷市场存在的重要原因之一。这一问题在金融市场比较发达的欧美国家以及日本、印度等都普遍存在,但经过多年发展,均采取相关应对措施。

虽然不同国家、地区之间由于当地基本情况等诸多因素的不同而导致各国及地区的民间金融在组织形式、运行机制等方面都存在差异,但是研究各国、地区民间金融的风险管理措施,可以为民间金融的进一步发展提供经验借鉴和启示。美国的金融体系是最发达、最完善的,它的风险管理经验无疑是我国可以借鉴的;在亚洲,日本的金融市场发展程度较高,且具有独特的少数垄断企业和众多中小微企业并存的二元结构,它的民间金融风险管理经验也值得我国借鉴;印度的二元经济结构导致印度的金融也存在二元性,它的民间金融风险管理经验对我国具有一定的借鉴作用。

一、美国民间金融风险管理

美国是全世界综合国力最强的国家,它的正规金融体系也是最发达、最完善的,但是民间金融依然有存在的空间,尤其是在低收入阶层、小企业、移民中普遍存在,在资源配置中起到一定的作用。美国的民间金融主要有以下几种形式:

1. 合作金融组织

合作金融组织是美国早期民间金融的主要形式,兴起于大萧条时期。当时社会的低收入阶层难以从银行取得贷款,政府为了让这部分人维持生计、获得资金上的帮助而成立了合作信用社。美国的信用合作社主要有三种形式:一是职业性信用合作社;二是行业性信用社;三是社区信用合作社,按照自愿、平等、互利的原则提供借款等信用服务,它受到美国联邦和州政府的双重监管。目前,这种合作金融组织已经发展到一个新的高度,由中期信用银行、合作社银行和联邦土地银行三个金融机构组成的多元复合的合作金融组织。

2. 储蓄贷款协会

储蓄贷款协会(Savings and Loan Associations,缩写为S&L)是基于互助合作而建立的小型金融机构,可为中小企业发放贷款,也可吸收公众存款,20世纪80年代储蓄贷款机构发展到5 000多家,遍布美国各个地方。储蓄贷款协会主要是根据成员之间的朋友、血缘等社会关系建立起来的,便于了解资金需求者的信用情况,获得充分的信息,同时互相监督,降低道德风险和逆向选择。目前,储蓄贷款协会有互助性组织和股份制两种形式,它和合作金融组织相同,既可以在联邦政府也可在州府注册,还可以有选择地参加各种保险体系。

3. 中小融资机构

由于美国金融体系比较完备,金融机构较专业化,金融监管相对合理,合法合规化的民间金融环境使得许多中小融资机构得以生存发展,如民间的风险基金、小企业投资公司等。它们不吸收公众存款,而是通过向商业银行贷款、发行债券等途径获得资金,然后再放贷,从中赚取利差。但是这些为中小微企业服务的中小融资机构不在联邦政府的监管之内,政府采取非审慎的监管模式,没有对其进行限制和约束。

4. 社区银行

前面几种民间金融形式在设立条件、申请手续、组织形式、注册资本等方面的要求都远低于正规金融机构,从而导致民间金融在优化资源配置的同时,其风险的累积会对整个金融体系产生一定的冲击。针对民间金融的局限性,美国发展社区金融来代替民间金融,主要在经济相对比较落后的地区成立社区银行,在联邦存款保险公司和州政府的双重监管之下为中小微企业和低收入家庭的投资和消费提供金融支持,减少他们对民间金融的依赖。社区银行是比较正规的金融机构,信用方面、银行资产流动情况、合规性方面都有严格的要求。美国特别注重社区银行的自律监管,成立社区银行协会(ICBA),从银行自身利益出发进行监管,维护社区银行的利益。

5. 天使投资

社区银行是中小微企业间接融资的渠道,而天使投资则是直接的融资方式。天使投资是一种自发、分散、民间性质、高风险、高收益的权益融资,是个人、家庭以其资本对高成长性的中小微企业在初期进行权益性资本投资。投资者一般为朋友、亲戚,由于对融资者各方面的信息情况比较熟悉,愿意以一定的股本参与企业的经营管理,在企业盈利后通过股份分红获利。中小微企业通过股权置换获得所需资金,解决初期资金不足的难题。天使投资由于筹资成本、代理成本、监管成本都很低的优势在美国普遍运用于中小微企业融资,政府也给予了很大的支持。

美国联邦政府对民间金融的发展在不同时期采取不同的措施,民间金融形成的初期,以观望的态度不采取任何措施,而后经过观察对民间金融进行分类管理,对经济增长起促进作用的民间金融形式出台相关法律法规进行指导,在市场准入、退出、管理等方面规范化、程序化;而对经济带来冲击的民间金融形式进行限制、禁止、取缔。

在民间金融监管方面制定了较为完善的制度体系,颁布法律承认民间金融的合法地位。民间金融机构要在联邦政府或州政府进行登记注册,由联邦政府和州政府进行双重监管;对储蓄贷款协会等民间金融机构进行规范化,实行合作制。另外,美国还存在存款保险制度,鼓励符合条件的民间金融机构加入存款保险体系中。

二、日本民间金融风险管理

日本经济是少数垄断企业和众多中小微企业并存的二元结构,政府一方面建立都市银行、信托银行等大型金融机构为大企业提供各种服务,另一方面为扶持中小微企业,促进经济的发展,鼓励民间金融活动。民间金融得到国家法律上的认可和支持,成为中小微企业融资的主体。民间金融主要有以下几种形式:

1. 合会组织

合会是日本最典型的民间金融形式,从轮转基金组织转变为区域性互助银行,经历了从民间金融机构向正规金融机构转变的过程。合会最初是带有经济救助性质的一种民间自发的组织,为中小微企业和家庭提供资金服务,当时政府对其不加管理。19世纪末,合会开始具有商业性质,开始赚取利息收入,政府为了让合会更加有效地运作,减少参与者利用合会进行诈骗的活动,颁布了《轮转储蓄和信贷协会金融法案》,在注册资本、组织形式、运行机制、风险控制等方面做了规定,并承认合会的法律地位,政府相关部门对其进行监管。二战后初期,日本出现了大批伪轮转储蓄和信贷协会的财务公司,专门向中小微企业提供融资服务。对此政府修正合会法案,扩大法案的使用范围,包括这种新的民间金融形式。经过多年发展,合会在市场机制和政府引导下转变为互助银行,最终演变为商业银行。

2. 农协系统下的合作金融组织

农协合作金融组织按照农民自愿、自主的原则经营组织发展起来,结构分为三级:以市、町、村为一级的基层农业协同组合,不以盈利为目的,为农户办理存款、贷款、结算等业务;以都、道、府、县为一级的中层信用农业协同组合联合会,从事农业资金的调配、结算等业务;最高层是农林中央金库,负责整个组织的资金调配、结算、债券发行、证券投资等业务。农协合作金融组织适应日本的农业政策和金融政策,得到政府的大力支持。

除此之外,日本还存在像信用组合、信用金库等民间金融机构,这些民间金融机构具有很强的地方性和互助合作性质。政府的积极引导和合理的监管政策使得民间金融得到较快的发展,形成稳定的融资体系,在中小微企业的发展中起到了重要的作用。

三、印度民间金融风险管理

印度延续英殖民者制定的金融制度,金融体系较完善,资本市场较发达,银行、股票都具有百年以上的历史。印度是一个农业大国,目前,农业仍然是印度经济的主体。二元经济结构导致印度的金融存在二元性,即以印度储备银行、印度国家银行为代表的现代化银行,以印度传统方式经营信贷业务的钱庄和本土银行。印度民间金融主要是以家庭、个人的形式组织起来的。

民间金融在印度接近半个银行系统的地位,对印度经济的发展具有巨大的促进作用。但是合会易被会首滥用,会首制造庞氏骗局后卷款潜逃的诈骗行为屡屡发生,政府针对合会事件颁布了《印度合会法》,将这些组织纳入政府的监管之中,进行全方位的监管来控制合会的风险,对合会的存续期、合会规模、合会的最低实缴资本金、会首的资格、会首组会担保等方面都做了规定,使合会经营有法可依,降低了倒会的风险。

第二节 我国民间金融风险管理实践

我国民间金融是以血缘、地缘和业缘为基础而自发形成的一种"草根金融"。主要有三种模式:晋陕模式、东北模式和浙闽模式。晋陕模式主要是山西的民间金融,资本主要来源于煤炭等能源产业;东北模式是以鄂尔多斯地区为代表的民间金融,资本来源于羊绒、煤炭、天然气等;浙、闽、粤是我国民间金融最早产生的地方,是民间金融最为活跃、规模最庞大的地区。浙、闽地区的民间资本主要来源于制造业等实体经济。

西安、太原、宝鸡等城市金融基础比较好,受西部开发尤其是近几年我国能源供求矛盾的影响,投资机会的增加已经超过金融扶持的力度。因此地下金融活动更多地表现为民营企业直接向社会非公开集资,集资方式包括股权式、债券式、信托式、存款式等。

在晋陕传统的信贷体系下,金融机构都有较强的贷款风险管理体系,贷款者必须有足够的抵押担保,而农业生产本身就是风险较大的项目,农户必须提供充分的抵押担保后才可以向其发放贷款。但是,作为单个的农民个体或单个的农户家庭,其经济条件一般情况下都较差,加上农村的土地、房屋等有形资产尚未完全市场化,难以有效估价以用作抵押物、质押物,使得信贷供需链条不能有效衔接,导致农户在申请贷款时往往达不到贷款抵押条件,只能求助于民间借贷,从而形成了有晋陕特色的民间金融模式。

晋陕农户借贷主要为非生产性用途,如建房、学费及医疗等,主要融资渠道为非正规融资渠道。违约的主要原因有缺少资金来源,遭遇生产损失及家庭成员忽然重病。农户因为不能通过更多的技能、资金来源方式获取较多的收入,其抗风险承受损失的能力较弱,随着民间金融的发展,潜在风险逐渐暴露。

"晋陕模式"的交易方式有信用、抵押和担保三种,其中信用融资占总额的80%,抵押和担保占20%。近年来,晋陕模式民间借贷急剧膨胀,出现畸形发展势头。借贷方式由暗到明,手续简易;借贷规模由小到大;民间借贷主体由少到多;借贷利率和借贷风险由低到高。尤其是我国西部的资源大省在监管缺位的情况下,更容易重复建设"泡沫产业"和高耗能污染项目,容易抵消来之不易的宏观调控成果,也更容易引发金融市场信用风险。

"东北模式"是"责权利、借用还"不统一的。东北地区一直进行着痛苦的经济转型,国有企业整体效益不佳。传统经济主体仍以第一、二产业为主,造成银行早期投入的大量政策性贷款无法收回,银行呆坏账比率居高不下。因此正规金融机构在一定程度上紧缩对东北地区的资金投放。与此同时,民营企业在20世纪90年代快速起步,存在大量的资金需求,在信息不对称的情况下,通过中间商得到银行客户贷款闲置的资金,需求与供给一拍即合,"对缝"的流行水到渠成。这种"对缝"就是企业转贷。显然,转贷的中间商相当于行使了财政支持的担保公司或互助性的担保公司或商业性的担保公司的职责。一般而言,"对缝"形式下的转贷双方或多方是不可能做到"责权利、借用还"相统一的。

有"刀尖上的民间信贷"之称的鄂尔多斯,是内蒙古第三大城市,GDP位于全自治区第一位,并且资源丰富,素有"羊""煤""土""气"的美称。鄂尔多斯煤炭产业中民营经济占比较高,煤炭产业的高速增长带动了一大批民营企业的发展,而拆迁补偿是民间借贷资金另一重要来源。鄂尔多斯民间借贷资金主要用于煤炭企业、房地产等途径。鄂尔多斯的民间借贷关系通常将借贷人分成有实体公司的借贷人和中介人,借贷公司分为单一的房地产公司和有其他产业的房地产公司。根据统计数据,鄂尔多斯活跃着2 000

多个民间融资人,将民间闲散资金层层汇集起来,形成庞大的地下金融市场。整个民间金融市场的维系靠的是诚信和地缘亲缘关系,是以亲友、熟人之间的信任关系为依托,以亲缘、地缘为纽带。这种民间借贷活动难以拓展规模,扩张到外地人范围。

鄂尔多斯民间借贷者多从事实业投资,有资产做保障。在鄂尔多斯,借贷人普遍都有"煤老板"的背景,资源的存在增加了当地民间借贷抵御风险的能力,"跑路"对于煤老板而言,也非一个理性选择。在鄂尔多斯,整个财富的发动机是煤炭,而房地产是财富的储蓄罐,中间环节则是靠高息放贷支撑。以前鄂尔多斯的高息放贷鲜有中间环节,都是在融到钱后直接投向实业或其他领域,但现在逐渐生出了"钱炒钱"的概念。

鄂尔多斯民间借贷参与主体多元化、规模大。截至2010年8月初,鄂尔多斯市经审核批准从事融资服务的担保、典当、投资公司、委托寄卖行共971家,注册资本达345.3亿元。其中,典当行36户,各类投资集团和投资公司共468户,担保公司270户(整顿后为36家,注册资本金41.33亿元),委托寄卖商行197户。截至2011年6月,鄂尔多斯市已开业的小额贷款公司达87家。据有关部门调查,实际上从事民间借贷活动,但没有正式办理工商注册手续的地下中介组织、机构、中介人,数量无法统计。据鄂尔多斯商务局估算,专门从事民间借贷的中介人约1500户。

根据人民银行鄂尔多斯中心支行的调查,民间融资的协议方式以选择签订正式合同的占比较高,为62.37%,打借条和口头约定分别占24.49%和15.14%。借款方式中有40.31%的需要保证人,26.45%的需要财产抵押。可以看出,绝大部分民间融资建立在打借条及书面合同的基础上,这表明鄂尔多斯民间融资书面契约化程度已经较高。据调查,借款中仅有10.2%的借贷活动发生在陌生人之间,由他人介绍。60%以上的借贷双方是朋友关系,通过类似钱庄组织筹措借贷的只有不到10%。这说明"关系型融资"是当地民间借贷的主体。民间借贷手续极其简单,20%的企业借贷是以信用方式进行,提供抵押和担保的比例很低。

鄂尔多斯的民间借贷运作方式灵活,监管难度大,一旦发生违约极易影响当地经济和金融环境的稳定,增加社会不安定因素;基于地缘血缘关系形成的民间借贷,一旦纠纷,将带来连锁反应,产生严重后果。①

以间接信用为主要服务内容的民间金融是东南沿海地下金融的主流,被称为"浙闽模式"。"浙闽模式"是民间金融领域运作最成功、活动最频繁、规模最庞大的形式,甚至全国民间金融在浙、闽、粤的集中度达到了60%,能够满足个体经济发展快的特点。20多年来,"浙闽模式"的民间金融有类似"先富"带"后富"、"富人"帮"穷人"的思路。②

浙江是我国民营经济比重较大、发展较快的地区,民间金融对全省的经济增长做出了相当大的贡献,最具代表性的是温州的民间金融模式。温州民间金融模式随着民营经济的发展而产生,主要经历了三个发展阶段:

改革开放初期,温州民营中小微企业刚成立之初,经营规模小,需要的资金额不大,当时的民间金融主要是个人、家庭、亲戚、朋友之间直接的资金借贷,是一种零散、偶然的非组织化的金融形态。随着民营经济的不断发展,对资金的需求逐渐增加,民间资本由产业资本转变为债权资本,借款人基于契约关系进行融资,成为20世纪80年代主要的民间金融形式。

第二阶段是在20世纪90年代,民营经济的规模进一步扩大,但是中小微企业缺乏企业信用、抵押物来获取银行的贷款,民间金融个体之间的借贷也不能满足民营经济的资金需求,从而产生了非正规的金融机构中介,主要有金融互助会、"银背"、地下钱庄、"抬会"等形式。但是,由于这些机构不规范性、缺乏组织性、缺乏监管,小企业在融资时一般没有抵押担保,导致民间金融诈骗行为不断发生,对当时的经济产生很大的冲击。

针对20世纪民间金融风暴,政府开始取缔、禁止一些非法的民间金融机构,但是限制民间金融的发展并未取得理想的效果,民间金融事件依然不断发生。政府监管部门开始积极地引导、规范民间金融,弱化政府的干预能力,充分发挥市场机制的作用,城市信用社、农村信用社逐渐成为民间金融的主要形式,通过制度变迁民间金融实现进一步组织化、规范化。

二元经济结构决定了目前温州的民间金融可分为体制内(如农村信用社、农村合作基金)和体制外(民间借贷、合会、典当行等)两种组织形式。虽

---

① 杨虎峰,谢昊男,冯兴元. 刀尖上的民间信贷——鄂尔多斯民间金融危机案例分析报告. 中国民商,2013,(4):68-74.

② 魏晓丽. 我国农村民间金融问题研究. 北京:首都经济贸易大学硕士论文,2006.

然政府经过一次次的政策调整,但由于民间金融的隐蔽性、风险性、缺乏监管,2011年温州出现老板跑路潮现象,再次爆发民间金融风波,更加引起了社会的关注。于是2012年3月政府决定设立温州金融综合改革试验区,全面推进民间金融改革。正确认识民间金融,引导和规范民间金融的同时还需要加强监管,期望在地方金融组织体系、金融服务体系、民间资本市场体系、金融风险防范体系等方面先行试验,加快实施小额贷款公司三年行动计划,分批向社会招投标设立机构,为民间资金减压,减少对民间金融的依赖。

第三节 民间金融风险防范策略

金融是经济的核心,经济发展催生金融并促进金融创新,同时金融发展又支撑经济增长。然而,金融发展和经济增长之间相互助推的关系随着金融创新的加快正悄然发生改变。一方面,经济金融化的倾向日趋明显,经济增长对金融发展的依赖性增强;另一方面,金融资产与实际资产背离加速,金融发展的风险正不断累积。这种依赖性增强和背离程度加剧的困境在民间金融领域体现得尤为明显。因此,对于江苏民间金融体系中产生的风险,如果不进行有效的防范与化解,任其累积可能会产生质的变化,导致民间金融体系的崩溃,并影响正规金融体系与实体经济发展。考虑到金融风险总是与金融活动相伴相随,而民间金融又具有天然规避监管的特征,对于民间金融风险进行积极有效的治理应从以下几个方面着手:[①]

一、赋予民间金融合法地位并引导其向正规金融转变

长期以来,由于民间金融存在一些内在的缺陷,发生过多次民间金融风波,扰乱金融秩序,政府一直采取强硬措施,对民间金融总体上持有防御和抵触的态度。但是,民间金融在一定程度上优化资源配置,弥补正规金融资金供给不足,促进经济的发展,民间金融无法被正规金融替代,将继续存在,必须转变对民间金融的态度。如果民间金融一直处于灰色地带,则民间资本易被少数人利用,助长不法分子洗钱的行为。因此,要实现经济更好、更

---

① 方先明,孙利,吴越洋.江苏民间金融风险及其形成机理.河海大学学报(哲学社会科学版),2014,(3):55-62.

快的发展，必须为经济主体提供不同形式的金融服务，用辩证的方法对待民间金融，有步骤、有选择地承认民间金融的法律地位，保护这些民间金融机构的财产权利和正当的经营活动，使民间金融阳光化、透明化。通过制度创新，将那些运营、管理各方面都比较完善的民间金融机构合法化，允许民间金融参与到正规金融市场的活动中。目前，我国的《商业银行法》等相关法律还不能全面覆盖小额贷款公司等民间金融组织，因此，可以针对民间金融合法化出台配套的法律，确定各种民间金融机构的资本经营的范围、期限、税款扣缴及机构破产清算等方面的规定，规范并引导民间金融发展。我国台湾地区通过多次立法使得民间合会在当地成为现代法律所认可的经济组织可以为大陆地区提供参考。

发达国家和地区的民间金融的转化过程充分体现了法律对民间金融健康发展的指导作用。美国通过积极引导符合条件的民间金融机构向社区银行转变，提高了金融市场的效率。以日本为例，二战之后日本政府采取增加供给的财政政策，经济高速增长，逐渐达到充分就业状态，但进入20世纪80年代以来，经济态势已经发展成为泡沫经济，各种经济矛盾开始显现出来，至90年代泡沫破灭，日本政府为了刺激经济，引入大规模公共投资，但由于日本政府过度注重刺激经济增长的短期目的，导致其公共投资效率偏低，不仅没有使日本从经济不景气中摆脱出来，反而积累产生了巨额财政赤字。为了扭转财政恶化态势，日本政府开始转变财政政策方向，并且将民间资金引入公共投资，在追求短期经济增长的同时，也注重形成社会生产力的长期效应。1999年7月，日本政府颁布《PFI推进法》（促进民间资金介入公共设施产品供给的相关法律），该法案鼓励并引导民间资本进入公共投资领域，这种融资方式一方面解决了政府在进行基础设施建设时面临的资金短缺问题，缓解了政府的财政负担，另一方面又在一定程度上提高了公共投资领域的投入产出比率。日本内阁府在《PFI推进法》实施后设立了PFI推进室和PFI推进委员会。其中，PFI推进委员会的委员由首相直接任命，主要负责监督PFI项目的进展情况，提出相关政策建议并随时向首相报告进展，同时还要及时民众公开项目信息，以及对PFI项目进行宣传等工作。除此之外，政府以及各正规金融机构也发挥作用，积极引导民间金融向正规金融转换，鼓励民间金融通过正规渠道进行投资。政府对于PFI项目可以采取不同程度的税收优惠政策，银行等金融机构也可以向PFI项目提供无息或低息贷款。日本的一些 PFI 项目,例如长崎市立图书馆的日常运营、山口县美祢监狱的日常运营都引入了民间资本。而且,日本民间资本已经进入到了海外 PFI 项目,如英国一些医院、公路的日常运营管理。日本通过修正法案等形式,积极引导民间金融的发展,促进信贷协会向共同银行转变,并随着市场竞争而逐步成熟,最终与市场上的商业银行无根本性差别。日本合会大多采取了股份制公司的经营形式,公司制的经营方式赋予民间金融一定程度上的规范性,从而有利于民间金融的监管和风险化解。

我国可以引导小规模的私人钱庄和民间资本参与农村信用社、农村商业银行、城市商业银行等正规金融的改制。民间金融可以借鉴农村商业银行的发展模式,投资人以股份合作的形式加入地方性中小金融机构,使原先地下运行的民间闲散资金转移到合法的投资轨道上来。目前,我国多个省市都成立了农村商业银行,吸纳了大量的民间资本,因此可以在更多的地区组建有民间资本参与的股份制银行。一是承认民间金融的法律地位,有效保护民间金融活动中形成的正当契约关系,在法律框架内解决民间金融涉及的相关纷争和矛盾;二是营造一个平等公平的宽松市场环境,使得民间金融可以与正规金融在较为公平的平台上竞争,同时也有利于资源的最优配置和金融效率的提升;三是支持和引导各种民间金融形式由低级向高级的演变,对民间金融采取组织化的经营方式,并促进部分民间金融向正规金融体系的融入。通过民间金融的合法化,引导其走向规范化运作,保留了非正式金融的独立私人治理机制,又弥补了非正规治理机制不完善带来的社会风险。

二、建立产权明晰制度,完善民间金融发展体制

首先,财产权利的明确界定可以降低交易成本,提高交易的效率,明晰的产权制度是民间金融合法化的前提。一旦民间金融的财产权利得到法律的认可和保护,个人就是财产的所有者,可以真正行使民间金融的财产权利,民间金融组织内部的权利与责任也会十分明确,就会有动力去在利润最大化和风险最小化之间进行权衡,采取谨慎的投资策略。因此,可以修订相关的法律,规定各种民间组织的产权结构,合理的产权制度可以规范一些民间组织规模小而内部管理混乱的局面,为民间金融机构逐渐转换为正规金融机构奠定一定的基础。

其次,随着金融市场的发展,我国正规金融的运行规则与监管制度逐步健全,但民间金融的发展有不同于正规金融的特征。特别是,民间金融交易灵活、运行机制复杂,而又缺少必要的监管。① 2015年11月,《深化农村改革综合性实施方案》公布,该《方案》对于我国目前农村改革的各方面都提出了建设性意见,是当前我国农村改革的指导纲领,具有深刻的借鉴意义。其中,对于江苏省而言,下一步农村改革的重点在于建立和完善农村产权明晰制度。通常而言,农村产权分为三类:资源性资产、经营性资产、公益性资产。目前,江苏省在资源性资产,尤其是土地确权(土地经营权可以抵押,土地承包权可以入股)方面已经完成大部分改革,对于不易分割的资源性资产,采取经营者招标的方式,获得的收益以及分红都归入集体收入或者分红给农户。公益性资产的利用效率也有一定程度的提升,避免了资源配置效率的降低。而经营性资产的产权明晰制度的建立与完善则是未来江苏省农村改革的重点,一方面,农村产权明晰制度的建立有助于转变江苏农村经济增长方式,也是改善江苏省经济发展结构的重要方面,另一方面,农村经营性资产产权明晰也为二三产业的产权明晰制度建立提供借鉴与指导意义。鉴于江苏实体经济高度依赖民间金融,而产业经济发展与产业结构变迁有自身的独特性,为进一步发挥江苏民间金融支持江苏经济增长的效率,需要逐步规范江苏民间金融运行方式,完善与江苏民间金融发展相适应的制度。

与此同时,在完善民间金融发展规章制度的同时,也应大力建设民间金融风险防控体系。由于民间金融缺乏正规渠道指引,信贷风险等一系列非系统性风险也难以通过合法的方式规避或者转移,其资本的流动也较为隐秘,难以实时管控,而农商行的建立能够发挥政策优势,整合资源,对民间资本的流动进行有效的监管,预防大规模非系统性风险的发生,确保民间资金的安全和民间金融市场的有效运转。

三、完善民间金融监管体系

民间金融由民间自发形成,长期游离于政府金融机构的监管体系之外,在促进经济发展的同时,也造成了一定的负面影响。拥有成熟的民间金融

---

① 方先明,孙利,吴越洋. 江苏民间金融风险及其形成机理. 河海大学学报(哲学社会科学版),2014,(3):55-62.

发展模式的国家、地区在赋予民间金融合法地位的同时，还通过相关法规将民间金融纳入监管的范围之内，并且政府对不同的民间金融组织形式根据其运作模式、特点等进行分类监管。对达到正规金融机构标准要求或接近正规金融机构的民间组织，政府要采取扶持的政策，可以适当降低市场准入门槛和市场退出机制，使其与正规金融进行竞争，提高市场效率；对于那些未达到标准的民间金融组织，政府要对其进行严格的监管，以便及时发现问题，有效控制金融风险；而对于像洗钱、高利贷等违法的民间金融形式，政府要给予严厉的打击和取缔。这是我们可以借鉴的经验，并结合各地区的具体情况，采取放宽市场准入机制和严格市场退出制度。

市场准入机制主要包括三个方面：组织形式准入、资本准入、业务准入。针对民间金融不同的组织形式，必须根据各自的运行情况设定不同的市场准入标准。

首先，对于像个人之间或不超过特定人数的民间自由借贷，由于对社会经济的影响很小，有民法、商法做出了详细的规定，无需市场准入、退出要求，只要双方之间有契约即可。

其次，中间形态的民间金融如合会、民间集资、民间合作金融组织、地下钱庄等是我国目前普遍存在的组织形式，这些民间金融如果缺乏合理的市场准入机制的引导则会造成非法集资等违法行为，因此，必须对这些民间金融制定市场准入机制。如：合会是由互助性的民间金融活动发展而来，以自然人为主的法律地位，不具有法人资格，在市场准入机制设置时可以在会员人数、会款金额、用途、利率、入会资格、会员权利、义务方面作出限制。再如：民间金融合作组织，可以采取股份合作制和农信合作社相结合的方式，在投资人入股方面可以放宽限制，允许会员以外的企业、法人入股，在资金运营上满足会员资金需求的同时，可以在本区域进行信贷投放等。

在市场退出机制上，一般民间金融机构存续期到期则会退出，但是如果出现违规行为，则监管机构可以按照相关法律程序强制退出，否则会危害金融市场稳定，影响经济健康发展。

最后，对于组织形式、运作方式与正规金融形式趋近的民间金融机构，如小额贷款公司、私人钱庄、典当行等，它们具有稳定的内部结构、专业化的管理方式、规范化的工作程序等特点，在市场准入和市场退出机制上完全可以参照正规金融的管理和发展模式进行设置，从而保持与正规金融机构的协调性,促进与正规金融机构的合作。

对于引导民间金融规范化运营的监督机制可分为以下三个维度:道德机制、声誉机制、第三方监督机制。

(一) 道德机制

道德机制是对人们的道德行为进行强化激励的机制,这种激励机制是以道德行为的方式对人们的社会行为进行直接或间接的奖赏或惩罚,从而达到其目的。建立和完善道德激励机制是民间金融规范化运营的监督机制中重要的一部分。道德机制基于民间金融运营主体的内心效应的道德约束,完全出于内生性和自发性,约束力和强制性较小。

道德机制表现为缘约文化,民间金融一般都处于地方的社会关系之中,基于业缘、地缘、血缘、亲缘而建立,对其形成了一定程度上的隐性担保,依赖于一定的道德伦理及名誉。民间合会以入会为前提,区域分布性较强;民间借贷多为关系型借贷、内部借贷,对于授信的审批,往往不仅是基于借贷主体的财务报表、担保品等硬信息,更多的是基于借贷双方的个体特点等难以量化、查证的软信息。我国村镇银行的发展可以运用关系型贷款这一优势贷款模式。

(二) 声誉机制

声誉机制是指为了追求长期合作而维护自身的信誉,不会为了短期利益违约的一种信誉机制的约束。只有民间金融主体重视自身信誉,同时违约成本具有惩戒性,基于长期合作的重复博弈而产生的信誉机制才有约束力。而我国目前,银行等正规金融对中小微企业惜贷、拒贷,导致中小微企业存在弄虚作假以获取贷款的短视行为,从而银行更加惜贷,使资金需求旺盛的中小微企业转向民间金融市场,但又存在跑路、问题平台等问题,因此对于恶意的借款人,需要更加强制性的法律约束进行治理。

监管机构也应当在声誉机制的信息基础上扮演重要的角色,建立涵盖信息生成-分级-披露-传播-反馈一连串的制度系统,以弥补投资者对民间借贷认知上的不足,保证声誉机制顺利运转。声誉机制在民间金融治理中的适用,是民间借贷其本身特点使然,声誉机制有助于对信誉较低的借贷者起到震慑的作用,敦促其提高自身的信誉,以看似分散、实则强有力的社会要素推进执法的优化,为监督民间金融的有序提供一种新的可能性。

(三) 第三方监督机制

目前,民间借贷市场缺乏强制性的约束机制,使得民间借贷市场上的借贷者鱼龙混杂,信誉和资金用途也不明确。如果民间金融市场建立一个第三方监督资金用途或对投资者信誉进行监督的机制,将对民间金融市场的有序、健康发展起到积极的推动作用。第三方监督机制具体实施如下:

一是"团体贷款"中的同行压力约束,解决了民间金融缺乏担保的问题,团体成员之间相互监督、承担连带责任以及相互帮助。格莱珉银行首创了团体贷款,我国农户贷款的联保制度和小企业贷款中实行的企业联保都运用了团体贷款模式。二是行业协会自律监管,通过构建民间金融具体的契约治理的第三方治理机制,来进行自律监管。三是依靠法律制约,对于恶意参与民间金融的主体要追究其相关法律责任。对于超出民间金融的私人治理机制约束范围以及监管不到的方面,通过法律强制性进行保障。在民间金融监管缺失、管制混乱的情形下,要依据适度监管的理念构建民间金融法律规制。

四、建立民间金融风险预警管理系统

风险收益与风险损失共存于风险这一矛盾统一体中,只要有金融活动,就必然存在金融风险。适度的金融风险有助于提升市场配置资源的效率,但不能任其累积。值得注意的是,金融风险的集中爆发并不是在瞬间完成的,积极的预警机制犹如防洪、筑坝,能够从源头上有效防范与化解民间金融风险的形成及其累积。因此,应通过对民间金融风险形成、传染机制进行针对性分析,从风险识别、评价、反馈、预控等环节构建民间金融风险预警系统。[①] 建立民间金融风险预警管理系统是对民间金融活动的一种事前监管,把民间金融风险扼杀在摇篮中,避免造成巨大的损失。

构建民间金融风险预警机制包括构建风险预警监测指标体系、建立风险预警机制的监督机制。对我国民间金融风险的预警应当包括整个民间金融市场的宏观预警机制,以及针对民间金融机构的微观预警机制。宏观预警机制用于对整个民间金融市场的风险水平及趋势进行预测,为国家宏观

---

① 方先明,孙利,吴越洋.江苏民间金融风险及其形成机理.河海大学学报(哲学社会科学版),2014,(3):55-62.

经济政策的制定提供借鉴；微观预警机制适用于对某一民间金融机构的风险进行预测，也可用于对行业风险的监测。

构建民间金融风险预警机制首先要建立一整套完备的预警监测指标，监测指标主要是民间金融活动参与双方的融资规模、方式、担保、资金来源和用途、融资人的一些财务指标（参照杜邦财务指标分析）和信用指标（可以参照商业银行的 6C 原则）等，然后根据双方的实际情况与标准的指标进行对比将借贷双方进行评级分类，如正常的民间金融机构、一般问题民间金融机构、有严重违法倾向的民间金融机构等不同类型。根据这些机构的风险评级进行备案登记，对资金信用条件差、偿债能力弱、资金往来较多的企业和个人进行重点监测并作监管记录，成立监管档案。

其次，还要建立民间金融风险预警机制的监督机制，监管部门还要对民间金融机构的资金运营情况进行排查，规定定期出具会计上的四张财务报表和附注，由相关人员通过财务报表分析来判断借贷双方的财务状况，并撰写相关的排查报告。通过报告对存在各种风险隐患的民间金融机构采取一定的措施，如出现亏损、偿债压力大的企业，相关部门可以强制通知对方提前收回款项等。对民间金融活动事前的信息资料收集、整理、分析，资金运营时的反馈、排查等工作的落实形成一套规范化的预警监测体系，从而更有助于防范和化解民间金融风险，维护金融市场的秩序。

（一）民间金融风险的宏观预警机制

宏观预警机制是对整个民间金融市场的风险进行预警。其预警指标体系的构建主要为金融风险指数的构建，具体指标有：① 对民间利率的监测。利率监测需要跟踪民间金融具体行为者来确定相应借贷利率，监测对象的科学性值得考虑，除非被监测者是职业放贷人，否则其偶发性易使检测结果不准确。② 对民间金融不良贷款率的监测。不良贷款率是指逾期贷款、呆账贷款、呆滞贷款占贷款余额的比重，反映了民间金融行业整体的贷款风险水平。③ 对民间金融经济纠纷案件的监测。经济纠纷案件数量反映了一定区域内民间金融的活跃程度和风险水平。④ 对中小微企业问题数量的监测。中小微企业作为主要借贷人参与民间金融市场，中小微企业出现问题易导致民间金融现金流的断裂，引发一系列民间金融风险。⑤ 对民间金融居民存款额的监测。民间金融居民存款余额反映了民间金融市场的规模，如果民间金融市场存款对均衡量发生偏移，意味着资金在民间金融市场和正规金融市场的流动转移。民间金融风险具有地域性,受地区经济发展情况和社会结构的影响,在预警监测指标构建的前提下,可以建立相应的监督机制,结合地区特点和行业政策,引导对民间金融风险的预测和管理,同时也可以为政策的制定提供参考。[①]

(二)民间金融风险的微观预警机制

民间金融风险的微观预警机制主要是通过对民间金融中的某个机构或行业风险水平及影响因素进行分析,构建微观预警机制。微观预警指标体系的构建主要是针对民间金融自身风险进行指标监测,具体的如某家机构不良贷款率、贷款平均期限、贷款的集中度等。通过设置不同等级的阀值,确定民间金融风险的不同状态,通过搜集具体民间金融机构的数据,分析风险影响指标与风险指示指标之间的关系,并判断民间金融的风险状态。

在建立民间金融风险的微观预警机制的同时,也该建立统一的民间金融数据库平台,提供一个统一的接口接收和采集民间金融数据,便于获取准确、可靠的信息,使得对民间金融风险的微观预警机制的管理更加高效和便捷。另外,民间金融风险的微观预警机制也应配套建立快速预警纠偏机制,提前发现并及时处理民间金融可能面临或正在面临的风险,避免不必要的损失,因此,建立和完善以资本充足率为主线的快速预警纠错偏差机制是建立民间金融风险的微观预警机制密不可分的一部分。

在民间金融微观预警机制的构建前提下,可以建立相应的监督机制,更好地对民间金融机构自身进行风险管理,以及对金融机构或金融行业进行风险管理。

五、健全民间金融风险救助机制

随着经济金融化的趋势越来越明显,民间金融发展对于经济增长的支持作用越来越重要。与此同时,金融风险集中爆发对于社会经济发展的冲击效应也越来越大,影响群众的恐慌情绪进而造成非理性行为,更为关键的是民间金融领域内的风险会借助影子银行体系向正规金融领域渗透,危及金融安全。因此应从救助资金来源筹划、救助对象确定、救助平台搭建、救助渠道选择等方面完善民间金融风险救助机制。

---

① 闵国斌.民间金融风险管理体系研究.杭州:浙江师范大学硕士论文,2012.

此外,应该意识到,缺少严密监管而又具有内生性的民间金融体系,其健康发展离不开良好的金融生态环境。地方各级政府及金融监管部门作为制度框架的设计者,以及金融生态建设的重要参与者,应该兼顾"政治人"与"经济人"的双重身份,通过职能转变,加强组织与协调,提供更多的产品与服务等,努力为良好金融生态建设构筑坚实的平台。[①]

而对我国民间金融风险救援机制的制度救援保障主要分为以下几个方面:

(一) 破产制度

《中华人民共和国企业破产法》未设置个人破产制度,容易导致债务人权利保护缺失。我国的民间合会、地下钱庄等民间金融经济组织不具备独立的法人资格,属于商自然人。当自然人破产时,债务风险爆发,债务人可能因偿债任务过于繁重而一走了之。我国需要扩大破产法的适用范围,将其扩大至商自然人范畴,并进行分层管理:对不诚实的债务人,发现其有隐瞒财产逃脱债务的行为,可以不予免责;对于诚实的债务人,应当部分免责,以免债务人保护缺失一走了之。在美国,个人破产制度与企业的破产制度并存于同一部法律。当个人无法按约定偿还债务时,可以申请破产保护,取消大部分债务,从而获得一次重新开始的机会。当申请破产保护后,除了日常生活的必需品外债务人的所有资产将会被拍卖,拍卖所得用以偿还债务。如果债务人有固定的收入来源,那么可以和债权人进行协商,延期偿还债务,从而避免拍卖所有资产。另一方面,债务人申请破产保护后,债权人不得以任何形式向债务人索要被取消的债务,否则会被处以罚款或受到其他处罚。

(二) 市场退出机制

完善的市场退出机制对于我国民间金融市场而言,必不可少。我国现存的退出机制主要是参照公司破产法实施的破产清算,而民间金融机构与一般性企业在经营方式和经营特点上存在较大差别,公司法规定的破产清算可操作性不强。我国应当建立完善的市场机制,明确民间金融机构的破产保护、兼并重组以及临时救助方式,平衡参与双方的利益,维护金融秩序

[①] 方先明,孙利,吴越洋.江苏民间金融风险及其形成机理.河海大学学报(哲学社会科学版),2014,(3):55-62.

的稳定。在建立民间金融市场退出机制时应该注意以下几点：① 无论采取何种市场退出方式，都必须最小化民间金融退出的负面影响，维护金融市场的健康与稳定。② 民间金融得以生存和发展的基础是社会公众的资金和信任，因此在建立市场退出机制时应保障存款人、投资人的合法权益。③ 民间金融涉及的公共利益范围较广，处理不当易产生社会问题，从而政府有必要进行适当的干预，市场退出机制应采用市场手段和行政手段相结合的方式进行。

（三）行业互助机制

通过建立民间金融行业协会，既可以加强对民间金融行业的自律性监管，又可以实现行业互援。针对不同的民间金融形式，成立不同的行业协会，明确行业协会的救助形式、救助手段、救助程序等。行业协会是一个救助主体，更是一个服务主体，方便协会成员互助，从而化解风险损失，降低破产清算的比例，同时实现民间金融机构的适度扩张。民间金融行业协会定期组织针对民间市场的风险应对培训，并加强行业内部交流，深入了解行业内各种现象及问题，为建立正规化市场做出贡献。

以环境侵权领域为例，社会化损害救济制度的方式之一就是企业互助基金。在一些情况下，因无法确定环境污染的责任人，或者是该责任人无赔偿能力时，环境污染的受害者无法得到救济，而企业互助基金制度就是把责任分散给多个企业承担，缓解单个企业的压力，同时不把损失赔偿过多地转嫁给社会，从而保障受害人得到有效救济，实现社会的公平和正义。

（四）风险救助金机制

民间金融具有很强的地缘性，地方政府可以建立政府主导型的风险救助机制，设立民间金融风险基金，与民间金融的宏观预警机制相统一，针对不同的预警状态，计提不同的风险救助基金，以保证区域经济的稳定。风险救助基金可以为出现资金问题的民间金融机构提供短期资金救助，助其度过暂时性的债务危机。民间金融的风险救助机制应当以政府为主导，风险防范和救助基金为核心，协调财政、民政、工商、公安、法院等各部门进行救援，为治理民间金融风险管控好最后一道防线。

结束语

　　民间金融是为满足生产和正当交易的需要产生的金融活动。国家积极支持民间金融的发展,提出"应该引导。允许民间资本进入金融领域,使其规范化、公开化,既鼓励发展,又加强监管"。民间金融作为我国正规金融的补充,在经济发展中起着越来越重要的作用,其风险的不断积累对我国经济金融的威胁也不断加深。在我国特殊的经济体制背景下,研究民间金融具有非常重要的意义,研究过程中通过研究民间金融风险的内涵、探寻民间金融风险的形成机理、明确民间金融风险传染路径,从而更好地规范促进民间金融的发展。江苏省民间金融在全国占据重要而典型的地位,通过研究明确江苏民间金融发展规模及民间金融风险来源,把握民间金融风险的演化趋势,提出防范与化解民间金融风险对策与措施,可以加深我们对全国民间金融风险的理解,具有重要的实践价值。

　　研究过程中主要通过文献搜集、实地调研、定性、定量、案例分析的方法,进行研究。写作基于大量相关的文献资料,通过对省及各市县统计局、金融主管机关、银行及非银行类金融机构在江苏的分支机构、农村企业等进行实地走访调研,对农户采用随机调查与典型调查相结合的方法,掌握最新、最可靠、最全面的基础数据。通过对国内外现存文献的深入研剖,为课题的研究提供思路借鉴与方法支持,理论分析和实际调研的结合,为系统、全面的实证检验奠定了基础。通过相关文献梳理,界定民间金融的内涵;通过对民间金融发展现状的分析,探寻民间金融风险的来源、种类,明确其演化与传染路径;建立科学、合理、系统、全面的评价指标体系,为民间金融风险的评价奠定基础。并根据实地调研及计量分析的结果,提出有针对性的对策与建议,预防与控制民间金融风险的集聚,并提出积极有效措施逐步化解民间金融风险。定量研究则是基于各地区民间金融发展数据,统计分析我国民间金融发展现状,基于所构建的评价指标体系,测度民间金融风险水平,描述其演化趋势,并根据民间金融数据,比较分析民间金融风险。通过计量分析,为对策研究提供经验证据,提高所提政策建议的针对性与有效性。最后借鉴国际和国内民间金融风险管理的实践经验,探究我国民间金融的风险管理策略。

研究过程中依次研究了我国民间金融发展现状及其风险,并以江苏民间金融为案例研究,分析民间金融催生因素及其规模、风险发展的溢出效应、风险的影响因素、风险特征、风险评价及其演化路径等。借鉴国际和国内不同地区民间金融发展经验,探索我国民间金融的管理策略。最后以具体案例分析民间金融的风险,并总结风险管理实践经验。

研究发现,我国民间金融形成的原因分为外部和内部因素,主要有来自政府的金融垄断和正规金融的挤压,宏观经济政策的影响,游资的冲击,信息优势的弱化,制度不健全,组织形式不正式、缺乏内部有效管理、监管缺失,市场不规范(包括交易程序不规范、利率制度不规范、相关违法违规行为的存在)等。针对江苏民间金融,研究过程中构建内生性风险因素指标,衡量了不同类型民间金融,结果表明民间自由借贷、小额贷款公司、民间合会、融资担保模式、典当行业、互联网借贷平台等的信用风险、道德风险、经营风险、流动性风险、利率风险都高于正规金融。我国民间金融主要通过利率差异渠道、金融要素交叉流动渠道、信息交叉传播渠道等传染、累积和演化其主要经过为:① 民间金融风险的累积效应。② 民间金融风险向正规金融和实体经济渗透。③ 金融风险引发金融危机。

借鉴国内外民间金融风险管理经验,应该赋予民间金融合法地位,引导其向正规金融转换;建立产权明晰制度,完善民间金融发展体制;完善民间金融监管体系,建立民间金融风险预警管理系统;健全民间金融风险救助机制。

主要参考文献

[1] 鲍静海,吴丽华.德、法、美、日合作金融组织制度比较及借鉴[J].国际金融研究,2010,(4):48-53.

[2] 保罗·A·萨缪尔森,威廉·D·诺德豪斯.胡代光译.经济学[M].北京:首都经贸大学出版社,1996.

[3] 毕德富.宏观调控与民间借贷的相关性研究[J].金融研究,2005,(8):188-191.

[4] 蔡四平.规范我国民间金融发展的路径选择[J].中央财经大学学报,2011,(2):21-26.

[5] 陈氚.理解民间金融的视角转换:从经济学反思到金融社会学[J].福建论坛(人文社会科学版),2014,(4):180-186.

[6] 陈晓红,周颖,佘坚.基于DEA方法的民间金融资本运用效率研究——对温州市民间金融的实证分析[J].经济问题探索,2007,(5):101-105.

[7] 陈展.非正规金融与区域经济发展——以温州为例[D].上海:华东师范大学,2007.

[8] 陈志武,林展,彭凯翔.民间借贷中的暴力冲突:清代债务命案研究[J].经济研究,2014,(9):162-175.

[9] 崔百胜.非正规金融与正规金融:互补还是替代?——基于DSGE模型的相互作用机制研究[J].财经研究,2012,38(7):121-132.

[10] 邓磊,陈霞.反垄断视野下的民间金融制度探析[J].海南大学学报(人文社会科学版),2012,30(4):118-123.

[11] 邓路,谢志华,李思飞.民间金融、制度环境与地区经济增长[J].管理世界,2014,(3):31-40,187.

[12] 董晓林,高瑾.小额贷款公司的运营效率及其影响因素——基于江苏227家农村小额贷款公司的实证分析[J].审计与经济研究,2014,(01):95-102.

[13] 董晓林,徐虹. 我国农村金融排斥影响因素的实证分析——基于县域金融机构网点分布的视角[J]. 金融研究,2012,(9):115-126.

[14] 杜朝运. 制度变迁背景下的农村非正规金融研究[J]. 农业经济问题,2001,(3):23-27.

[15] 杜伟. 中国农村民间金融发展研究[D]. 杨凌:西北农林科技大学,2008.

[16] 范建军. 我国民间借贷危机形成的原因和对策[J]. 经济纵横,2012,(4):26-29.

[17] 方先明,孙利,吴越洋. 江苏民间金融风险及其形成机理[J]. 河海大学学报(哲学社会科学版),2014,(3):55-62,92.

[18] 方先明,孙利. 民间金融风险:形成、传染与演化[J]. 中央财经大学学报,2015,(7):28-34.

[19] 费淑静. 我国农村民间金融的绩效与监管制度安排[J]. 农村经济,2008,(5):79-82.

[20] 冯登艳. 金融深化是化解民间借贷危机的根本途径[J]. 金融理论与实践,2012,(5):48-52.

[21] 高山. 金融创新、金融风险与我国金融监管模式研究[J]. 南京审计学院学报,2009,(2):40-45.

[22] 郭斌,刘曼路. 民间金融与中小企业发展:对温州的实证分析[J]. 经济研究,2002,(10):40-46,95.

[23] 郭沛. 中国农村非正规金融规模估算[J]. 中国农村观察,2004,(2):21-25.

[24] 哈斯. 小额贷款公司对民间融资的替代和转化效用研究——以内蒙古西部地区为例[J]. 中央财经大学学报,2012,(8):38-43.

[25] 何德旭,饶明. 我国农村金融市场供求失衡的成因分析:金融排斥性视角[J]. 经济社会体制比较,2008,(2):108-114.

[26] 何广文,杨虎锋,张群,谢昊男,宋冀宏. 小额贷款公司的政策初衷及其绩效探讨——基于山西永济富平小额贷款公司案例的分析[J]. 金融理论与实践,2012,(1):4-10.

[27] 何静,戎爱萍. 城镇化进程中的金融创新研究[J]. 经济问题,2012,(1):126-129.

[28] 贺灿飞,潘峰华.产业地理集中、产业集聚与产业集群:测量与辨识[J].地理科学进展,2007,(2):1-13.

[29] 胡德官.我国民间金融问题研究述评[J].中国农村观察,2005,(5):69-73,79.

[30] 黄德权.广东省区域金融与区域经济发展实证分析[J].金融经济,2011,(2):55-58.

[31] 黄德勇.联结民间金融和正规金融的桥梁——巴西CPR工具制度设计及启示[J].区域金融研究,2012,(8):80-82.

[32] 黄蓉.金融聚集、产业结构优化和经济总量之间的互动关系研究[J].经济问题,2013,(11):58-62,99.

[33] 黄儒靖.基于理性回归视角的我国民间金融规范发展的路径选择[J].云南财经大学学报,2012,(06):99-104.

[34] 黄永华.贵州民族地区二元经济结构与民间金融[J].贵州民族研究,2014,(3):158-161.

[35] 黄振香.构建民间金融之市场准入与退出制度的思考[J].中南大学学报(社会科学版),2014,20(2):87-91.

[36] 姜旭朝,丁昌锋.民间金融理论分析:范畴、比较与制度变迁[J].金融研究,2004,(8):100-111.

[37] 姜旭朝.中国民间金融研究[M].济南:山东人民出版社,1996.

[38] 蒋志芬.中小企业选择民间金融的可行性分析及政策建议[J].学海,2007,(1):184-189.

[39] 金银亮,刘尧飞,张薇.江苏中小企业融资现状及问题研究[J].南京财经大学学报,2013,(11):57-65.

[40] 靳玉英,周兵.新兴市场国家金融风险传染性研究[J].国际金融研究,2013,(5):49-62.

[41] 李敦祥,王平.发展民间金融缓解县域民营企业融资困境[J].学术论坛,2005,(2):105-108.

[42] 李富有,匡桦.基于短期局部均衡的民间金融高利率解释[J].经济经纬,2010,(1):128-131.

[43] 李建军.中国货币状况指数与未观测货币金融状况指数——理论设计、实证方法与货币政策意义[J].金融研究,2008,(11):56-75.

[44] 李建军.中国未观测信贷规模的变化:1978～2008年[J].金融研究, 2010,(4):40-49.

[45] 李敬,冉光和,温涛.金融影响经济增长的内在机制——基于劳动分工理论的分析[J].金融研究,2007,(6):80-99.

[46] 李瑞红.关于民间资金参与地方金融机构改革的几点思考——基于我国台湾银行业的经验与教训[J].国际金融,2012,(7):23-28.

[47] 李世财."金融二元主义"框架下民间金融的风险解构[J].江西社会科学,2013,(11):62-65.

[48] 李元华.共生视角下民间金融研究——基于共生经济视角的机理解释和对策建议[J].经济学动态,2012,(4):47-50.

[49] 林毅夫,孙希芳.信息、非正规金融与中小企业融资[J].经济研究, 2005,(7):35-44.

[50] 刘新华,李丽丹.我国民间借贷的演化路径及相关对策分析——基于金融不稳定性假说的视角[J].陕西师范大学学报(哲学社会科学版), 2013,(3):22-28.

[51] 刘志友,孟德锋,卢亚娟.微型金融机构的效率权衡:财务效率与社会效率——以江苏省小额贷款公司为例[J].经济理论与经济管理, 2013,(5):102-112.

[52] 刘志友,孟德锋,杨爱军.金融发展、支农目标与微型金融机构的成本效率——以江苏省小额贷款公司为例[J].财贸经济,2012,(8): 56-63.

[53] 卢斌,沈俊,姜祥林.不对称信息条件下民间金融风险传导效应分析[J].当代经济,2013,(17):106-108.

[54] 卢峰,姚洋.金融压抑下的法治、金融发展和经济增长[J].中国社会科学,2004,(1):42-55,206.

[55] 卢亚娟,孟德锋.民间资本进入农村金融服务业的目标权衡——基于小额贷款公司的实证研究[J].金融研究,2012,(3):68-80.

[56] 罗德明,奚锡灿.金融契约与民间金融市场的局部性[J].浙江大学学报(人文社会科学版),2010,40(2):152-163.

[57] 马勇.系统性金融风险:一个经典注释[J].金融评论,2011,(4): 1-17,123.

[58] 苗大雷,王水雄.金融危机下民间金融发展与中小企业融资困境应对——基于两次全国中小企业融资调查的实证分析[J].郑州大学学报(哲学社会科学版),2010,43(5):79-82.

[59] 潘士远,罗德明.民间金融与经济发展[J].金融研究,2006,(4):134-141.

[60] 潘庸鲁,周荃.民间借贷、高利贷与非法发放贷款疑难问题探究——兼对"非法发放贷款"入罪观点之批驳[J].金融理论与实践,2012,(1):92-96.

[61] 蒲祖河.基于温州正规金融与民间金融结构现状的博弈分析[J].经济社会体制比较,2007,(3):82-85.

[62] 钱水土,江乐.浙江区域金融结构对产业集聚的影响研究——基于面板数据的实证分析[J].统计研究,2009,(10):62-67.

[63] 钱水土,翁磊.社会资本、非正规金融与产业集群发展——浙江经验研究[J].金融研究,2009,(11):194-206.

[64] 钱小安.金融民营化与金融基础设施建设——兼论发展民营金融的定位与对策[J].金融研究,2003,(2):1-11.

[65] 乔桂明.江苏省农村民间金融发展问题研究[J].农村经济问题,2006,(9):17-21,79.

[66] 乔桂明,陈晓敏.农村经济发展中的民间金融问题研究[J].农村经济问题(月刊),2004,(12):61-64.

[67] 秦颐,焦瑾璞.小额贷款公司融资方式述评[J].金融理论与实践,2014,(2):89-93.

[68] 沈颖妮.江苏省农村地区金融排斥及其影响因素的实证研究[D].南京农业大学,2010.

[69] 史晋川.人格化交易与民间金融风险[J].浙江社会科学,2011,(12):25-26.

[70] 宋冬林,徐怀礼.中国民间金融的兴起与发展前景:温州案例[J].北方论丛,2005,(1):123-133.

[71] 孙健,胡金焱.小额贷款公司与农民收入关系研究——以山东省小额贷款公司为例[J].山东社会科学,2011,(12):55-59,141.

[72] 汤碧.小额贷款公司期待政策创新——来自温州金融改革的启示[J].

管理世界,2012,(9):170-171.

[73] 唐蓉,贺莉,张灵洁.江苏省民间资本进入金融领域的现状及风险研究[J].财务与金融,2013,(3):8-13.

[74] 陶永诚.登记制与借贷"三板"市场——民间金融的优选制度与组织结构[J].浙江社会科学,2005,(4):49-51,75.

[75] 田剑英,黄春旭.民间资本金融深化与农村经济发展的实证研究——基于浙江省小额贷款公司的试点[J].管理世界,2013,(8):167-168.

[76] 汪丽丽.多维视角下民间金融生成逻辑分析[J].华东经济管理,2012,26(12):22-25.

[77] 王革.中国转轨时期民间金融研究[D].北京:中国社会科学院研究生院,2002.

[78] 王惠萍,龙冬,唐嵩.我国民间金融透析与制度构想[J].软科学,2010,24(08):141-144.

[79] 王家传,冯林.农村小额贷款公司营运成效与发展方略:以山东省为例[J].农村经济问题,2011,(7):54-61,111.

[80] 王擎,田娇.非正规金融与中国经济增长效率——基于省级面板数据的实证研究[J].财经科学,2014,(3):11-20.

[81] 王曙光,邓一婷.民间金融扩张的内在机理、演进路径与未来趋势研究[J].金融研究,2007,(6):69-79.

[82] 王修华,傅勇,贺小金等.中国农户受金融排斥状况研究——基于我国8省29县1547户农户的调研数据[J].金融研究,2013,(7):139-152.

[83] 王一鸣,李敏波.非正规金融市场借贷利率决定行为:一个新分析框架[J].金融研究,2005,(7):12-23.

[84] 吴宝,李正卫,池仁勇.社会资本、融资结网与企业间风险传染—浙江案例研究[J].社会学研究,2011,(3):84-105,244.

[85] 吴炳辉,何建敏.开放经济条件下金融风险国际传染的研究综述[J].经济社会体制比较,2014,(2):87-96.

[86] 吴胜.民间金融的存在与发展:一个供给的视角[J].上海金融学院学报,2008,(3):17-22.

[87] 王明琳,金波.区域经济转型视角下民间金融与民营企业研究——民间金融、民营企业与区域经济转型升级(2013)研讨会综述[J].经济研

究,2013,(5):157-160.

[88] 项俊波.金融风险的防范与法律制度的完善[J].金融研究,2005,(8):1-9.

[89] 熊进光,潘丽琴.中国民间金融的法律监管问题[J].重庆大学学报(社会科学版),2013,(1):20-24.

[90] 徐军辉.从诱致性制度变迁到强制性制度变迁:温州民间金融改革[J].贵州社会科学 2013,(1):69-74.

[91] 徐志龙,赵凯,吴春梅.充分发挥内生性民间金融对民营企业的支持作用[J].江淮论坛,2006,(2):26-29,40.

[92] 薛晴,刘湘勤,马光辉.资源开发、民间金融与资源富集地区经济转型发展——基于四部门内生增长模型的理论分析及实证研究[J].西北大学学报(哲学社会科学版),2013,43(6):82-88.

[93] 杨春柏.小微企业民间金融支持与制约研究[J].山东社会科学,2013,(01):177-179.

[94] 杨虎锋,何广文.小额贷款公司经营有效率吗——基于42家小额贷款公司数据的分析[J].财经科学,2011,(12):28-36.

[95] 杨俊龙.发展农村民间金融的利弊分析与对策思考[J].经济问题,2007,(3):67-69.

[96] 杨小丽,董晓林.农村小额贷款公司的贷款结构与经营绩效——以江苏省为例[J].农业技术经济,2012,(5):70-78.

[97] 姚耀军.非正规金融市场:反应性还是自主性?——基于温州民间利率的经验研究[J].财经研究,2009,(4):38-48,71.

[98] 叶永刚,余巍.中国民间金融聚集区发展模式分析[J].学习与实践,2013,(12):65-70.

[99] 叶茜茜.影响民间金融利率波动因素分析——以温州为例[J].经济学家,2011,(5):66-73.

[100] 尹超.乡镇企业融资困境与民间金融优化路径探析——基于对现行金融体制抑制效应的分析[J].湘潭大学学报(哲学社会科学版),2012,36(4):69-73.

[101] 殷龙江.东北三省民间金融与经济发展的实证研究[D].大连:东北财经大学,2012.

[102] 虞群娥,李爱喜.民间金融与中小企业共生性的实证分析——杭州案例[J].金融研究,2007,(12):215-222.

[103] 袁梅婷,赵丙奇.基于博弈论的农村民间金融风险研究[J].农村经济,2004,(1):64-68.

[104] 苑德军.民间金融的外延、特征与优势[J].经济与管理研究,2007,(1):45-49.

[105] 曾洋.民间融资利率管理的类型化路径选择[J].南京社会科学,2013,(9):95-100.

[106] 中国人民银行广州分行课题组.从民间借贷到民营金融:产业组织与交易规则[J].金融研究,2002,(10):101-109.

[107] 张庆亮,张前程.中国民间金融利率研究的文献综述[J].经济学动态,2010,(3):79-82.

[108] 张凯,曹露聪.民间金融监管困境及其法律治理路径建构[J].求索,2012,(12):226-228.

[109] 张胜林,李英民,王银光.交易成本与自发激励:对传统农业区民间借贷的调查[J].金融研究,2002,(2):125-134.

[110] 张希慧.我国民间金融发展规范边界研究[J].财经理论与实践,2009,(1):26-29.

[111] 张晓朴.系统性金融风险研究:演进、成因与监管[J].国际金融研究,2010,(7):58-67.

[112] 张燕,邹维.典型国家农村民间金融监管的比较分析及启示[J].农村经济,2009,(5):121-125.

[113] 张燕,吴正刚,杜国宏.金融垄断格局下的农村民间金融发展路径分析[J].东南学术,2008,(5):58-63.

[114] 张友俊,文良旭.交易、契约机制与自律:合水县民间借贷个案研究[J].金融研究,2002,(4):125-130.

[115] 张燕,吴正刚.我国农村民间金融发展的法律困境与制度选择[J].大连理工大学学报(社会科学版),2010,31(2):73-77.

[116] 张震宇.温州模式下的金融发展研究[M].北京:中国金融出版社,2003.

[117] 赵峦,孙文凯.农信社改革对改善金融支农的政策效应评估——基于

全国农户调查面板数据的倍差法分析[J]. 金融研究,2010,(3): 194-206.

[118] 赵新军. 中小企业融资与民间借贷协同化研究——以温州地区为例[J]. 西南民族大学学报(人文社会科学版),2012,(5):146-150.

[119] 赵玉珍. 民间金融与中小微企业共生性研究[J]. 财经理论与实践,2014,(4):15-20.

[120] 郑晓云,刘丽. 小额贷款公司利率定价模型设计[J]. 财会月刊,2012,(35):41-43.

[121] 郑振龙,林海. 民间金融的利率期限结构和风险分析:来自标会的检验[J]. 金融研究,2005,(4):133-143.

[122] 周黎明,史晋川,王争. 融资成本、融资替代与中国典当业的盈利波动[J]. 金融研究,2012,(3):81-94.

[123] 周卫民. 政府投资、民间金融和民间投资——不同资本流动状态下的投资博弈模型[J]. 当代经济科学,2009,31(6):48-55,124.

[124] 诸葛隽. 民间金融——基于温州的控索[M]. 北京:中国经济出版社,2007.

[125] Qayyum A,Ahmad M. Efficiency and Sustainability of Micro Finance[R]. Mpra Paper,2006.

[126] Adams D W. Informal Finance in Low-Income Countries[M]. Westview Press,1992.

[127] Allen F,Qian J,Qian M. Law,Finance and Economic Growth in China[J]. Journal of Financial Economics,2004,77(1):57-116.

[128] Madestam A. Informal Finance:A Theory of Moneylenders[J]. Journal of Development Economics,2012,107(1):157-174.

[129] Arellano M,Bover O. Another Look at the Instrumental Variable Estimation of Error-components Models[J]. Journal of Econometrics,1990,68(1):29-51.

[130] Balakrishnan R,Danninger S,Elekdag S,et al. The Transmission of Financial Stress from Advanced to Emerging Economies[J]. Social Science Electronic Publishing,2014,47(5):40-68.

[131] Barro R J,Lee J W. Sources of Economic Growth[C]. Carnegie-

Rochester Conference Series on Public Policy, 1994, 40(1): 1 - 46.

[132] Bassem B S. Efficiency of Microfinance Institutions in the Mediterranean: An Application of DEA[J]. Transition Studies Review, 2008, 15(2): 343 - 354.

[133] Bottomley A. 2-Interest Rate Determination in Underdeveloped Rural Areas[J]. American Journal of Agricultural Economics, 1975, 57(2): 449 - 464.

[134] Brau J C, Woller G M. Microfinance: A Comprehensive Review of the Existing Literature[J]. Journal of Entrepreneurial Finance, 2004, 9(1): 1 - 28.

[135] Cardarelli R, Elekdag S A, Lall S. Financial Stress, Downturns, and Recoveries[J]. Social Science Electronic Publishing, 2009, 09(100): 25 - 29.

[136] Gatti D D, Gallegati M, Greenwald B, et al. Business Fluctuations in a Credit-network Economy[J]. Physica A Statistical Mechanics & Its Applications, 2006, 370(1): 68 - 74.

[137] Watts D J, Strogatz S H. Collective Dynamics of "Small-World" Networks[J]. Nature, 1998, 393(6684): 440 - 2.

[138] Kropp, Erhard et. Al. Linking Self-Help Groups and Banks in Developing Countries[M]. Eschborn, Germany: Deutsche Gesellschaft fuer Technische Zusammenarbeit (GTZ), 1989.

[139] Allen F, Gale D. Financial Contagion[J]. Journal of Political Economy, 2000, 108(1): 1 - 33.

[140] Ghatak M. Group Lending, Local Information and Peer Selection 1[J]. Journal of Development Economics, 1999, 60(1): 27 - 50.

[141] Ghate P. Informal Finance: Some Findings from Asia[M]. Asian Development Bank Press, 1992.

[142] Gordana P, Milan M. Two-Stage DEA Use for Assessing Efficiency and Effectiveness of Micro-Loan Program[R]. The 7th Balkan Conference on Operational Research, 2005.

[143] Guitierrez-Nieto B, et al. Microfinance Institutions and Efficiency

[J]. Omega, 2007, 35(2): 131 - 142.

[144] Hassan K M, Sanchez B. Efficiency Analysis of Microfinance Institutions in Developing Countries[J]. Ssrn Electronic Journal, 2009, 83(3): 446 - 456.

[145] Holland P W, Leinhardt S. Transitivity in Structural Models of Small Groups [J]. Small Group Research, 1971, 2(2): 49 - 66.

[146] Isaksson A. The Importance of Informal Finance in Kenya Manufacturing [R]. The United Nations Industrial Development Organization Working Paper, 2002.

[147] Yeh Q J. The Application of Data Envelopment Analysis in Conjunction with Financial Ratios for Bank Performance Evaluation [J]. Journal of the Operational Research Society, 1996, 47(8): 980 - 988.

[148] Jayaratne J, Wolken J. How Important are Small Banks to Small Business Lending? New Evidence from A Survey of Small Firms [J]. Journal of Banking & Finance, 1999, 23(2 - 4): 427 - 458.

[149] Stiglitz J E, Weiss A. Credit Rationing in Markets with Imperfect Information[J]. American Economic Review, 1981, 71 (71): 393 - 410.

[150] Tsai K S. BEYOND BANKS: The Local Logic of Informal Finance and Private Sector Development in China[C]. Informal Finance in China American & Chinese Perspectives, 2009.

[151] Krahnen J P, Schmidt R H. Developing Finance as Institution Building: A New Approach to Poverty-Oriented Banking[J]. Journal of Development Economics, 1996, 50(2): 392 - 395.

[152] Love I, Zicchino L. Financial Development and Dynamic Investment Behavior: Evidence from Panel VAR[J]. Quarterly Review of Economics & Finance, 2006, 46(2): 190 - 210.

[153] Illing M, Ying L. Measuring Financial Stress in a Developed Country: An Application to Canada [J]. Journal of Financial Stability, 2006, 2(3): 243 - 265.

[154] Martin R, Sunley P. Deconstructing Clusters: Chaotic Concept or Policy Panacea? [J]. Journal of Economic Geography, 2003, 3(1): 5-35.

[155] Mersland R, Strom R O. Microfinance Mission Drift? [J]. World Development, 2010, 38(1): 28-36.

[156] Ayyagari M, Demirgü kunt A, Maksimovic V. Formal versus Informal Finance: Evidence from China [J]. Review of Financial Studies, 2008, 23(8): 3048-3097.

[157] Nisbet C. Interest Rates and Imperfect Competition in the Informal Credit Market of Rural Chile [J]. Economic Development & Cultural Change, 1967, 16(1): 73-90.

[158] Pagano M. Financial Markets and Growth: An Overview[J]. European Economic Review, 1993, 37(2-3): 613-622.

[159] Seiford L M, Zhu J. Sensitivity and Stability of the Classifications of Returns to Scale in Data Envelopment Analysis[J]. Journal of Productivity Analysis, 1999, 12(1): 55-75.

[160] Timberg T A, Aiyar C V. Informal Credit Markets in India[J]. Economic Development & Cultural Change, 1984, 33(1): 43-59.

[161] Das U, Iossifov P K, Podpiera R, Rozhkov D. Quality of Financial Policies and Financial System Stress[R]. IMF Working Paper, No. 05(173).

[162] Wai U T. What Have We Learned about Informal Finance in Three Decades [M]. Boulder: Westview Press, 1992.

[163] Wasserman S, Faust K. Social Network Analysis: Methods and Applications. [J]. Contemporary Sociology, 1994, 91(435): 219-220.

[164] Amihud Y. Illiquidity and Stock Returns: Cross-Section and Time-Series Effects[J]. Journal of Financial Markets, 2002, 5(1): 31-56.

[165] Tang Y, Shan C. Does Informal Finance Help Formal Finance? Evidence from Third Party Loan Guarantees in China[R]. Capital Markets Program Meeting & Corporate Finance Program Meeting, 2011.

附　录

附录一　江苏省泗洪县"宝马乡"区域性金融风险案例

一、江苏省泗洪县"宝马乡"民间金融危机回顾

（一）"宝马乡"民间金融的规模

江苏省泗洪县石集乡，这个位于淮河中游的江南县城由于豪车云集而被网民戏称为"宝马乡"。网友爆料称泗洪县目前拥有大约800辆宝马，600辆奔驰，保时捷、林肯、凯迪拉克等豪车也位列其中，而泗洪县的宝马车中，约500辆属于石集乡所有，一时间，这个突然出现在大众面前的"土豪乡"成为了人们议论的热点。

泗洪县其实并不富裕。根据泗洪官方公布的数据，2010年，该县全年实现地区生产总值181亿元，城镇居民人均可支配收入为11 690元，农村人均可支配收入为6 695元，相比于江苏省平均水平，泗洪县实际上经济发展水平较为落后。一个并不富裕的县城居然豪车云集，深究其背后的原因，这一切都来自于石集乡全民疯狂的高利贷风潮。作为民间融资的一种常见方式，民间借贷在泗洪很早就存在，但从2011年春节过后，忽然刮起了一股放高利贷（俗称"放爪子"）的热潮，而石集乡98%以上的村民都参与到了这场疯狂的游戏当中，可谓是"全民皆兵（贷）"。投于高利贷的金额有多有少，但大多数人都是不理性与盲目的，很多家庭都会将自己的大部分积蓄投入进去，以期望获得更多的回报。除了石集乡，泗洪县的其他乡镇也存在着普遍的放高利贷行为。根据泗洪县人民银行的数据，此类民间融资占全县民间融资规模的85%以上，约15亿元至17亿元，而泗洪民间高利贷资金链

的断裂,使全县老百姓遭受的损失保守估计也有上亿元。① 石集乡总人口为2.3万余人,5800多户,其中参与融资的就有1740户,占全乡总户数的30%左右。② 究其背后兴起的原因,伴随着该县中小微企业,特别是地产企业的勃兴,资金需求量激增,泗洪县亲友之间的民间借贷应运而生。③

(二)"宝马乡"民间借贷的主流利率及放贷流程

根据"放爪子"的流程,民间借贷涉及的主体主要包括:爪王、中间人、底层(老百姓),资金按照底层——中间人——爪王的层级逐级集聚,爪王便是位于民间借贷链条金字塔顶端的人。通常中间人并不止一个层级,最底层的老百姓以3到5分的利息(月息3‰~5‰),放给上一级的中间人;中间人以1角左右的利息放给更上一级的中间人,层层累积;最终爪王以高达5角甚至更高的利息聚集资金。④ 这样,利息层层递增,形成一个金字塔结构,而开着宝马纵横石集乡阡陌交通的"宝马客"大多都是中间层。

曾经从事放爪子的一位中间人透露,他是五个层级的底层,但并不是最底层,他手里拿到300多万元,这300多万元是分别从20多个亲戚朋友处有偿借来的。在他的上面还有几层线,上一层大概上千万元,可能还有5层,他们的上级可能在2000多万元,甚至3000多万元不止,他们的上层5000万元,然后他的上层再上层达到上亿元。以10万元为例,按5分的利息计算,普通老百姓一个月能得5000元的利息,这在当地可是笔不小的收入,正是在高利息的诱惑下,所有的村民开始疯狂入局。

(三)"宝马乡"民间借贷链条断裂危机爆发

引爆"宝马乡"借贷危机的导火索是2011年6月24日发生的一起因讨债而起的蓄意车祸命案。至当年8月中旬,石集乡的宝马已经悉数"失踪",这仅仅是泗洪县高利贷崩盘的一个表征,但以"宝马乡"为代表的泗洪县高利贷链条已经蒙上了一层血色。

泗洪县公交车司机吴刚曾经放贷给陈长兵、戴刚、冯雷等人,而这几人又将钱放贷给中间人周计伟。2011年6月24日晚,吴刚带着刘彩胜、张守虎、冯雷开车前往泗洪县城找周计伟讨债,但是并没有见到周计伟本人,只

---

① 数据来源:http://news.sznews.com/content/2011-09/13/content_6042325_3.htm。
② 数据来源:http://www.tocns.cn/news/view4811.html。
③ 数据来源:http://www.eeo.com.cn/2011/0815/208782.shtml。
④ 资料来源:http://news.sznews.com/content/2011-09/13/content_6042325_4.htm。

见到了拿着刀的孙迎凯,双方发生口角几欲动手。随后四人驱车回乡,车至半途,被三辆轿车故意追撞。吴、刘二人身亡,张、冯二人重伤。

周计伟的跑路暴露了石集乡高利贷资金链的短板,这场高利贷风潮逐渐显现出此种民间融资方法的弊端。多数村民对于石集乡的未来经济发展表示悲观,高利贷的崩盘使得村民开始担心自己的未来生活,石集乡的未来走向也令人担忧。

车祸中牵扯的石集乡村民只是位于泗洪县高利贷层级的底部成员。通常底部成员以亲戚关系为纽带进行发展,他们将自有资金以 10％至 20％的月息交给周计伟等中间人,再由中间人以更高的利息将钱汇总到最上层,钱到了"爪王"那边,月息可达 30％。

在石集乡有很多"爪王",经营地产企业的石国豹就是其中之一。2011 年 3 月,石国豹联合他人以高价竞拍土地,并以高利息回报向石集乡村民大量借款,将这场疯狂的行为推向了高潮。短短一个月,石国豹通过非法集资获得数千万元。到 2011 年 5 月,石集乡高利贷活动逐渐降温,几个重要的中间人相继跑路,石集乡非法集资的恶果显现。

2011 年 9 月 14 日上午,江苏省泗洪县在石集乡召开新闻发布会,就处置非法集资情况向媒体及当地群众进行了通报。泗洪县委宣传部副部长鄢化雨称,目前,群众举报的顶层人物石国豹及其犯罪团伙骨干成员张善园、王继闯等 17 人全部被公安机关缉拿归案。其中,刑事拘留 2 人,逮捕 4 人,监视居住 6 人,取保候审 5 人,有关案件审查正在抓紧进行。

二、"宝马乡"民间金融发展的原因

(一)房地产泡沫式发展促使民间金融膨胀

泗洪县如此大规模、高风险的民间借贷浪潮的产生离不开泗洪县近年来传统产业式微和房地产市场的飞速发展。泗洪县地处淮河中游,早前以水产养殖闻名。但是近几年由于实体经济的低迷,房地产市场的崛起,越来越多的村民想要从房地产行业产生的巨大泡沫中获利。数据显示,2011 年前后,在泗洪县内及其他省市注册的房地产企业近 170 家,注册资金约 40 亿元。泗洪县房价的猛涨和房地产行业的快速发展造成开发商对资金的巨大需求。

由于 2009 年金融危机的余波持续,为抑制经济过热,防止四万亿持续发酵，国家开始实行紧缩性政策，银行信贷额度收紧，监管层和各商业银行对于房地产开发贷款较为谨慎，房地产商的贷款处于供不应求的状态。此时房地产开发商面对资金缺口，只能转向风险高、来源广的民间借贷，从而催生了民间金融的发展。而以实体经济为支撑的房地产行业对于广大民众而言是"可见"的高利润来源，一些"爪王"就打着开发房产的幌子向村民集资，这些资金一部分进入房地产企业用于房产开发，另一部分资金被投入到了汽车销售行业，比如80后"爪王"张善园和他的汽车城。工商资料显示，张善园在2010年曾创办一家汽车贸易有限公司，公司注册资本仅150万元，从业人员只有5人，而且没有具体的实业项目支撑。但随后却与石国豹一起成为"爪王"，短短几月非法集资几千万元，民众对其的盲目信赖与疯狂由此可见一斑。

（二）民间信息传导的扭曲

在"宝马乡"事件爆发之时，有网友在论坛上发帖称，泗洪有宝马车800辆左右，奔驰600多辆。而事实并非如此，无论是"宝马"，还是"奔驰"，真正上泗洪本地户口的车辆并不是很多。据公安交警部门核实，在泗洪登记号牌的"宝马"车总计只有154辆。那么，泗洪大街上为什么经常"宝马"云集？这与民间信息传播的扭曲相关。首先是汽车销售商用拥有量造声势。为了促销，他们往往"积极鼓动"，千方百计刺激消费者：要买就买"宝马"，或者"奔驰"。为了使探听者相信当地民间很多人都已经买了"宝马"等所谓"豪车"，营销商甚至会把外地"宝马"自驾游爱好者拉到泗洪来，借势"营造氛围"，以期销量大增。其次是房地产开发商用车彰显实力。泗洪房地产开发商队伍之所以发展迅速，与当地人"抱团闯天下"密不可分。他们之间不仅不"内耗"，而且相互拆借资金支持买地或购买材料，共同研究营销策略。在泗洪以外很多土地拍卖会场外面，都曾大量聚集泗洪人开来的"宝马"等所谓"豪车"。

（三）正规金融发展的滞后导致投资受限

泗洪位于江苏省北部，经济发展水平较低、金融体系不健全，但经济增长速度快。在经济发展过程中，居民个人财富不断增加，部分经营良好的民间企业资产也不断累积，形成了大量的民间闲置资金。但由于金融排斥等因素的存在，很多农村经济主体对正规金融体系及金融服务认识不足，导致大量农村闲置资金没有足够的投资渠道，再加上农村的熟人、半熟人互助的社会圈层,民间借贷普遍存在。同时,由于民间金融市场的运行特点,市场的分割性、信息不对称性以及金融主体的非理性导致民间金融市场的利率畸高;而商业银行的存款利率持续较低,再加上通货膨胀的因素,过低的储蓄收益已经不能满足民间资本持有者对资本回报的需求。因此,民间金融市场的高回报吸引了大量以高收益为导向的民间资金投入到民间金融体系中。此外,由于民间借贷利率通常比银行存款利率高出较多,民间资金盈余的个人及家庭将资金投入到民间金融市场中以后预期收入提高,收入预期的提高会促使居民增加消费,消费的增加必然带来供给的增加,从而促使生产部门的繁荣,生产部门扩大生产需要更多的资金支持,这又进一步加大了对民间金融市场的需求。

三、民间金融危机爆发严重影响地区经济发展

"宝马乡"事件爆发后,泗洪民间借贷资金链条断裂,众多放贷的老百姓讨债无门,百姓生活严重受影响,泗洪地区的经济发展也因此受损。

案例:在石集乡石集村冯庄大队一处搭建的简陋民房里住着已经71岁的冯万金、王月兰两位老人。老两口在2011年3月,经不住自己侄子的劝说,以6分的利息(月息6%,年化利率高达72%),把自己所有的积蓄70 000元全部放了出去。冯万金说,卖地40 000元,拆迁赔偿10 000元,加上两位老人自己钉的竹篦子卖20 000元,凑足了70 000元。在民间借贷危机爆发后,不但钱要不回来,自己的亲侄子也不知道躲到哪里去了。现在老两口只能靠编竹篦子、竹扒子谋生,每个月的收入最多不超过一二百块钱,连基本的生活都无法保障。

附录二　江苏常熟顾春芳跑路事件风险案例

一、常熟美女老板顾春芳跑路事件回顾

2012年3月29日,江苏常熟警方发布消息称:顾春芳"以经营煤炭生意,资金紧张为由,用借款付息的手段,借得大量钱财无法偿还后失踪",3月27日晚,常熟警方在上海顾春芳租住的房屋内将其抓获归案。

涉嫌非法吸收公共存款的40岁美女老板顾春芳,是常熟当地的明星人物,坊间称其为常熟第一美女老板。顾春芳是常熟碧溪镇人,父亲顾俊琦退休前是农行碧溪镇的负责人。初中毕业后,顾春芳在当地供销社工作过,后来又销售化妆品。当时化妆品主要的消费者是干部家属和富婆,正是这份工作让她有机会接触当地"上层人士"。但真正让顾春芳成名的是2003年常熟城市的形象宣传片。在宣传片里,顾春芳是唯一主角,弹奏古琴,形象委婉端庄。这让她逐渐成为当地的明星人物。王亮回忆,成名后的顾春芳交往的人层次变的更高,"有很多人都以认识她为荣"。

据调查,顾春芳以自称与高干子女经营"计划煤"急缺资金为由,从事民间借贷,高息揽储,但在资金链断裂后,又以新的理由不断借新款还旧债。为了增加事情的真实度,涉嫌让人假冒高干子女与债主见面。当事情实在无法向讨债者掩饰时顾春芳选择了"跑路"。顾春芳被捕之后,报案的债权人多达20余人,涉及总金额高达4亿多元,债券人还从顾春芳家中搜出数枚不同公司的公章。根据官方公布的信息,除此之外,顾春芳还在银行及小额贷款公司抵押贷款1亿多元,借贷总金额合计近6亿元,另外还有部分债主保持沉默而未报案。

据调查,江苏常熟市有一家房地产公司的老板顾权(化名)一人就借给顾春芳1亿元。2010年9月,顾权与顾春芳初次合作。顾权说,顾春芳曾经向他借过800万元,约定周转10天后归还,利息给了8万元,顾春芳到期支付了约定的本金及利息。2010年8月,顾春芳向顾权提出了合作投资开发"计划煤",自称认识某省委书记的女儿王晟(化名),并表明王能拿到计划煤指标。计划煤,即合同煤,是指煤炭企业和电力企业之间签订的煤炭合同交易。计划煤的价格远低于市场价格。顾春芳说,他们组建了北京顺昌顺

达煤炭销售有限公司来实施这个项目。顾春芳持有该公司60%的股份,法定代表人则由一名澳大利亚籍华裔担任,并称该华裔与"王晟"是亲戚关系。查询该公司的工商资料表明,公司成立于2004年10月11日,是法人独资企业,法定代表人是霍兴旺,注册地址在北京密云县,经营范围为加工、销售煤炭等。记者通过联系2008年在该公司工作过的王女士和2011年工作过的吴女士,两人都声称并没听说过顾春芳和"王晟"。

二、顾春芳案件的"集资"借贷生态:由声誉机制达成的短期均衡

顾春芳大规模借贷具体是如何起步的呢?事实证明,顾春芳借贷链条中最关键的是前期的个人信誉,以及民间资本的求利动机。以其中一笔交易为例,2012年之前,顾春芳在债主中有良好口碑,信誉度得到人们认可。其中一名常熟招商城的债主王亮(化名)说:"别人的话我可以不信,但我还是相信她的,她不夸夸其谈。"王亮说自己前后借给顾春芳本息累计5 000多万元,两人也是认识20多年的好朋友。2006年前后,王亮与顾春芳开始第一次合作。当时,顾春芳说有笔电煤生意,并给他看了与当地电厂签署的合同。当时,王亮就投资了500万元,约定年息25%。得到投资回报之后,王亮开始不断追加投资到顾春芳新的投资项目上。虽然他也认为顾春芳做的项目多数都不赚钱,但顾春芳一直很守信用,按约定兑现利息。也有多名债主认为,顾春芳很讲信用,只要是承诺的就一定会兑现。然而事实证明,以个人信誉为基础的借贷关系并不可靠。

三、声誉机制下的过度投资泡沫导致均衡难以维持

根据KMRW声誉定理,如果参与人不合作,就暴露了自己是非合作型的。因而博弈一开始,每个参与人即使本性是非合作型的都想树立合作形象。只有在博弈快结束的时候,参与人才会一次性地把自己过去建立的声誉利用尽,合作才会停止。[①] 顾春芳在一开始会出于"声誉效应"的考虑而自觉遵守还款约定,但当其无力背负过重的债务负担时,其违约的成本只是放弃原本积累起的声誉。由于顾春芳对许多债权人承诺高额的回报,且周

---

① 民间资本代理圈的声誉机制与道德风险——吴英个案. 中国人民银行滨州市中心支行课题组.

期较短,在此期限内顾春芳的投资利润率又远低于其承诺回报率,使得债务盘子越积越大。最终顾春芳的过度投资在客观上形成一个日益膨胀的债务泡沫,必然难以长期维持。

四、对构建民间金融约束机制的思考

首先,要引导民间金融市场参与者采取法律认可的交易方式进行资金借贷行为。基于个人信誉而采用口头约定的民间借贷,其违约风险更高。此外,引导民间金融市场参与者意识到过高的投资回报意味着更高的投资风险,不要盲目追求高回报而忽视可能存在的潜在威胁。

其次,公司首先要增强竞争激励,以缓解因信息不对称而产生的逆向选择问题。当前,民间资本的代理呈现混乱无序的状态,这实质上是由于信息不对称导致的广义金融委托代理市场失灵。这种双轨金融运行体制直接造成信息等资源的割裂及不对称。由于信息不对称的存在,逆向选择现象层出不穷,加大了民间金融市场的风险。这就要求正规金融体系要以更加开放的态度接纳民间金融市场,在金融配置上更自由,才更容易打破信息屏障。

附录三　江苏省 P2P 网贷平台"汇宝信贷"风险管理案例

一、P2P 网络平台借贷风险现状

　　P2P(Peer to Peer),也就是个人对个人、点对点;P2P 网络借贷指个人之间的借贷行为,与银行借贷不同的是它通过互联网平台来完成,在线上完成一系列的交易流程和费用。在 P2P 平台上有融资需求的贷款人可以通过自助式贷款模式发布有关借款金额、成本、还款时间、还款方式和资金用途等贷款信息,而寻求机会的投资人在查看相关贷款信息并核实后,可以自行做出投资决策,以此实现自助式投资模式。在上述过程中 P2P 网络借贷平台类似于一个中介机构,它的主要运作机理是通过线上和线下资源审核贷款人的贷款信息以及信用状况等相关资料,进行考察和评分,筛选出合格的资金需求方并在其平台网站上发布,以供资金供给方即借款人选择投资。P2P 网络借贷平台的盈利模式是通过提供平台硬件设施及相关的服务收取中介服务费用。P2P 网络借贷平台是一次创新,完美结合了传统的民间借贷和当代的互联网技术。在互联网迅速发展以及民间借贷兴起的双重背景下,P2P 网络借贷平台作为一种创新的金融服务模式实现了整个借贷过程的互联网化,所有的资料和资金都是在线上完成的。2005 年英国伦敦诞生了全球首家 P2P 平台 Zopa,随后美国人也创建了全球第二家 P2P 平台 Prosper。两年后,我国出现了首批 P2P 平台,包括拍拍贷和宜信网络借贷平台等,之后 P2P 网络借贷平台的数量便呈几何式的增长。

　　最近两年,各大媒体杂志上频频出现 P2P 网络借贷字眼,民众对 P2P 具有较高的关注度,我国的 P2P 主要呈现以下两个特点:① 网络借贷进入持续增长期。2015 年第三季度每月新增的网络借贷平台数量分别为 189 家、150 家和 171 家。[①] 截至 2015 年 12 月底,国内 P2P 借贷平台累计总数已有 3 858 家。2015 年 12 月,全国 P2P 网贷平台成交额为 1 337.48 亿元,四倍于 2015 年 1 月的 357.82 亿元。按省级地域划分,成交额排在前四的分

---

① 数据来源:http://shuju.wdzj.com/。

别是广东省(430.4亿元)、北京市(403.18亿元)、上海市(160.06亿元)和浙江省(151.6亿元),这四个省市成交额总计1145.24亿元,占全年成交额的85.63%。② P2P网贷平台在快速发展的同时,与其相关的问题也接踵而至,越来越多地暴露在公众视野中。根据网贷之家提供的数据,从2011年开始就有10家平台因运营不善关闭或者涉嫌诈骗违法犯罪;2012年问题平台数量有所减少只有6家;而2013年猛增至76家,值得注意的是,2013年前半年问题平台只有3家,后半年每月都有平台出现问题,并且越来越多;2014年的问题平台数量达到了275家;2015年情况继续恶化,数据显示①,仅上半年就出现了419家问题平台,其中6月份新增问题平台数量达到最高125家,两倍于5月份问题平台数量,至此累计问题平台数量已经达到786家,接下来的半年里又相继出现了477家问题平台,也就是说截至2015年12月底,累计问题平台的数量为1263家,这些平台或提现困难或运营不善关闭或诈骗。

根据上文所述,P2P网贷行业在快速发展的同时,也面临着越来越多问题平台倒闭的挑战。监管部门对P2P的行业风险高度重视:国家十部委联合出台了《关于促进互联网金融健康发展的指导意见》,明确各部门的监管责任,保障互联网金融健康发展;人民银行公布了《非银行支付机构网络支付业务管理办法(征求意见稿)》;银监会发出了《网络借贷信息中介机构业务活动管理暂行办法(征求意见稿)》,进一步加强对网络支付以及P2P平台的规范性建设;银监会等四部门发布《网络借贷信息中介机构业务活动管理暂行办法》,加强P2P行业监管。由此看来,深入研究网贷行业的风险是有必要的,为此,本部分以"汇宝信贷"为例,逐一分析P2P网络借贷平台有关主体的风险行为,并提出防范风险的对策建议。

二、"汇宝信贷"非法吸收公众存款案回顾

2012年,石某大专毕业,辗转来到一家投资公司做客户经理,在这期间他接触到了P2P信贷并对之产生了兴趣。一年之后,石某及其朋友王某共同出资500万元成立了汇宝公司,注册地点在江苏省常州市。同年7月,他们正式开通了一个民间理财平台网站,取名为"汇宝信贷",并把汇宝公司定

---

① 数据来源:http://mt.sohu.com/20150713/n416683408.shtml。

位成新型的 P2P 投资模式，同时在网站首页的醒目处公布了公司的三大"股东"，他们分别从事钢铁制造业、汽修业和电器业，并承诺"汇宝信贷严守'绝不吸收社会存款''绝不非法集资'等相关的法律底线。对资金需求者进行实物、保证金质押、资格、借入进行严格审核，坚决捍卫投资者的利益"。

在汇宝公司网页上发布的投资项目很多，并承诺按期还本付息，回报也很诱人，高达 20% 的年利率，旨在吸引更多的潜在投资者。同时网站上明确公布了投资指南：第一步，注册账户成为会员；第二步，充值会员账户；第三步，选择中意的投资项目，确定投资金额和投资期限。根据合同规定，投资期满后投资者可以提现，也可以选择继续投资。为了打消投资者的顾虑，汇宝公司欢迎全国各地的投资者来到公司所在地进行考察，全程豪华轿车接送，入住星级酒店；并且还会以网络"红包"形式发福利，以此吸引更多的投资者。

然而短短 3 个月之后，石某被江苏省常州市高新区分局河海派出所的民警传唤到了派出所，原因是湖南长沙的四名投资者向警局投诉汇宝公司欠款之事。经过警方的问询，石某向民警交代了事情原委，生意伙伴王某负责运作网上募集的大部分资金，主要的方式就是放贷，然而近期出现了死账导致资金无法收回，从而湖南长沙四名投资者的本息才暂时无法支付。之后民警对石某展开了教育与说服工作，成功使他意识到了自己的错误，最终在民警的帮助之下，湖南投资者拿回了属于自己的本金和利息，这场民事纠纷才得以解决。

此后没几天，警方又接到了张先生的报案。张先生在上海市工作，是一名头脑活络的公务员，具有较强的理财意识。早在 2012 年初，张先生就对 P2P 项目产生了兴趣，因为该项目的投资回报一般高于银行存款，因此他就时常登陆一些比较知名的网络投资论坛，期望找到合适的投资项目。直到 2013 年 9 月的一天，论坛"网贷天眼"上的一则投资广告引起了张先生的注意，广告中醒目的"20% 年利率"让他对这家名为汇宝投资管理有限公司产生了浓厚的兴趣。张先生随即点开了汇宝公司的官网链接，发现该公司证照齐全，因此注册成为了该公司会员并进行了投资。然而，1 个月后他发现自己的账户里的本金利息有了，却无法在线转账，几天后可以转账但提现金额不能超过 2 000 元，并且每天只能提取 1 次。这种现象引起了张先生的警觉，他几天后动身前往常州市汇宝公司所在地，然而公司已人去楼空，拨打电话也无人接听,张先生果断报警。此次张先生共投资了 11 万元,最终只剩下了 2 000 元,损失惨重。

到 2013 年 12 月初,高新区公安分局接待了大批投资者,均投诉汇宝公司。受害者向办案人员提供了汇宝公司的相关账户,办案人员随即调取账户资金流动信息并保存相关证据。随后,警方在整理汇宝公司官网资料的同时,还搜集了汇宝公司在其他网络投资论坛上发布的广告信息,通过研究分析掌握了它的经营模式。渐渐的,真相浮出水面:汇宝公司成立初期通过不正当手段虚构了 500 万元注册资金,实际账上并没有钱;该公司网站上贴出的投资项目也都是虚构的;其营业执照上经营范围一栏明确写着"投资咨询、实业投资、商务咨询信息配对"等内容,并没有"自我融资"或者"众筹"等字眼,也就是说汇宝公司不具备相关资质从事吸收不特定对象存款的业务,属于违法运营;甚至汇宝公司接待全国各地考察者的高档轿车都是借的。最终案件告破,石某、王某被抓,被常州市新北区人民检察院以涉嫌非法吸收公众存款罪为由提起公诉。案发后,经过办案机关的全力工作,累计挽损 1 453.3 万元,挽损率达 82.62%。①

三、"汇宝信贷"平台主体的风险行为分析

(一) 投资人的风险行为分析

在 2015 年两会记者会上,中国人民银行行长周小川在回答记者问题时指出:"提出加强对 P2P 网贷的监管也有两种含义,一种是为了今后如何使 P2P 网贷能够走入健康的发展渠道,能够更好地为客户服务,对现有的金融机构起到补充的作用。也有一部分声音,实际上它是由于出了问题,资金拿不回来了,希望找一个地方伸冤、诉苦,我的钱丢了,能不能想办法找回来,你们怎么不监管?对这种情况要小心,因为它可能制造道德风险,因为任何金融的产品、金融的做法,特别是网上的做法,要注意它的规则、存在的风险。参与这种情况的时候,你是不是准备好了承担这种风险?"正如周小川行长所述,投资是有风险的,投资收益与投资风险成正比。"汇宝信贷"案例中的投资人张先生在面对高利率时应该具有承担高风险的觉悟,但很显然他忽视了这一点,在没有做出深入调研的情况下做出了非理性投资,最终使

---

① 资料来源:http://www.js.chinanews.com/news/2015/0318/113554.html。

得亏损达到 10 万元之多。

(二) 借款人的风险行为分析

在 P2P 网络借贷过程中,借款人和投资人分别是资金的需求方和供给方,二者缺一不可,是整个借贷过程的重要参与方。资本市场之所以能够更有效地配置资源,促进 P2P 网络借贷行业发展壮大,很大程度上是由借款人的融资需求以及投资人的投资需求共同推动的。其中,借款人的违约风险是投资者需要面临的最主要风险。借款人通过 P2P 网贷平台获得投资人的贷款资金之后,一方面可用于自身的生产经营,但由于各种不确定因素可能会出现经营困难亏损等情况;另一方面,风险与收益成正比,市场中存在很多高杠杆高风险的金融产品和投机项目,诸如赌博、彩票、股票、期货、房地产等,风险偏好的借款人很可能违反合同规定投资这些项目,一旦出现差错将导致资金链断裂,无法按期偿还本金和利息。与此同时,由于存在地域差距、信息不对称、风险管理能力欠缺等问题,贷款人和 P2P 网贷平台难以实时掌握借款人的相关财务信息和经营情况,不能准确度量其还款能力并及时采取干预措施,直至借款人违约,最终引发信用风险。上述案例中,石某在派出所称,汇宝公司在放贷时遇到了一些死账无法收回,也就是借款人那一方发生违约,从而导致公司资金周转出现问题。

(三) "汇宝信贷"平台的风险行为分析

P2P 网络借贷平台介于投资人和借款人之间,是二者之间的纽带,为二者提供服务。随着互联网金融的蓬勃发展,在与之相关的监管制度缺失的情况下,P2P 网络借贷平台在筹集资金的过程中会存在欺骗、非法吸收存款等现象。其实银监会早在 2011 年便意识到有一些不法平台违规操作,在《关于人人贷有关风险提示的通知》中表明 P2P 网贷平台存在着将资金收揽至个人账户异化成吸收投资者存款并向借款人发放贷款的不合法金融机构,继而演化为非法吸收公众存款[①]。《刑法》第一百七十六条和《非法金融机构和非法金融业务活动取缔办法》第四条定义未依法批准或借用合法经营方式吸纳资金、公开宣传并向社会不特定对象吸纳资金、承诺规定期限内

---

① 出自中国银行业监督管理委员会办公厅文件〔2011〕254 号。

还本付息或给予相关回报的行为是非法吸收公众存款①。

在上述案例中,"汇宝信贷"公司伪造注册资本、虚构投资项目、经营营业执照上经营范围之外的业务,可以说从该公司成立之初就埋下了风险隐患。但是因为正处于我国P2P网贷平台资质良莠不齐的特殊时期,监管部门对P2P网贷平台的相关资料审查并不严格,以及网贷平台处于线上和跨地域的缘由,投资人对投资项目的信息难以做出准确的判断,故而使得汇宝公司轻而易举地通过虚构投资项目筹集资金从事高收益高风险的项目。一旦该项目出现问题导致放出的贷款大部分难以收回,公司就将面临资金周转困难,最终汇宝公司资金链断裂,公司倒闭。

四、"汇宝信贷"平台倒闭事件的启示

通过上述案例,可以了解到目前我国P2P行业存在虚构注册资本、业务模式存在漏洞、信息不透明等问题,为此研究过程中提出以下对策建议:

(一)提高行业准入门槛,优化业务运作机制

目前,P2P行业市场上存在一些骗子类平台利用伪P2P模式骗取客户资金,这种现象主要是由于P2P行业进入门槛低,注册资本不受限制导致的。因此为保证行业经营规范化,避免良莠不齐的现象发生,应设置较高的行业准入门槛,规定注册资本、实缴资本,限制注册资本和实缴资本之间的差额。实缴资本与该平台抵御风险的能力成正比,可以更好地保障投资者的资金,进而维护金融市场的稳定。同时,相关部门应提高业务运行机制的规范性,全行业实施同一套标准,明确行业的合法经营项目和行业禁止行为,从而有效避免市场的恶性竞争。金融监管部门应会同相关部门在市场准入、广告监督、信用信息管理、宣传教育、监测预警、行业自律等方面依法加强管理工作。尽快设立行业自律协会,加强行业协会自律审核,支持行业协会发布黑名单,相关金融管理部门应依规参与会商。

(二)建立第三方托管结算平台

在网络借贷过程中可以引入第三方托管机构,把资金的操作权限授权给托管机构,而P2P平台在第三方监管的条件下发出使用资金的指令由托

---

① 《刑法》第一百七十六条界定了非法吸存罪的量刑,1998年国务院发布的《非法金融机构和非法金融业务活动取缔办法》第四条具体说明了非法吸存的范畴。

管机构代为操作,这样可以在一定程度上防止欺诈、挪用资金等违法行为的发生。第三方托管机构应该明确相关人员的职责和义务,保障托管资金的真实性和有效性,并与各方保持中立,避免发生利益冲突。在这一方面,可以借鉴陆金所的资金管理制度:委托第三方机构管理会员资金,避免与公司运营资金混用;接收账户转出资金的银行账号必须与陆金所绑定;制定严格的资金管理流程对陆金所内部进行监督监控。

(三) 定期披露信息,增加信息透明度

投资者会根据可获得的相关信息对投资项目进行风险评估,确定其投资价值。这些信息包括但不限于借款人的基本情况、信用度、资金用途、资金动向等。但是,目前网站上披露的信息不规范而且不全面,这使得客户难以获得准确的评估结果,无形中增加了投资风险。因此有必要采取相关措施规范网站上披露的信息,应定期披露并确保这些信息数据的真实性和全面性。同时要求P2P网络借贷平台对平台自身及运营信息做全面的披露,并且信息变更需要进行动态披露,从而形成一种"持续的信息公开披露机制"。实时监控流入与流出网站的资金动向,发现异常的数据要及时核查,严防非法集资或圈钱跑路等违法行为。

附录四　民间金融风险治理机制的例证探讨

一、借鉴江苏省农村信用社系统发展范式，促进民间金融合法化并引导其向正规金融转换

近年来，江苏民间借贷频频出现问题，扰乱金融秩序，不利于金融市场的正常发展，但民间金融促进资金的流动，弥补正规金融资金供应不足，促进经济的发展，对于目前的民间金融系统建议参照江苏省农村信用社系统发展模式积极的引导。所谓农村商业银行是由辖内农民、农村工商户、企业法人和其他经济组织共同入股组成的股份制地方性金融机构，也是目前行之有效的民间金融合法化途径之一。我们将以江苏省农村信用社系统发展模式为样本，分析此种模式如何赋予民间金融合法地位并引导其向正规金融转换。

江苏省农村信用社联合社（江苏省农商银行）成立于2001年9月19日，是全国农村信用社首家改革试点单位，是由江苏省农村商业银行、农村信用合作联社共同入股，经江苏省政府同意，并经中国人民银行批准设立的具有独立企业法人资格的地方性金融机构。截至2014年末，江苏省农村信用社系统共有62家基层法人单位（其中：农村商业银行60家，农村信用合作联社2家），各类营业网点3 074家，从业人员44 957名，是江苏省内金融机构中营业网点最多、覆盖范围最大、服务群体最多的金融企业。江苏省农村信用社是农村金融的主力军，它占据地方金融资源主要份额，服务惠及社区主要人口，是支持地方经济发展的主要渠道。

从江苏省农村信用社联合社系统发展历程来看，其对于江苏省民间金融合法化的主要贡献在于以下三个方面。第一，江苏省农村信用合作社系统为大量的民间资本提供了合法化的途径。传统的民间借贷存在较高的信用违约风险，相应利率水平也较高，由于缺乏有效的监管，借贷双方都产生巨大的经济压力，借款跑路者屡见不鲜。而通过建立农村信用社，拥有资金的农民、农村工商户等可以通过出资认购股份的方式合伙成立农村信用社或农村商业银行股份有限公司，在为农村用户提供便利金融服务，完善农村金融体制建设的同时，能够依靠正规金融机构的监管制度与运营体制来保

障自有资本的安全。第二,江苏省农村信用合作社引导民间资本走向正规化。传统民间金融常常与"地下钱庄""非法集资"等金融活动相关联,而农民参与入股的农村信用合作社的建立则可以向民间资金持有者发出信号,引导其通过正规渠道向市场投放资金,有助于民间金融向正规金融的转化。第三,江苏农商行模式是广大民间借贷者获取民间金融资讯的有效信息渠道。由于民间金融长久以来处于法律与监管的灰色地带,市场信号传递相对较弱,加之未形成有效的信用管理体系,道德风险与逆向选择发生的概率较高,而通过农商行则能够在正规监管下,汇集民间金融资讯,建立有效的征信体系,促进民间金融市场的资源配置效率,使之透明化、市场化。

二、以江苏省农村信用社为例,建立产权明晰制度

2015年12月11日,江苏省高级人民法院根据相关规定出台了民间借贷纠纷案件若干问题意见,但只是从法律的角度处理民间金融纠纷案件,具有很强的普适性,而民间金融交易灵活,运行机制复杂,可能某些纠纷认定相对困难,建议借鉴江苏省农村信用社产权机制展开对产权明晰制度建立的分析。

在农信社的初期发展阶段,由于历史经验的匮乏和管理经验的缺失,大量的原始股金来源不明晰、大量原始社员都在发展后期脱离了合作社,尤其是许多历史遗留问题本属于原始社员责任,但是由于成本以及效率考量,只能通过归集处理。由于缺乏相应的国家政策予以承担或剥离,那些历史形成的大量不良资产和巨额亏损挂账,不得不放弃进行财务清理和重组,在这种情况下,根本不可能对其进行资产重组并建立全新的产权关系。于是产权明晰和构建新的产权关系都是难以做到的。另外,难以形成有效的委托代理关系,也就是所谓的法人治理机制。它是指从下层社内员工到中层企业领导者,再到高层决策管理者,在整个过程中,其实每个环节都是以委托代理的形式来完成的。但由于层层选拔效率低下,而且未必能选拔出金融素养较高、决策执行力强的社员代表,难以形成法人治理机制的核心内容——有效的理事会机制。另外由于历史原因,很难充分实现信息的及时公布。在各种原因的共同作用之下,对部分农商行而言,建立完善的产权明晰制度也是不现实的。

而随着网络办公等办公方式的进步,现代企业管理制度的发展,产权明

晰制度的建立也逐渐开始走上正轨。尤其广义法人治理制度的发展，为农商行的产权明晰制度发展提供了路径指导。以江苏省农商行为例，辖下各支行着重梳理内控制度，夯实管理基础，根据业务发展实际和职能部门管控要求，需要对现行制度、流程进行重新梳理，切实做好规制立、改、废工作。并按"法人治理类""后勤行政综合管理类"等12类汇编制度340部，注重制度实际应用，构建内控机制、执行后评价机制，做到制定制度与外部法律、规则和准则匹配。而产权明晰制度的建立，也有助于合理吸纳配置民间资金，完善江苏省民间金融发展体制。

与此同时，江苏农商行也成为民间金融发展的监管平台，在完善民间金融发展规章制度的同时，也应大力建设民间金融风险防控体系。由于民间金融缺乏正规渠道指引，信贷风险等一系列非系统性风险难以通过合法的方式规避或者转移，其资本的流动也较为隐秘，难以实时管控，而农商行的建立能够发挥政策优势，整合资源，对民间资本的流动进行有效的监管，预防大规模非系统性风险的发生，确保民间资金的安全和民间金融市场的有效运转。

三、参考非存款类放贷组织监管框架，完善江苏民间金融监管体系

江苏省民间金融发展迅猛，为江苏的金融市场注入新的活力，但同时也存在较大的风险，目前，江苏省未对民间金融业务的范围作出界定，募集资金的去向也并无要求，这很可能导致欺诈和跑路的行为。在此种情况下，建议参照执行央行2015年8月12日发布的《非存款类放贷组织条例（征求意见稿）》，从内容来看，此条例的实施有利于建立多层次信贷市场，规范民间融资、打击非法集资、完善非存款类放贷的监管机制，并在放贷业务群体界定、注册资本、经营领域以及高管资质等方面提出明确要求。

我们将从下面三个方面对该政策展开分析，并提出相关建议。①"除依法报经监督管理部门批准并取得经营放贷业务许可的非存款类放贷组织外，任何组织和个人不得经营放贷业务。"此项规定对经营非存款类放贷的组织进行了限制，未经批准的任何组织和个人不得进行放贷，相当于在源头上采取相关监管措施，目前江苏省并没有对经营民间借贷业务有任何界定，存在部分未经批准的公司和个人从事借贷业务，无形中大幅度提高民间借贷的风险。②"有限责任公司注册资本不得低于500万元，股份有限公司

注册资本不得低于1 000万元。"对注册资本的要求无疑提高市场的准入门槛,只有拥有雄厚的资金实力才能进入非存款类放贷领域,同时也使经营放贷业务的组织有一定的抵御风险的能力。对于经营民间借贷业务的组织和个人,江苏省并未制定任何关于注册资本的政策,无门槛易导致不良组织和个人开展民间借贷业务,另外,若背后没有强大资金实力的支持,微小的风险就可能使公司的资金链断裂,导致经营的失败。③"非存款类放贷组织取得经营放贷业务许可证后,可依法在省内经营,不受县域限制。跨省、自治区、直辖市经营应当经拟开展业务的省级人民政府监督管理部门批准,并接受业务发生地监督管理部门的监督管理。"对跨省经营的限制,主要是为了避免风险传染,不至于某省的非存款类放贷组织的经营风险,影响其他省甚至全国的金融经济发展,引发多米诺骨牌效应。在某种程度上该规定也有助于国家或其他地区对发生此类事件的地区采取适当救助措施,削弱此类事件对经济的影响。

从目前的形势看,江苏省尚未针对民间借贷制定完善的的方针政策,处于"无监管、无门槛、无标准"的三无状态,随着民间借贷的盛行,参与人数不断增加,波及的范围也将随之扩大,建议针对民间借贷业务参照小贷公司监管框架制定相关政策,完善江苏民间金融监管体系,使江苏民间借贷向健康的道路发展。

四、借鉴"温州金改",建立江苏民间风险管理体系

2012年3月8日,国务院常务会议召开,本次会议由时任总理温家宝主持,会议决定在浙江省温州市设立金融综合改革试验区,"温州金改"拉开序幕。同年11月23日,金融综合改革试验区实施方案新闻发布会在温州召开,会上正式公布温州金改细则。经过几年的发展,在温州金改细则的政策框架下,温州市的不良率持续下降,数据显示,截至2015年,温州市银行业不良贷款余额为291亿元,不良率3.82%;2015年累计新发生不良贷款396亿元,而全年累计处置不良贷款405亿元,超过了同期新发生不良贷款的数量,这是自温州民间借贷风波发生以来的第一次;2015年,温州市涉嫌非法集资新发案件96起,破案数90起,破案率93.75%。同时,8家打着P2P名号的平台违法违规经营被公安部门立案调查。由此可见,温州金改细则的政策在风险防控方面取得巨大的成效。

温州金改细则一共十二条,涉及民间融资、金融机构改革、创新金融产品与服务、金融管理体制等方面,其中有三条对解决江苏省民间借贷问题有重要参考意义。首先,金改细则指出:"建立健全民间融资监测体系,形成民间融资综合利率指数(也称"温州指数"),做好民间融资动态跟踪和风险预警。"利率水平对于项目筹资者来说是筹集资金的成本,项目筹资者愿意以一定的利率融资代表筹集资金的项目的未来收益率高于该利率水平,若有资料显示,利率的水平过高,超过大部分项目的投资回报率,则表明市场面临高的风险,可能存在虚假集资。设立"民间融资综合利率指数",对建立风险预警指数有重要的意义。其次,金改细则第十条指出:"完善信用服务市场,规范发展信用评级机构。加强信用市场监管,改善地方信用环境,将信用环境纳入地方政府政绩考核范围。"信用评级机构作为中介机构对各金融机构进行信用评级,及时发现机构中存在的风险问题,对信用级别达不到要求的企业,政府严令在规定的时间内整改或直接关闭。第三方评级机构的引入,有助于政府全面的监管金融市场,掌握市场动向。最后,金改细则在建立金融综合改革风险防范机制中指出:"进一步加强和改进金融犯罪侦查工作,建立民间金融大案要案督办制度,加强民间借贷风险提示,严厉打击金融传销、非法集资、地下钱庄、洗钱等非法金融活动,防止民间借贷转变为高利贷、非法集资等违法行为。充分发挥温州市金融犯罪侦查支队在打击金融领域犯罪和防范金融风险方面的作用,有效发挥金融仲裁院、金融法院的司法保障功能,规范金融行为,化解金融纠纷。"金融犯罪侦查工作纳入金融风险防范机制,提高对金融犯罪的侦破率,不仅能挽回更多的损失,也能对潜在的金融犯罪有某种程度的震慑力,在风险管理体系中是非常重要的一环。

为了应对民间借贷风险,江苏省已采取相关风险应对措施,并发布消息称将成立江苏结算公司,对P2P网贷平台资金进行集中托管。截至2015年,江苏省已有三家网贷平台介入江苏结算,并计划后期逐步实现全面覆盖。但江苏省的民间风险管理体系尚不完善,并未建立风险预警指标、无第三方专业机构参与以及案件的侦破率并不高等。数据显示,2015年江苏省P2P网贷成交额为359.84亿元,全国排名第五;但2015年,江苏省新发生停止经营、提现困难、失联跑路等情况的问题P2P网贷平台55家,截至2015年底,江苏省问题平台率36.56%,占比超1/3。从数据看,江苏省民间借贷规模较高,同时问题也较多,江苏省亟需采取措施,建议借鉴"温州金改"建立江苏民间风险管理体系。

五、鼓励保险公司参与民间借贷,健全江苏民间金融风险救助机制

保险是以收取保费的方法来分摊事故造成的损失,实现经济补偿的目的,建议将保险公司纳入风险救助机制中,以减少因违约风险给投资者带来的损失或因违约导致公司资金链断裂面临的倒闭问题,健全民间金融风险的救助机制。

2015年8月12日发生天津港爆炸事故,天津市中艺供应链管理有限公司在爆炸事故中受到牵连,导致公司的资金链出现问题,该公司曾在阿里巴巴旗下的蚂蚁金服"招财宝平台"融资,贷款应于10月22日还清,但截至到10月27日24点,该公司未偿还的本息近1.22亿元。当日一条公告出现在了蚂蚁金服"招财宝平台"的官方微博上:"因'8·12'天津港爆炸事故,天津市中艺供应链管理有限公司出现资金周转困难,相关企业贷项目的部分投资人未能按期收回投资本息。"此消息一经发布引起投资者广泛关注。但蚂蚁金服"招财宝平台"对旗下的贷款产品中的本金和利息均投了保险,条款规定一旦贷款者的资金周转出现问题到期无力偿还本息时,由保险公司对资金缺口的本息赔付。经过招财宝平台负责人召集的多方协商会议之后,所缺的近1.22亿元资金于2015年10月28日已赔付,另外,"招财宝平台"的负责人也承诺10月28日24点前必能全额发放延时阶段的利息及利息补偿。"招财宝平台"为旗下的贷款产品购买保险的行为,实现了风险的转移。若贷款公司违约而贷款平台又无力支付的情况下,保险公司支付缺口资金,挽回投资者的损失,这个过程相当于一种风险救助机制。

目前,江苏省互联网金融协会已成立P2P网络借贷平台危机互助联盟。联盟将为规范经营但因遭遇"挤兑"等特殊情况导致流动性紧缺的平台企业提供支持,帮助其渡过难关,从而保障投资者资金安全。这一举措有助于减缓民间借贷平台的资金压力,争取更多的时间。但仍需进一步完善,建议保险公司根据民间借贷资金的流向评估其风险或根据信用评级机构的评级对民间借贷的资金违约保险报价,若民间借贷机构无力偿还融入资金,由保险公司负责赔付,政府同时制定相关政策,如果募集的资金投向风险资产的比率达到某一比率强制购买违约保险,从而建立多方参与的江苏民间金融风险救助机制。

附录五 调查问卷

问卷(一):江苏民间金融风险现状调查(个人)

您好!我们是"民间金融风险形成、传染和治理机制研究——基于江苏民间金融发展的实践"课题组的成员,为了深入、客观地了解江苏民间金融的现状,防范民间金融风险的形成与传染,特进行此问卷调查。

本次调查采取匿名方式,大约需要占用您5~10分钟的时间。我们保证您所提供的信息仅用于学术研究,绝对保密。在填写过程中,您所提供的答案不存在对错之分,请您根据所了解的实际情况尽量回答所有问题。非常感谢您的参与和支持!

请根据您的实际情况填写空格或在括号内填写相应的选项。

第一部分

1. 您的家庭住址是:江苏省_____市_____区(县)_____镇(乡)
2. 您的年龄( )
    A. 小于等于30岁　　　　　B. 30~40岁
    C. 40~50岁　　　　　　　D. 50~60岁
    E. 60岁以上
3. 家庭人口数( )
    A. 1~3人　　B. 4人　　C. 5人　　D. 5人以上
4. 家庭月收入约( )
    A. 1万元以上　　　　　　B. 7 000~10 000元
    C. 5 000~7 000元　　　　D. 3 000~5 000元
    E. 3 000元以下
5. 家庭主要收入来源( )
    A. 固定工资　　　　　　　B. 个体工商户
    C. 农业　　　　　　　　　D. 农副业(林、牧、渔业等)
    E. 劳务派遣(临时)　　　　F. 投资获益
    G. 政府补贴　　　　　　　H. 其他_____
6. 家庭主要开支( )

A. 子女教育　　　　　　　B. 买房（建房）或装修

C. 医疗、养老、保险　　　D. 日常开销

E. 汽车等动产　　　　　　F. 金融资产投资

G. 其他_____

7. 当您的家庭资金盈余时，主要选择何种方式理财？（可多选）（　　）

　　A. 存入银行　　　　　　　B. 固定资产投资

　　C. 股票、债券等投资　　　D. 民间放贷（包括无偿借出）

　　E. 以现金方式持有

8. 当您的家庭资金短缺时，主要采用以下何种方式融资？（　　）

　　A. 向银行、信用社等正规金融机构贷款

　　B. 向亲朋好友、乡亲、同事等借款

　　C. 通过基金会、典当行、钱庄融资

　　D. 其他_____

（注：选择 A 者请按顺序答题，其他选项者请跳至第二部分答题）

9. 您选择向银行贷款的原因是（　　）

　　A. 利息比民间借贷利息率低

　　B. 银行保护贷款人隐私

　　C. 贷款计息方式阳光化透明化

　　D. 传统习惯

　　E. 其他_____

10. 您对银行贷款有什么不满意的地方（　　）

　　A. 贷款利息太高

　　B. 计息方式过于复杂，不理解

　　C. 最高可贷额太小，不能满足需求

　　D. 手续太繁琐，耽误时间

　　E. 担保人制度、资产抵押制度要求苛刻

　　F. 其他_____

11. （1）您向银行的贷款金额是（　　）

　　A. 1 万元以下　　　　　　B. 1 万元～5 万元

　　C. 5 万元～10 万元　　　D. 10 万元～30 万元

　　E. 30 万元以上

(2) 您的银行贷款占您的债务比重大概是(　　)

  A. 100%　　　　　　　　B. 80%～100%

  C. 60%～80%　　　　　　D. 40%～60%

  E. 20%～40%　　　　　　F. 0～20%

第二部分

12. 您参与的民间融资活动为(　　)

  A. 借入资金　　B. 贷出资金　　C. 有借有贷　　D. 没有参与

(注：选择 A 者请回答 13～16 题；选择 B 者请回答 17～23 题；选择 C 者请按顺序答以下所有题；选择 D 者请停止答题)

13. 您选择民间融资的原因是(可多选,请按重要程度大小顺序排列)(　　)

  A. 急需资金,民间借贷程序简单,资金到位较快

  B. 需要资金额度较大,向银行贷款额度有限不能满足需求

  C. 向银行申请贷款审核未通过,而民间借贷资格审查条件较低

  D. 民间放贷者较多,寻找资源很方便

  E. 逾期处理灵活,可与放贷人协商延期还款

  F. 其他_____

14. 您参与民间融资的主要方式是(可多选)(　　)

  A. 向亲朋好友直接借贷

  B. 通过中间人(组织)借贷

  C. 互助会、协会、担保机构等

  D. 钱庄、典当行

  G. 其他_____

15. (1) 您最近一次通过民间融资途径获得的借款是(　　)

  A. 1 万元以下(包括 1 万)　　B. 1 万元～3 万元

  C. 3 万元～6 万元　　　　　D. 6 万元～10 万元

  E. 10 万元以上

(2) 您通过民间融资途径获得的借款数占全部债务的比重是(　　)

  A. 100%　　　　　　　　B. 80%～100%

  C. 60%～80%　　　　　　D. 40%～60%

  E. 20%～40%　　　　　　F. 0～20%

16. （1）目前为止，您是否都按照约定准时归还利息或本金？（　　）

  A. 是，准时归还

  B. 会拖欠，但时间较短（半年以内）

  C. 会拖欠，且时间较长（半年以上）

  D. 一直拖欠

 （2）如果您选择的是拖欠，请问您会（　　）

  A. 主动通知贷款人，说明情况

  B. 双方协商，重新确定还款日期及利率

  C. 等贷款人催还

  D. 恶意"赖账"

  F. 其他_____

（注：请在第12题选择A者跳至第三部分继续答题）

17. 您选择民间放贷的原因是（　　）

  A. 收益高　　　　　　　　B. 熟人借贷不好推辞

  C. 非自己意愿，被强迫　　D. 其他_____

18. 您向民间放贷的主要方式是（可多选）（　　）

  A. 直接借给亲朋好友

  B. 通过中间人（组织）放贷

  C. 投入钱庄、典当行

  D. 投入互助会、协会、担保机构等

  G. 其他_____

19. 您通过民间途径借出的资金总额为_____；占您的资金余额比重为（　　）

  A. 100%　　　　　　　　　B. 80%～100%

  C. 60%～80%　　　　　　　D. 40%～60%

  E. 20%～40%　　　　　　　F. 0～20%

20. 您认为借款者向您提供的担保对消除您的还款担忧是否有作用？（　　）

  A. 有作用，毫不担心

  B. 有作用，但仍有担忧

  C. 有点作用，但很担忧

D. 不能,很担忧,但出于情面不好推辞

E. 不能,很担忧,放贷时不清楚对方的资信情况

F. 其他_____

21. 您认为未来借款人出现不归还或无能力归还款项的概率是(　　)

A. 100%　　　　　　　　B. 80%～100%

C. 60%～80%　　　　　D. 40%～60%

E. 20%～40%　　　　　F. 0～20%

22. 您向借款人提供贷款时,通过什么途径了解他的资信情况?(可多选)(　　)

A. 向周围人打听

B. 自己估量借款人的还款能力

C. 详细询问借款人贷款用途

D. 其他_____

23. (1) 您的借款人是否拖欠过利息和本金?(　　)

A. 没有,准时归还

B. 会拖欠,但时间较短(半年以内)

C. 会拖欠,且时间较长(半年以上)

D. 一直拖欠

(2) 当借款人出现拖欠不归还债务时,您采取的措施是(　　)

A. 主动和对方协商,重新确定还款日期和利率

B. 没收担保资产

C. 破坏对方名声,产生舆论压力

D. 打官司

E. 不想伤感情或磨不开情面,无任何措施

F. 恐吓、威胁等手段

G. 其他_____

第三部分

24. 您的民间融资对象是(　　)

A. 本村　　B. 本乡镇　　C. 本区(县)　　D. 本市

F. 其他市区　　G. 不了解

25. 在您最近一次民间借贷活动中,需要办理的手续是(　　)

A. 只是双方口头约定　　B. 只是打了借条

C. 正式签订合同　　　　D. 有中间担保

E. 到公证处公证　　　　F. 个人(或家庭)资产抵押

G. 其他_____

26. (1)您最近一次借贷活动中与对方约定的年利率是_____%；

(2)您认为这样的利率(　　)

A. 太高　　B. 较高　　C. 高　　D. 一般

E. 较低　　F. 低

(3)您与对方约定的利息结算方式是(　　)

A. 月结　　B. 季度结　　C. 半年结　　D. 年结

E. 其他_____

(4)您与对方约定的还款时间是(　　)

A. 0～3个月　　　　　B. 3～6个月

C. 6～12个月　　　　 D. 1年以上

E. 未约定时间

27. (1)据您所知,近5年民间借贷利率是否有变化?_____("有"或"无")；

(2)若有,请问以什么样的趋势在变化?(　　)

A. 呈上升趋势　　　　B. 呈下降趋势

C. 无规律变化

(3)据您所知,近5年民间借贷年利率大致为：2008年_____%；2009年_____%；2010年_____%；2011年_____%；2012年_____%。

28. 您对民间金融的态度是(　　)

A. 支持、鼓励、引导发展

B. 予以取缔或限制发展

C. 区分功能和影响,分别采取支持规范和取缔限制的政策

D. 任其自由发展

E. 没想法

29. 您认为本地区民间金融活动对银行、信用社等金融机构有影响吗? (　　)

A. 影响很大,导致银行、信用社的存款大量流失,贷款发放困难

B. 影响较大,使银行、信用社的存款、贷款增速减慢

C. 影响较小,银行、信用社的存款、贷款业务偶尔出现异常

D. 影响很小,银行、信用社的存贷业务正常

E. 几乎没有影响

30. 您认为民间金融对当地经济发展产生怎样的影响?(   )

A. 严重阻碍当地经济的正常发展

B. 对当地经济有轻微负面影响

C. 有助于民营、个体经济的发展

D. 没有任何影响

31. 您认为目前民间金融的运作是否规范?(   )

您认为当前民间金融风险是否严重?(   )

A. 是　　　　　　　　B. 否

32. (1) 您认为民间金融正规化是化解民间金融风险的有效途径吗?(   )

A. 是　　　B. 否　　　C. 没想法

(2) 为什么?_____

(3) 您认为民间金融阳光化正规化的有效途径有哪些?

_____

问卷到此结束,非常感谢您的配合与支持!祝您一切顺利!

问卷(二):江苏民间金融风险现状调查(企业)

您好!我们是"江苏民间金融风险形成、传染和治理机制研究"课题组的成员,为了深入、客观地了解江苏民间金融的现状,防范民间金融风险的形成与传染,特进行此问卷调查。

本次调查采取匿名方式,大约需要占用您5～10分钟的时间。我们保证您所提供的信息仅用于学术研究,绝对保密。在填写过程中,您所提供的答案不存在对错之分,请您根据所了解的实际情况尽量回答所有问题。非常感谢您的参与和支持!

请根据您的实际情况填写空格或在括号内填写相应的选项。

第一部分　企业基本情况

1. 企业所在位置是：江苏省_____市_____区(县)_____镇(乡)
2. 企业所属行业是(　　)

   A. 农林牧渔业　　　　　　B. 制造业

   C. 批发和零售业　　　　　D. 住宿和餐饮业

   E. 建筑和房地产业　　　　F. 租赁和商务服务业

   G. 金融业　　　　　　　　H. 教育业

   I. 文化、体育和娱乐业　　J. 交通运输、仓储和邮政业

   K. 信息传输、计算机服务和软件业

   L. 其他_____

3. 企业的经济类型是(　　)

   A. 国有及国有控股

   B. 集体及集体控股

   C. 私营及控股企业

   D. 三资企业(中外合资,中外合作,外商独资)

   E. 其他_____

4. 企业成立时间是(　　)

   A. 1 年以内　　　　　　　B. 1~3 年

   C. 4~6 年　　　　　　　　D. 6~10 年

   E. 10 年以上

5. 企业人数(　　)

   A. 50 人以下　　　　　　　B. 51~100 人

   C. 101~200 人　　　　　　D. 201~500 人

   E. 501~1 000 人　　　　　F. 1 001 人以上

6. 2012 年企业营业收入为(　　)

   A. 100 万元以下　　　　　B. 100 万~200 万元

   C. 200 万~500 万元　　　　D. 500 万~1 000 万元

   E. 1 000 万元以上

7. 2012 年企业的利润率为(　　)

   A. 亏损　　　　　　　　　B. 3%以下

   C. 3%~6%　　　　　　　　D. 6%~10%

E. 10%～20%　　　　　　F. 20%以上

8. 2012年企业的资产规模为（　　）

　　A. 50万元以下　　　　　B. 50万～500万元

　　C. 500万～1 000万元　　D. 1 000万～5 000万元

　　E. 5 000万元以上

第二部分　企业融资情况

9. 企业所需资金主要用途（多选）（　　）

　　A. 流动资金　　　　　　B. 固定资产投资

　　C. 技术及新产品研发项目　D. 扩大生产

　　E. 归还债务　　　　　　F. 其他_____

10. 企业资金基本情况是（　　）

　　A. 长期盈余　　　　　　B. 短期盈余

　　C. 长期短缺　　　　　　D. 短期短缺

　　E. 收支平衡

11. 企业主要资金来源（多选）（　　）

　　A. 自有资金　　　　　　B. 银行等金融机构贷款

　　C. 债券市场　　　　　　D. 股票市场

　　E. 民间借贷　　　　　　F. 跨境人民币融资

　　G. 其他_____

12. 企业希望拥有的融资途径及比例（在相应选项前打"√"并填写空格）

　　A. 银行贷款____%　　　B. 债券市场____%

　　C. 股票市场____%　　　D. 民间借贷____%

　　E. 跨境人民币融资____%　F. 其他____%

13. 企业目前向银行等金融机构贷款难度（　　）

　　A. 根本不可能　　　　　B. 很难

　　C. 有点难　　　　　　　D. 不难

　　E. 相当容易

14. 银行对企业的最近一次信用评级是？_____（填写等级或"无评级"）

15. 向银行或信用社贷款的过程中遇到的问题（按程度从大到小排序）

（　　）

　　A. 抵押担保不足　　　　B. 企业信用等级低

C. 企业经营状况不佳　　　　D. 贷款项目风险高

E. 贷款利率偏高　　　　　　F. 手续繁琐

G. 财务费用较大　　　　　　H. 其他_____

16. 企业获得最近一笔银行贷款的金额为_____；贷款的期限为_____；贷款的主要用途是_____；贷款银行类型为_____；贷款利率为_____%；贷款金额占企业债务总额比重为_____%；若款项已到账，从申请至款项到达时间为_____；若款项尚未到账，则从申请至今已经历时间为_____。

第三部分　民间融资情况

17. 企业是否曾通过民间融资渠道获得所需资金？(　　)

　　A. 是　　　　　　　　　　B. 否

(注：选择 A 者请按顺序答题，选择 B 者请跳至第四部分继续答题)

18. 企业选择民间融资的原因在于(可多选，请按重要程度大小顺序排列)(　　)

A. 急需资金，民间融资程序简单，资金到位较快

B. 需要资金额度较大，向银行贷款额度有限不能满足需求

C. 向银行申请贷款审核未通过，而民间借贷资格审查条件较低

D. 民间放贷机构及个人较多，寻找资源很方便

E. 逾期处理灵活，可与放贷人协商延期还款

F. 其他_____

19. 企业最近一次民间融资发生在什么时候？(　　)

A. 1 个月以内　　　　　　B. 1~6 个月内

C. 6~12 个月内　　　　　D. 12 个月以上

20. 企业最近一次进行民间融资时，需要办理的手续是(　　)

A. 只是双方口头约定　　　B. 只是打了借条

C. 正式签订合同　　　　　D. 有中间担保

E. 到公证处公证　　　　　F. 资产抵押

G. 权利抵押　　　　　　　H. 其他_____

21. (1) 企业最近一次民间融资的年利率为_____%；

(2) 对企业来说，您认为该利率(　　)

A. 太高　　B. 较高　　C. 高　　D. 一般

E. 较低　　　F. 低

（3）企业最近一次民间融资的利息支付方式为（　　）

　　A. 月结　　　B. 季度结　　　C. 半年结　　　D. 年结

　　E. 其他_____

（4）企业与对方约定的还款时间是（　　）

　　A. 0～3个月　　　　　　　B. 3～6个月

　　C. 6～12个月　　　　　　 D. 1年以上

　　E. 未约定时间

22. 就企业目前情况来看,所能承受的民间融资利率水平为（　　）

　　A. 基准利率或低于基准利率的浮动利率

　　B. 银行贷款基准利率的1～1.5倍

　　C. 银行贷款基准利率的1.5～2倍

　　D. 银行贷款基准利率的2～4倍

　　E. 银行贷款基准利率的4倍以上

　　F. 不清楚

23. （1）目前为止,企业是否都按照约定准时归还利息或本金?（　　）

　　A. 是,准时归还

　　B. 会拖欠,但时间较短(半年以内)

　　C. 会拖欠,且时间较长(半年以上)

　　D. 一直拖欠

（2）如果您选择的是拖欠,请问您会（　　）

　　A. 主动通知对方,说明情况

　　B. 双方协商,重新确定还款日期及利率

　　C. 等对方催还

　　D. 恶意"赖账"

　　F. 其他_____

（3）企业拖欠还款的原因是（　　）

　　A. 因企业扩大生产等原因短期流动资金不足

　　B. 企业经营不景气,资金流断裂

　　C. 因偶发风险导致资金流问题(如企业高层卷款出逃,事故及自然灾害等)

D. 应收账款较多且短期内收不回来

E. 资金充足,主观不主动还款

F. 其他_____

24. (1) 您对民间金融的态度是( )

    A. 支持、鼓励、规范发展

    B. 予以取缔、治理,限制发展

    C. 区别功能和影响,分别采取规范和取缔的政策

    D. 无所谓,任其发展

    E. 没想法

(2) 企业是否继续涉足民间金融市场( )

    A. 会,并且倾向于民间融资

    B. 会,但是民间融资比例降低

    C. 不会

25. 您认为本地区民间金融活动对银行、信用社等金融机构有影响吗?( )

    A. 影响很大,导致银行、信用社的存款流失,贷款发放困难

    B. 影响很大,使银行、信用社的存款、贷款增长速度下降

    C. 影响很小,银行、信用社的存款、贷款业务偶尔出现异常

    D. 影响很小,银行、信用社的存贷业务正常

    E. 几乎没有影响

26. 您认为民间金融对当地经济发展产生怎样的影响?( )

    A. 阻碍经济的正常发展

    B. 对当地经济产生负面影响

    C. 有助于民营、个体经济的发展

    D. 没有任何影响

27. 您对目前中小微企业融资难问题的看法与建议是:

_____

_____

28. 您认为目前民间金融的运作是否规范?( )

您认为当前民间金融风险是否严重?( )

    A. 是   B. 否

29.（1）您认为民间金融正规化是化解民间金融风险的有效途径吗？（　）

　　　A. 是　　　　B. 否　　　　C. 没想法

（2）为什么？

（3）您认为民间金融阳光化正规化的有效途径有哪些？

第四部分

请根据企业2008—2013年的投融资情况在"□"内打"√"或填写空格。

活动形式		2008年	2009年	2010年	2011年	2012年	2013年
借出资金（向外单位、个人借出）		□有 金额为___；占自有资金比例___％；利率为___％ □无	□有 金额为___；占自有资金比例___％；利率为___％ □无	□有 金额为___；占自有资金比例___％；利率为___％ □无	□有 金额为___；占自有资金比例___％；利率为___％ □无	□有 金额为___；占自有资金比例___％；利率为___％ □无	□有 金额为___；占自有资金比例___％；利率为___％ □无
借入资金	向其他企业、个人借入（公开发行股票、债券除外）	□有 金额为___；占自有资金比例___％；利率为___％ □无	□有 金额为___；占自有资金比例___％；利率为___％ □无	□有 金额为___；占自有资金比例___％；利率为___％ □无	□有 金额为___；占自有资金比例___％；利率为___％ □无	□有 金额为___；占自有资金比例___％；利率为___％ □无	□有 金额为___；占自有资金比例___％；利率为___％ □无
	向其他组织（典当行等）借入（银行、信用社借入的除外）	□有 金额为___；占自有资金比例___％；利率为___％ □无	□有 金额为___；占自有资金比例___％；利率为___％ □无	□有 金额为___；占自有资金比例___％；利率为___％ □无	□有 金额为___；占自有资金比例___％；利率为___％ □无	□有 金额为___；占自有资金比例___％；利率为___％ □无	□有 金额为___；占自有资金比例___％；利率为___％ □无
	向社会集资	□有 金额为___；占自有资金比例___％；利率为___％ □无	□有 金额为___；占自有资金比例___％；利率为___％ □无	□有 金额为___；占自有资金比例___％；利率为___％ □无	□有 金额为___；占自有资金比例___％；利率为___％ □无	□有 金额为___；占自有资金比例___％；利率为___％ □无	□有 金额为___；占自有资金比例___％；利率为___％ □无

(续表)

活动形式	2008年	2009年	2010年	2011年	2012年	2013年
商业票据转让（贴现）（银行、信用社除外）	□有 金额为___； 占自有资金比例___%； 利率为___% □无	□有 金额为___； 占自有资金比例___%； 利率为___% □无	□有 金额为___； 占自有资金比例___%； 利率为___% □无	□有 金额为___； 占自有资金比例___%； 利率为___% □无	□有 金额为___； 占自有资金比例___%； 利率为___% □无	□有 金额为___； 占自有资金比例___%； 利率为___% □无
其他融资活动						

问卷到此结束，非常感谢您的配合与支持！祝您一切顺利！

后 记

民间金融早已存在,甚至于可以认为早期的金融活动多是以民间金融的形式来开展的。然而,随着金融发展与深化,作为传统意义上正规金融体系补充的民间金融规模日益壮大,形式不断创新,运行机制也日趋复杂。由此看来,民间金融的发展是一把双刃剑。一方面,大量民间闲置资金,借助民间金融渠道进行融通,一定程度上缓解了由于"金融歧视"而难以获取金融资源的经济主体融资难的约束,并由此进入实体经济,促进经济增长;另一方面,由于民间金融规避监管的天然属性,加之运行机制不够规范,其规模的扩张必然导致风险集聚,且在民间金融体系内交叉传染,甚至已对金融体系的安全运行构成威胁。

对于民间金融的关注,始于20世纪80年代盛行于农村的民间借贷。在改革开放和经济转型的浪潮中,亲眼目睹了基于"朋友圈"而日益兴起的民间金融的发展与演化。改革开放初期,依据朋友关系的疏近,以及资金需求的急缓,民间借贷的月息从5厘到1分、3分……甚至5分。民间金融的存在,客观上能够对正规金融起到补充作用,实现民间资本的自由调配。然而,由于较高的借贷成本以及薄弱的监管机制,滋生于灰色地带的民间借贷也迫使了许多人深陷其中而不能自拔,最终不得不背井离乡。

2013年,幸获江苏省高校哲学社会科学基金重点项目资助,开始对民间金融展开系统的研究,对此表示衷心的感谢!由于民间金融隐匿性,其中的艰辛不言而喻。我们走访了多地金融办、民间商会,并深入居民家庭进行实地调查,同时多次召开研讨会。感谢江苏省金融办以及其他管理部门所提供的无私帮助,你们的建议拓展了我们的研究思路!尤其要感谢孙利、苏晓珺、吴越洋等当时在校的硕士研究生!严寒与酷暑,你们与我一起奔赴各地搜集第一手的资料。随后,资料收集与整理,以至于报告的撰写,你们都付出了辛勤的劳动。当然,感谢以裴平教授为首席专家的互联网金融国家社科基金重大项目研究团队!因为,原来处于灰色地带的民间金融的一些运作方式,正不断借助互联网金融而显化。在参与重大课题研讨过程中,我获益匪浅。此外,本研究还得到中国特色社会主义协同创新的资助。

最后,书稿的完成参阅了国内外大量关于民间金融研究方面的文献,在此一并表示感谢!

方先明　杨波　史兹国

2016 年 5 月 10 日